Elisa Vázquez de Gey
Die Frau des Maharadschas

Zu diesem Buch

Auf einer Reise nach Europa verliebt sich der Maharadscha
von Kapurthala in die junge spanische Tänzerin Anita und
umwirbt sie leidenschaftlich. Schließlich sind seine Bemühungen von Erfolg gekrönt: Die Hochzeit gleicht einem Märchen
aus Tausendundeiner Nacht, und obwohl der Maharadscha
einen riesigen Harem hat, wird die Ehe zunächst glücklich.
Doch aus dem schüchternen Mädchen entwickelt sich eine
selbstbewußte Frau, die eine kritisch-liebevolle Beziehung zu
ihrer neuen Heimat entwickelt, sich aber auch in den Salons
der europäischen Metropolen zu Hause fühlt. Untermalt von
Anitas Tagebucheintragungen entfaltet sich das Porträt einer
Frau, die mutig den Spagat zwischen den Kulturen wagte.

Elisa Vázquez de Gey, geboren 1955, ist Professorin für Französische Philologie an der Universität von Santiago de Com-
postela. 1988 weckte ein Zusammentreffen mit der Nichte von
Anita Delgado ihr Interesse für das Leben der spanischen
Maharani. Mit Hilfe von Zeitzeugen und authentischen Quellen zeichnete sie den ungewöhnlichen Werdegang Anitas
nach, ihre Recherchen führten sie bis nach Indien.

Elisa Vázquez de Gey
Die Frau des Maharadschas

Das abenteuerliche Leben der Anita Delgado

Aus dem Spanischen von
Ulrich Kunzmann

Mit 30 Fotos

Piper München Zürich

Ungekürzte Taschenbuchausgabe
Mai 2002
© 1998 Elisa Vázquez de Gey und Editorial Planeta, S. A.
Titel der spanischen Originalausgabe:
»Anita Delgado. Maharaní de Kapurthala«,
Editorial Planeta, Barcelona 1998
© der deutschsprachigen Ausgabe:
2000 Piper Verlag GmbH, München,
erschienen im Verlagsprogramm Kabel
Umschlag/Bildredaktion: Büro Hamburg
Isabel Bünermann, Julia Martinez, Charlotte Wippermann
Foto Umschlagvorderseite: Rita Martin, London
Foto Umschlagrückseite: Anna Oswaldo Cruz Lehner
Satz: Satz für Satz. Barbara Reischmann, Leutkirch
Druck und Bindung: Clausen & Bosse, Leck
Printed in Germany   ISBN 3-492-23576-X

www.piper.de

Seitdem die Presse im Jahre 1906 meldete, ein indischer Maharadscha hätte sich über alle Maßen in eine sechzehnjährige Tänzerin verliebt und sich ihr zu Füßen geworfen, sind Ströme von Tinte vergossen worden. Zeitschriften und Zeitungen haben auf unzähligen Seiten von der Begegnung, Liebe und Hochzeit des Fürsten und der Spanierin berichtet.

Anita wußte, daß sie, sobald sie den Maharadscha heiratete, zu einer regelmäßig in Tagespresse und Zeitschriften erscheinenden öffentlichen Persönlichkeit würde, und deshalb beschloß sie, ihr Privatleben stets vollständig geheimzuhalten und sorgfältig vor unberechtigter Neugier zu schützen.

Viele Autoren, die Anitas Leben beschreiben wollten, beschränkten sich aus diesem Grund beinahe immer auf die bequeme und romantisch-märchenhafte Anekdote, ohne über das Jahr 1907 hinauszugehen, als wäre es schon das Ende der Geschichte, daß das junge Mädchen den Maharadscha tatsächlich heiratete.

Es gab eine Informationslücke, die von Anitas Hochzeit bis zur Zeit zwischen den Kriegen reichte, als sie sich bereits von ihrem Mann getrennt hatte und wieder in Paris auftauchte. In dieser zwanzig Jahre umfassenden Pause waren die Nachrichten über das Leben der »spanischen Maharani« spärlich und unzuverlässig, wenn nicht gar böswillig oder impertinent.

Als ich die Geschichte Anita Delgados schrieb, konnte ich mich auf ihre Tagebücher, Memoiren, Briefe und die von ihr und ihrer Familie erhaltenen Photos stützen. Ich nutzte auch die Zeitungsarchive (Zeitungen und Zeitschriften, in denen unsere

Heldin zwischen 1906 und 1950 häufig erwähnt wurde) und die Zeugenaussagen und Dokumente, die mir die wenigen noch lebenden Familienangehörigen Anitas liebenswürdigerweise zur Verfügung stellten.

Ich besuchte die Stadt im Pandschab und die Paläste, in denen sie residiert hatte, und besonders aufmerksam hörte ich den Menschen zu, die sie kennengelernt und mit ihr zusammengelebt hatten, vor allem ihre Nichte Victoria.

Aus diesen Nachforschungen ergibt sich das Bild einer einzigartigen und reizvollen Persönlichkeit.

Es geht um ein Mädchen aus Málaga, das mit seiner Schwester in einem Varietétheater tanzt, um sich das tägliche Brot zu verdienen; ein steinreicher Maharadscha verliebt sich in sie, bringt sie in Paris unter, erzieht und unterrichtet sie, bis er sie für ausreichend vorbereitet hält, um sie heiraten und zur würdigen Maharani eines Sikh-Fürstentums im Pandschab machen zu können.

Für seine Fürstin baut der Maharadscha in Kapurthala eine genaue Kopie des Schlosses von Versailles. Von ihr verlangt er, daß sie eine hingebungsvolle Frau, eine gute und gehorsame Geliebte ist ... Aber die Spanierin – die das Leben im Indien des frühen 20. Jahrhunderts mit den Augen einer Abendländerin betrachtet – setzt nach und nach ihre eigenen Gesetze durch.

Anita ist ernst, unabhängig und autoritär. Sie lebt auf europäische Art, geht allein spazieren, unterhält eine umfangreiche Korrespondenz, empfängt Freunde aus aller Welt und kann ihren Sohn in Europa erziehen lassen.

Über ihre Reisen schreibt sie sogar ein Buch, das sie 1915 veröffentlicht, und schickt Berichte aus Indien an spanische Zeitungen und Zeitschriften. Im Ersten Weltkrieg verdient sie sich Ehrungen für ihre Unterstützung des Roten Kreuzes und der Sache Frankreichs.

Sie lernt Gandhi kennen, tritt dafür ein, die Lage der Frauen zu verbessern, und kämpft gegen Kinderehen, Witwenverbrennungen und viele andere Mißstände.

Als Anitas Ehe endgültig scheitert, verlangt sie, nach Europa zurückkehren zu dürfen, und führt nun das galante Leben einer von ihrem Mann getrennten Fürstin, die mit Künstlern, Geschäftsleuten, Adligen, Toreros und Literaten verkehrt. Später kommt sie wieder nach Spanien und wohnt in Madrid, Málaga und Nizza.

Zur Geschichte der Fürstin gehören Couplets und Coplas – kleine improvisierte Volkslieder –, Literatursalons, zahllose Schätze und Traumpaläste, der Tango und die verrückten Zwanziger, die unglaubliche Macht der Maharadschas, zwei Weltkriege, die Unabhängigkeit des Kronjuwels (wie Kipling es genannt hat) und die endgültige Abschaffung der Herrscherprivilegien nach der Geburt eines neuen Landes: der Indischen Union.

Schließlich ist es die niemals erzählte Geschichte einer spanischen Maharani, die 1962 in ihrem Madrider Wohnhaus stirbt.

Anita von Kapurthala

DIE
UNBEKANNTE GESCHICHTE
EINER SPANISCHEN MAHARANI

EINE FAMILIE IN MÁLAGA · DAS CAFÉ LA CASTAÑA · DIE KINDHEIT DER DELGADO-SCHWESTERN · SCHLECHTE ZEITEN FÜR ALLE · DER FÄCHER DES KÖNIGS · AUF DER SUCHE NACH EINEM BESSEREN LEBEN

Tausendmal habe ich wohl schon von meiner Kindheit und Jugend erzählt, und ich wiederhole es genausooft, damit man es zur Kenntnis nimmt.

Eine meiner frühesten Erinnerungen war das Café La Castaña an der Plaza del Siglo in Málaga, in dem meine Eltern gearbeitet haben. Sie stammten aus angesehenen Familien, ihre Vorfahren waren aber durch Freigebigkeit und Verschwendung verarmt. Man darf nicht vergessen, der dritte Name meines Vaters Don Ángel Delgado de los Cobos war Quirós, eine Familie aus altem Adel, die schon auf ihrem Wappenschild verkündet: »Nach Gott kommt das Haus Quirós.«

Wir lebten zusammen mit meiner Großmutter und dem Kindermädchen in der Calle de la Peña, an der Ecke der Calle de Jinetes, nicht weit von El Perchel – dort haben sie heute durch die Bauarbeiten alles auf den Kopf gestellt –, einem Stadtviertel, in dem von jeher Fischer wohnten und das seinen Namen von den »Perchas« erhalten hat, das sind Stangen, an die man Fische hängt und trocknet. Was soll ich Ihnen sagen, ein Stadtviertel zum Schlürfen und Wegwerfen, wie man es in Málaga nannte, denn in den elenden Zeiten damals konnte man kaum etwas anderes als Miesmuscheln essen . . ., die man schlürft und wegwirft.

Meine Schwester Victoria und ich gingen schon als kleine Mädchen in eine Ordensschule, das Colegio de las Esclavas, dort unterrichteten kleine Nonnen, die wenig Geld verlangten und uns außer dem Schreiben, Lesen und einigen weniger schwierigen Grundrechenarten auch Nähen und Sticken beibrachten.

Um in die Schule zu kommen, mußten wir durch den Park, vor-
bei an der Stelle, wo die Biznagueros[1] *standen, und die Biznagas*
gefielen mir so gut, daß ich mir einen Strauß binden ließ, als ich
das letzte Mal hinkam. Den habe ich mitgenommen... Aber
zurück zu unserer Geschichte. Ich erinnere mich, an der anderen
Parkseite schimpfte mich das Kindermädchen jeden Mittag auf
dem Heimweg aus und mußte mich manchmal ein ganzes Stück
am Arm wegzerren, weil ich immer voller Hingabe den Melillero[2] *beobachtete und kein Mensch mich von der Stelle bewegen*
konnte, bis das verflixte Schiff eingelaufen war und die Pas-
sagiere ausstiegen. Wer weiß, womöglich steckte die Reiselust
schon als ganz kleines Mädchen in mir...

Victoria, die zwei Jahre älter war, beneidete mich um mein
Gesicht, Mama sagte, es sei zart und habe feine Züge, aber ich,
weil ich nun einmal so schüchtern war, hätte lieber ein anderes
Gesicht gehabt und wäre gern so geschwätzig und scharfzüngig
wie meine Schwester gewesen, denn alle mochten sie, und sie
brachte uns die ganze Zeit zum Lachen. Um mich ein bißchen
von meiner Schüchternheit zu kurieren und damit wir jungen
Mädchen etwas unbefangener würden, brachte uns der Vater im
Jahr 1903 in der Schauspielschule der Provinz unter. Sie befand
sich in der Mitjana-Passage, und Don Narciso Díaz de Escobar
war Direktor der Schule, ein Schriftsteller und Dichter, der da-
nach zum Gouverneur aufstieg. Dorthin gingen wir jeden Nach-
mittag, wir verfaßten Gesänge und kleine Coplas, die wir dann
auf der Bühne darstellten, außerdem Strophen von fünf oder

1 Verkäufer von *Biznagas,* den Blütenzweigen des »Zahnstocher-
krauts«, die für Málaga sehr typisch sind. Derartige Händler riefen an den
Park- und Markteingängen und in den Straßen der Stadtmitte ihre Ware
aus. Heute gibt es diesen Beruf immer noch; weil aber solche Blüten selten
sind und wenig verlangt werden, bieten die Händler in der Calle Marqués
de Larios jetzt gewöhnlich Jasminblüten an.

2 Ein Schiff, das zwischen Málaga und Melilla verkehrte. Seine Sirene
kündigte die Abfahrt am Abend und die Ankunft am Mittag an. Das Signal
war in der ganzen Stadt zu hören, und die Malagueños spazierten gewöhnlich zum Hafen hinunter, um beim Anlegen des Schiffes zuzusehen. Der
Melillero blieb bis weit in die fünfziger Jahre erhalten.

vier Versen für Tanzszenen und Tableaux vivants.[3] *Wir fühlten uns sehr wohl und amüsierten uns prächtig, aber die Schüchternheit wurde ich immer noch nicht ganz los.*

Anfang 1904, als der König nach Málaga kam, wählte man mich unter allen Schulmädchen aus: Ich sollte ihm einen Blumenstrauß überreichen. Ich möchte gar nicht daran denken, was ich durchgestanden habe. Man brachte mich zum Hafen, weil er auf dem Seeweg eintreffen sollte. Ich hatte sorgfältig geflochtene Zöpfe, trug meine Sonntagssachen und war ungeheuer nervös. Als Don Alfonso erschien, getraute ich mich nicht, vom Boden aufzublicken, aber der König faßte mich am Kinn und sagte: »Du brauchst dich nicht zu schämen, so ein Gesichtchen wie deines darf man ganz hoch tragen, und man muß es ganz direkt ansehen.« Ich habe mich beruhigt und gelächelt, und am Nachmittag dieses Tages habe ich mich sehr gefreut, als ein Bote an die Tür meines Elternhauses klopfte und »ein Paket von Seiner Majestät für das Mädchen« dabeihatte. Das Paket enthielt einen kostbaren Perlmuttfächer, den ich immer ungeheuer stolz aufbewahrt habe, weil er ein Geschenk des Königs von Spanien war.

So hat Ana Delgado ihre Kindheitserinnerungen geschildert. Sie wurde 1890 in Málaga geboren und war die zweite Tochter von Don Ángel Delgado und Doña Candelaria Briones. Sie alle lebten zusammen mit der Großmutter im Haus der Familie, das der Mutter Don Ángels gehörte. In dieser Stadt mit weniger als zehntausend Einwohnern plagten sich die Delgados maßlos, um aus dem Elend herauszukommen, meistens verbrachten sie den ganzen Tag in dem Lokal, mit dem sie ihren Lebensunterhalt verdienten, ein Café an der Plaza del Siglo, von dem sie gewöhnlich erst am frühen Morgen nach Hause kamen. Ihre

---

3 »Lebende Bilder«; bei ihnen nahmen die Schauspieler zwei oder drei unterschiedliche Haltungen ein, die jeweils annähernd eine halbe Minute dauerten. Mit besonderer Gründlichkeit und Sorgfalt kümmerte man sich dabei um alles, was mit Dekorationen und Ausstattung zu tun hatte. Große Beliebtheit erreichten sie auf den spanischen Bühnen im ersten Jahrzehnt des 20. Jahrhunderts.

Rettung war, daß sie sich im Haus auf die Hilfe der Amme Joaquina, ihres Kindermädchens, verlassen konnten. Sie kümmerte sich um die Töchter, behielt die Großmutter im Auge und leitete die häuslichen Arbeiten.

Aus Anitas Kindheitserinnerungen geht hervor, daß die ersten Jahre der kleinen Delgado-Töchter offenbar ohne große Probleme vergehen und daß sich die Mädchen nicht um die schwierige wirtschaftliche Lage sorgen müssen, die nicht nur ihre Eltern und Málaga, sondern auch das ganze Land durchmachen.

In Spanien erlebt man Anfang des neuen Jahrhunderts beunruhigende und kaum zu bewältigende soziale Spannungen: Es sind schwere Krisenzeiten, mit einem siebzehnjährigen König, zahlreichen von der *Solidaridad Catalana* und Moret organisierten Großdemonstrationen, die ein Dekret über die Parlamentsauflösung verlangen.

Málaga muß, als wäre das noch zuwenig, in den ersten fünf Jahren des Jahrhunderts nicht nur politische Veränderungen der Regierung und Stadtverwaltung, sondern auch die Reblausplage ertragen, die Weinberge und Landgüter heimsucht, außerdem eine Grippeepidemie, die viele Todesopfer fordert, eine vier Winter hintereinander herrschende Dürre – sie ruiniert die ohnehin schon armen Bauern – und, um das Unglück vollzumachen, eine große Überschwemmung, die im Jahr 1904 Felder und Häuser verwüstet.

Die Situation ist derart dramatisch, daß der König beschließt, persönlich aus Madrid anzureisen, um die Bürger zu trösten. Der Besuch findet im Frühling statt, und im Hafen wird der Monarch von zahlreichen Malagueños mit stürmischen Rufen empfangen; Alfons XIII. kümmert sich um die Tragödie und bewilligt der Stadt eine bedeutende Wirtschaftshilfe, um so zur Überwindung der Krise beizutragen.

Allerdings wird das vom König bei seinem Besuch gespendete Geld wenig nützen. Die Probleme verschlimmern sich weiter, und als der Herbst kommt, sehen sich die Unternehmen gezwungen, drastische Maßnahmen zu ergreifen; die Gasgesellschaft droht damit, wegen der riesigen Zahl unbezahlter Rechnungen die öffentliche Versorgung zu sperren, die Straßenbahnen fahren nicht, und viele Betriebe und Geschäfte müssen angesichts der dramatischen Situation schließen.

Genau dazu sieht sich Don Ángel Delgado de los Cobos, der Eigentümer des bescheidenen Cafés La Castaña an der Plaza del Siglo, gezwungen: Er muß sein Lokal veräußern, das früher der Familie Delgado gute Einnahmen verschafft hatte – nicht so sehr wegen der dort ausgeschenkten Getränke, sondern weil es im ersten Stock einen besonderen Raum gab: eine berüchtigte Spielhölle. Die Stammgäste spielten dort Karten und würfelten um das, was sie besaßen, und auch um das, was sie nicht besaßen.

Doch im Sprichwort heißt es ja: Glück und Glas, wie leicht bricht das. Und so kam es, daß La Castaña wieder zum einfachen Café und der Besitzer zum Angestellten werden mußte, nachdem die Regierung fünf Jahre zuvor das Glücksspiel verboten hatte.

Damit gerät die Familie in eine schwierige Lage; es nützt nichts, daß sich Don Ángel die Augen verdirbt, indem er nachts als Schreiber arbeitet, um das Elend zu überwinden und ein notwendiges Zubrot zu verdienen, das die alltäglichen Sorgen lindert. Er schadet lediglich seiner Gesundheit, ruiniert seine Sehkraft und verliert alle Hoffnung, während er lange Eingaben, Testamente, Klageanträge und Liebesbriefe abschreibt, die ihn nicht für seine Anstrengungen entschädigen, weil die Honorare so dürftig sind. Mit dem Lokal geht es immer weiter bergab, und seine Kundschaft, die zum größten Teil aus Arbeitern und Arbeitslosen besteht, sorgt mehr für Schulden als für Einnahmen. Der einzige Ausweg, meint der Vater, besteht darin, ein für allemal sein Bündel zu schnüren und an einem anderen Ort neu anzufangen.

Als die Großmutter im Dezember 1904 stirbt, ringt sich die Familie endgültig zu einem Entschluß durch: Man wird nach Madrid übersiedeln, um dort das Glück zu suchen, das man in Málaga vermißt, und man nimmt alles mit, was man besitzt, das heißt vierzehntausend Reales – 3500 Peseten, das entspricht ungefähr 2600 Mark der damaligen Zeit –, die Verkaufssumme für das Café und das Haus der Großmutter.

Mit Tränen in den Augen verabschieden sich Don Ángel und Doña Candelaria von ihrem geliebten Málaga. Das untröstliche Ehepaar reist ab, mit seinen beiden Töchtern, der vierzehnjährigen Anita und der sechzehnjährigen Victoria, die lebhaft und lustig sind, für Theater und Tanz schwärmen ... Und bei ihnen ist die alte, gutmütige und umgängliche Amme Joaquina, von der sie sich nie getrennt haben.

»Vielleicht haben wir Glück«, denkt der Vater. »Als erstes müssen wir eine Wohnung finden und danach Arbeit suchen. Unser Geld wird nicht allzuweit reichen.«

Der Zug läßt die Familie auf dem Bahnsteig zurück, von Säcken und Koffern umgeben. Nach einer Nacht in einem Gasthaus, in dem sie schlecht essen und noch schlechter schlafen, stehen sie zeitig auf, wie zerschlagen von der Reise und dem wenigen Schlaf, und schleppen ihre Habseligkeiten in die neue – sehr preiswerte – Wohnung, die im ersten Stock liegt und die sie im voraus durch die Vermittlung eines Nachbarn gemietet haben. Das Haus befindet sich in der Calle del Arco de Santa María, nahe bei der Puerta del Sol.

Die Arbeitssuche wird länger dauern. Don Ángel kennt niemanden in der Hauptstadt, und diesmal hat er nicht einmal die Möglichkeit, sich als Schreiber eine Peseta zu verdienen. Nach mehrwöchiger erfolgloser Suche wird der Mann von Resignation und Verzweiflung heimgesucht, denn er stellt fest, wie das kleine Kapital der Familie allmählich zusammenschmilzt.

Es scheint, als wollten Winter, Kälte und Schnee nie enden.

IN MADRID UND OHNE ARBEIT · TANZUNTER-
RICHT IM ERDGESCHOSS · EIN UMSTRITTENER
VERTRAG · DIE EINWEIHUNG DES KURSAALS ·
HOCHZEITSVORBEREITUNGEN · AUS DEM ORIENT
IST EIN KÖNIG GEKOMMEN · ZWEI ZUFÄLLIGE
BEGEGNUNGEN · NÄCHTE IM »VARIETÉ« · EINE
HOCHZEIT MIT UNGLÜCKLICHEN FOLGEN

Arbeit läßt sich nicht finden, und bis weit in den März hinein
leben die Delgados erbärmlich und ohne alle Zukunftsaussich-
ten. Die einzige Beschäftigung der Mädchen ist das Tanzen. Die
mit einer Nachbarin befreundete Lehrerin unterrichtet die beiden kostenlos in spanischem Tanz, hat jedoch das Versprechen
erhalten, man werde abrechnen, wenn es ihnen wieder besser-
gehe. Die Frau ist sich der schwierigen wirtschaftlichen Lage
der Familie bewußt, und durch die Vermittlung der Amme Joaquina hat sie Doña Candelaria überzeugt, die Mädchen teilnehmen zu lassen.

Die Mutter erlaubt es, weil die Stunden im Erdgeschoß ihres
Wohnhauses stattfinden, doch vorläufig verschweigt sie es ihrem
Mann, denn Don Ángel ist sehr streng und will, daß seine Töchter weiter die Schule besuchen, sobald er eine Arbeit gefunden
hat. Ihm würde es nicht gefallen, wenn sich die Mädchen auch
nur zum Zeitvertreib mit Tanz und Gesang beschäftigten.

Victoria und Anita machen nur sehr langsame Fortschritte
bei den Seguidillas und Boleros, aber sie haben Stil und sehen
andalusisch aus, auch wenn ihrem Kastagnettenspiel noch etwas
der Schwung fehlt. Die Übungen geben ihnen eine gesunde
Farbe und wecken ihren Appetit, und das freut die Mutter, die
es nicht gern sieht, daß ihre Töchter den ganzen Tag zu Hause
eingesperrt sind, ohne die Möglichkeit, etwas Sinnvolles zu tun.

Doch schon bald wird das Geheimnis dieser kleinen häuslichen Intrige ruchbar: Ein paar Herren, die in allen Tanzschu-
len auftauchen und neue Gesichter für ihre Vorstellungen
suchen, haben die Mädchen bei den Proben beobachtet und

meinen, daß sie sich gut als Gruppentänzerinnen in einem Theater eignen würden. Als sie den Vater um Erlaubnis bitten, erfährt der erst, was seine Töchter tun, und gerät furchtbar in Zorn. Das Drama nimmt seinen Lauf, doch die Amme Joaquina rettet die Situation, übernimmt die Verantwortung für die Übeltat, und mit lauten Reuebekenntnissen und Schuldgeständnissen entlastet sie die beiden Mädchen und die Mutter.

Die Herren sind Impresarios des neuen »Central-Kursaals«, eines modernen Lokals, das zwei Wochen später eröffnet werden soll. Darum haben sie es so eilig, junge und hübsche Tänzerinnen zu entdecken. Die Mutter besänftigt, die Mädchen flehen und weinen … Schließlich erreichen Gutherzigkeit, Elend und bohrender Hunger, daß der rechtschaffene Vater murrend und schnaubend mit seiner Unterschrift bestätigt: Seine beiden jungen Töchter dürfen einem Vertrag über eine Vorstellung pro Nacht zustimmen. – »Nur ein Auftritt, und das vor zwölf!« – Dafür gibt es dreißig Reales am Tag.

Eine Rose war die Caramba
und kam aus Motril,
wollt' sein die Schönste
in ganz Madrid.

Die Caramba (Copla)

Der Central-Kursaal wird Ende März eröffnet, und diesem Ereignis sieht man mit den größten Erwartungen entgegen. Er liegt in unmittelbarer Nähe eines Marktes, des Mercado del Carmen, wurde mit französischem Kapital gebaut und ist so etwas wie eine Kombination aus Sportpalast und Varietébühne. Seit seinen ersten Tagen bietet er eine »durchgehende Vorstellung« an; sie beginnt um fünfzehn Uhr mit der Pelota, einem baskischen Ballspiel, das bis einundzwanzig Uhr dauert, und wie durch einen Zaubertrick wird dann aus der Spielwand ein Theater. Das Verfahren ist ziemlich originell: An der Stelle, wo man Pelota gespielt hat, erscheinen eine Bühne und ein Vorhang, die Sitze werden in eine Reihe gestellt, und es kommen Kaffeehaustische und -stühle hinzu. Nunmehr folgen Auftritte einer ganzen Reihe der damals berühmtesten Chansonnetten, Flamencotänzerinnen und -sängerinnen in einem geräumigen, für ein großes Publikum bestimmten Lokal mit äußerst niedrigen Eintrittspreisen.

Hier arbeiten die beiden Delgado-Schwestern als Gruppentänzerinnen. Damit hatte es um die Jahrhundertwende allerdings seine besondere Bewandtnis: Sie mußten nicht kunstvoll tanzen oder singen, doch sollten sie einen schönen Körper, ein hübsches Gesicht, Liebreiz und Koketterie besitzen. Sie traten vor dem geschlossenen Vorhang auf, das heißt zwischen den Rampenlichtern und dem Vorhang – hieraus erklärt sich ihr spanischer Name *Teloneras* (»Vorhangmädchen«) –, und sie sollten die Wartezeit beim Umbau der Dekoration zwischen den einzelnen Nummern verkürzen. Victorias und Anitas Darbietungen beschränkten sich darauf, daß sie sich mit ihrem neuen Namen als »Hermanas Camelias« – die »Kamelienschwestern« – vorstellten und fünf Minuten lang als »Sevillanerinnen« tanzten, und das taten sie mit so geringem Können, daß jemand, der für das Publikum unsichtbar war, auf der anderen Vorhangseite die Kastagnetten spielte und ihnen die Schritte soufflierte. Sie waren keine großen Künstlerinnen, aber sehr hübsch und blutjung, so daß sie sogleich zu den bevorzugten Schützlingen einer Gruppe von Stammgästen des Lokals – Künstlern, Bohemiens und Intellektuellen – wurden.

Die Zeitungen bringen in jenen Tagen unzählige Meldungen über die bevorstehende Vermählung von König Alfons, die für den 31. Mai in Los Jerónimos angekündigt ist. Der junge König heiratet eine englische Prinzessin, und weil die Hochzeit in Madrid stattfinden soll, gibt es überall fieberhafte Festvorbereitungen. Geplant sind Stierkämpfe, ein Feuerwerk, Tänze, Diners und Empfänge, und deshalb richten sich die meisten Etablissements darauf ein, die vornehmen Gäste, die die Vermählung des Königs in die Stadt bringen wird, so gut wie möglich zu empfangen. Nahezu alle Madrider Lokale werden renoviert und herausgeputzt, weil man vorausahnt, daß Adlige und Aristokraten bei den nächtlichen Lustbarkeiten ganz gewiß verschwenderisch hohe Summen ausgeben werden.

Ebenso macht es der Kursaal. Man beschließt, Dekorationen und Tanzkostüme zu erneuern. Leandro Oroz wird mit der Umgestaltung beauftragt: ein berühmter Maler, der mit den Delgado-Mädchen befreundet ist und Victoria andächtig verehrt. Die Neueröffnung fällt mit dem Beginn der zweiwöchigen Vorfeiern der Hochzeit zusammen, und in jener Nacht besucht ganz Madrid die Vorstellung: Politiker, Toreros, Luxuskokotten und berühmte Bohemiens sehen zu, wie zwei unsichere Mädchen, die beinahe noch Kinder sind, als Sevillanerinnen auftreten, ohne auch nur einen Blick ins Publikum zu werfen.

Als sie völlig entnervt von der Bühne nach unten kommen, gratulieren ihnen die sogenannten »Intellektuellen« als erste. Zu ihnen gehören Romero de Torres, Ramón del Valle-Inclán, Ricardo Baroja und Leandro Oroz selbst. Seit dem ersten Abend halten diese den Tisch an der Loge besetzt – dort erholen sich die Künstlerinnen nach ihren Darbietungen –, und die Männer genießen so die Gesellschaft von Chelito, Fornarina, Pastora Imperio, der Bella Belén, von La Argentina oder Mata Hari.

Die »Intellektuellen« kommen mit allen Künstlerinnen zusammen, außer mit den Hermanas Camelias. Diese werden unten an der Bühne von einer Dreiergruppe erwartet: dem Kindermädchen, Don Ángel und Doña Candelaria, die Mäntel schon über dem Arm, um schnell nach Hause zu kommen. »Auf keinen Fall sollen sie«, sagt der Vater, »etwas sehen, was sie nicht dürfen, und man soll sie auch nicht für etwas halten, was sie nicht sind.«

In dieser Nacht drehen sich die Gespräche um die Tagesereignisse, das heißt um die Hochzeitsvorbereitungen des Königs Alfons von Bourbon: Morgen wird eine Karawane von einhundertachtundzwanzig Automobilen des Königlichen Spanischen Automobilclubs mit dem Monarchen an der Spitze nach El Pardo fahren, denn dort logiert die Braut Viktoria von Battenberg, und man will der »kleinen Engländerin« zujubeln. Nie zuvor hat man in der Stadt so viele Fahrzeuge gesehen, und seit über einem Monat organisiert man diese Huldigung ... Außerdem können die Madrider am Nachmittag ein großartiges Defilee in der Stadt bewundern, das dem Empfang der ausländischen Würdenträger im Königspalast vorausgeht: Alle Gäste sollen teilnehmen. Dabei sind Erzherzog Franz Ferdinand von Österreich, Prinz Georg von Schweden, das Prinzenpaar aus Bayern, Andreas von Griechenland, der portugiesische Kronprinz ... Ganz zu schweigen von den Briten, die, mit dem Prinzen von Wales an der Spitze, als Begleiter der Braut kommen. Sicher wollen sie alles aufbieten und in ihrem Zug die Creme der Gesellschaft vorführen ... Alle warten gespannt darauf, wie sich die Ereignisse entwickeln.

> Man küßt auf tausend Arten,
> und er küßte mich mit den Augen,
> als ich ein kleines Mädchen war.
>
> *Gloria de la Prada*
> (Copla)

Ganz Madrid feiert. Die Leute drängen sich auf den Bürgersteigen. Alle wollen dabeisein, wenn sich die führenden Persönlichkeiten ganz Europas zum Königspalast begeben; die Monarchen und diplomatischen Delegationen machen heute dem spanischen König ihre Aufwartung.

Der Anblick lohnt sich. Ein Teil der beeindruckenden Kaval-kade bewegt sich zur Puerta del Sol hinunter, wo er ein paar Minuten stehenbleibt und wartet, um sich dem restlichen Ge-folge anzuschließen, das einige Stunden zuvor »in einem Eisen-bahnzug voller Prinzen« nach Madrid gekommen ist und sich vom Bahnhof Estación del Norte zum Palast hinaufbewegt.

An der Ecke der Calle Montera und der Puerta del Sol erle-ben die Delgados in der ersten Reihe diese Zurschaustellung der Berühmtheiten mit: Nach Albert von Belgien sehen sie Georg, den Prinzen von Wales, und seine Gattin Mary mit einer ganzen Eskorte von Grafen, Herzögen, Prinzessinnen und Prinzgemahlen vorüberkommen. Gerade jetzt hält vor ihnen, an der Ecke, wo Victoria und Anita das Defilee beobachten, eine riesengroße, silberfarbene Karosse mit einer malerischen und exzentrischen Persönlichkeit, die von den beiden Schwe-stern mit offenem Mund angestarrt wird. Der Mann trägt einen ungeheuren türkisblauen Turban und eine ebenso eindrucks-volle wie extravagante Kleidung, er ist ziemlich korpulent, hat einen ungewöhnlichen Bart, und seine Augen sind hartnäckig auf die Gestalt Anitas gerichtet. Der energische und durchdrin-gende Blick des Fürsten hellt sich zu einem Lächeln auf, als er das Erstaunen des jungen Mädchens über die verschwenderi-sche Fülle der Broschen und Perlenketten, Brillanten und Sma-ragde entdeckt, die an seiner Tracht funkeln.

Sein Gefolge schockiert nicht weniger: hünenhafte Soldaten mit fremdartigen Hosen, Krummsäbeln und silbrigen Turba-nen, an denen blaue Federn stecken. Ihre Mienen sind grimmig, und sie kümmern sich nicht um die Rufe und Kommentare der neugierigen und überraschten Menge.

Anita trägt Trauer, weil ihre Großmutter vor kurzem gestor-ben ist. Sie hat frisch geflochtene Zöpfe. Wortlos und aufmerk-sam lauscht sie den unglaublichen Geschichten, die die Leute in ihrem Umkreis über die zahllosen Schätze dieses originel-len Staatsoberhauptes erzählen. Schüchtern, beinahe aus den Augenwinkeln, beobachtet sie ihn und fragt sich im stillen, ob er Kubaner oder Maure ist.

Als sich der Zug erneut in Bewegung setzte, soll sich, wie die Anwesenden berichten, jener Mann, der Maharadscha Jagatjit Singh von Kapurthala, umgesehen haben, um weiter den kindlichen Gesichtsausdruck des jungen Mädchens betrachten zu können, bis er es aus den Augen verlor.

Anita erklärte später, das Lächeln, das ihr der Herrscher schenkte, habe auf sie einen liebenswürdigen Eindruck gemacht, seine bohrenden Blicke hätten sie jedoch von Kopf bis Fuß erschauern lassen.

Als die Schwestern im Kursaal nach dem Grund für die sonderbare Kleidung jener Person fragen, erklärt ihnen jemand vom Tisch der Intellektuellen, dieser Mann wäre mit der Delegation Großbritanniens nach Spanien gekommen, er begleite den Prinzen von Wales im Brautgefolge, denn er sei der Herrscher eines märchenhaft reichen orientalischen Landes jenseits von Persien, in Asien; er gehöre zu einem der reinsten und aristokratischsten Geschlechter Indiens, und seine Religion sei die der Sikhs. Man teilt ihnen auch mit, daß der Maharadscha ein persönlicher Freund von König Alfons und als gebildeter und kultivierter Monarch hoch angesehen sei. Schließlich setzt Oroz hinzu, er habe in der Zeitung gelesen, daß dieser Fürst seit fünfundzwanzig Jahren in einem Ort namens Kapurthala regiere und große Berühmtheit erlangt habe, weil er gerecht sei und von seinem Volk geliebt werde, denn es heiße von ihm, er habe zwar die Macht und auch das Recht, frei über das Leben der Menschen und Tiere zu verfügen, doch er sei so gütig, daß er niemals ein Todesurteil erlassen hätte.

Das Mädchen traf ihn
an der dunklen Tür,
mit fieberheißen Augen
und nelkenrotem Mund ...

»Wohin gehst du, schönes Mädchen,
was suchst du hier?«
»Ich such' eine Rose,
die Rose des Monats April.«

Das Mädchen an der dunklen Tür
(Copla)

Der Maharadscha nutzt seinen Madridaufenthalt nicht nur
für diplomatische Verpflichtungen, sondern interessiert sich
auch lebhaft dafür, die besonderen Neigungen des spanischen
Volkes und dessen Lieblingsbeschäftigungen kennenzulernen.

Als er den Wunsch äußert, ein baskisches Pelotaspiel zu besuchen, reservieren seine Gastgeber sofort Plätze für die Nach-
mittagsvorstellung des Kursaals.

An jenem Tag kommt es zu einer zweiten zufälligen Begegnung. In ihrem Tagebuch erzählt Anita:

*… jeden Nachmittag nahmen wir an den Proben teil, man
brauchte nur durch die Puerta del Sol zu gehen, und dahinter lag
der Kursaal. Erstaunt entdeckten wir vor uns eine Menschenmenge und einen Landauer. Neben der Kutsche stand ein Mann,
der einen Turban auf dem Kopf hatte und eine blaue und silberne Uniform trug. Als meine Mutter das große Durcheinander
bemerkte, wollte sie umkehren, aber wir ließen uns nicht zurück-
halten und sagten: »Wir brauchen keine Angst zu haben, in der
Kutsche ist ein Ausländer gekommen, und den schauen sich die
Leute an.« Weil ich die erste war, lief ich weiter, und in diesem
Moment sah ich, daß ein sehr dunkelhäutiger Mann aus der Kutsche stieg, er hatte einen grauen Anzug an und trug einen Hut.
Ich blieb stehen, weil ich mich gerade an der Stelle befand, an
der er vorbeikommen mußte, doch auf einmal blieb auch der
Herr stehen und starrte mich so sonderbar an, daß es mich erschreckte, und ich rannte zur Tür, ohne etwas zu sagen. Als
ich eintrat, blickte ich mich um und stellte fest, daß der Mann
mir nachrannte, dann lief ich schnell die Treppe rechts von der*

Direktion hinauf. Der Direktor sah mich und fragte, warum ich mich so beeilte, und ich antwortete, ich hätte Angst, weil ein Mann, bestimmt ein Kubaner, mich von der Tür aus verfolgte, ohne mich aus den Augen zu lassen. Nun entdeckte ihn der Direktor, er begann zu lachen und sagte: »Hab keine Angst, das sind Leute, die sich die Pelotaspiele ansehen wollen.« Er nahm mich an der Hand und setzte hinzu: »Na los, deine Mutter wartet auf dich.« Als ich gemerkt hatte, daß mich der Mann mit seinen Blicken musterte, hatte ich mich vor Schreck tatsächlich nicht getraut, den Kopf zu heben.

Der Maharadscha Jagatjit Singh erkennt zu seiner großen Verwunderung, daß dieses Mädchen die Kleine ist, die er von seiner Kutsche aus beobachtet hatte. Als er erfährt, daß es sich um eine Tänzerin des Lokals handelt, ordnet er an, ihm für denselben Abend eine Loge sehr nahe bei der Bühne zu reservieren.

> Tänzerin, Tänzerin,
> mit dem dunklen Gesicht,
> genau wie die Macarena,
> mit schneeweißen Händen.
>
> Tänzerin, Tänzerin,
> ich geb' dir, was du möchtest,
> denn ich lieb' in meinem Leben
> keine so wie dich.
>
> *Die Flamencosängerin* (Copla)

Von diesem Augenblick an entwickeln sich die Dinge mit schwindelerregender, für alle überraschender Schnelligkeit.

Um zweiundzwanzig Uhr treten die Camelias auf, sie tanzen

in kurzen, glockenförmigen, feuerroten Röcken und entsprechenden Trikots. Wie jede Nacht ernten sie zurückhaltenden Beifall, denn sie führen zwar die Seguidilla und den Bolero ungeniert und locker vor, die Sevillanas gelingen ihnen jedoch weniger gut. Vom spanischen Tanz versteht der Fürst kaum etwas, aber die jüngere Schwester läßt er nicht aus den Augen. Als der Tanz zu Ende ist und das Publikum nicht mehr applaudiert, klatscht er inmitten der allgemeinen Stille weiter.

Das junge Mädchen bekommt einen Kamelienstrauß, und ein Mann, der sich als Dolmetscher des Hotel de París vorstellt und erklärt, er spreche im Namen des Maharadschas, teilt den Eltern mit, der Fürst habe den Wunsch, die Künstlerinnen an seinem Tisch zu begrüßen. Der Vater lehnt die Einladung höflich ab, als Grund nennt er das Alter der Kinder. Doña Candelaria empfindet die Einladung als Beleidigung, ihre Töchter seien »nicht wie die übrigen – und vielen Dank und auf Wiedersehen«.

Die Künstlerinnen des Kursaals sprechen in höchsten Tönen von der Geschichte, und die Intellektuellen am ersten Tisch nehmen sich der Sache an, vor allem Romero und Oroz. Später sollten sie große Mühe haben, die Schritte Valle-Incláns zu lenken, dem der Anislikör ziemlich schlimm zugesetzt hatte und der mitten auf der Calle de Alcalá laut und hartnäckig verkündete: »Wir müssen etwas tun! Daß Anita mit dem Maharadscha zusammenkommt, ist eine Frage des Patriotismus, meine Herren, nur des Patriotismus! Sind wir Patrioten oder nicht?«

Jede Nacht besucht der Fürst nun den Kursaal. Jede Nacht bekommt Anita seine Kamelien und lehnt die Einladung ab ... bis zur vierten Abendvorstellung, bei der Intellektuelle, Künstler, der Dolmetscher und sogar der Direktor des Lokals eingreifen, damit sich die ganze Familie einverstanden erklärt, in der Loge des Inders eine Flasche Champagner zu trinken.

Anita schildert es so:

Als ich in die Loge kam, war ich zunächst überrascht, weil ich den Fürsten im Smoking sah. Diesmal wirkte er wie ein Portugiese und nicht wie ein Kubaner. Dann nutzte ich die Gele-

genheit, um ihn zum erstenmal aus der Nähe zu betrachten, aber immer begegnete ich seinen Augen, die mich anstarrten, obwohl er jetzt einen sanften Blick hatte und mir so zulächelte, daß ich mich wunderte, einen derart liebenswürdigen Gesichtsausdruck bei ihm zu entdecken. Er hatte vollkommene Zähne, die so weiß und gleichmäßig waren, daß ich mich bei dem Gedanken ertappte, sie müßten falsch sein, weil echte Zähne nicht so schön sein könnten.

Nun durfte ich mir zum erstenmal die Vorstellung ansehen, denn meine Mutter hatte immer darauf geachtet, daß wir nach unserer Nummer wegen der späten Stunde heimgingen, und darum kümmerte ich mich nicht mehr um den Herrn und schaute zur Bühne. Es war hübsch: spanische Tänze einer sehr guten Künstlerin, die Pastora Imperio hieß, Couplets der Fornarina, die eine schöne Frau mit dunkelblondem Haar und tiefblauen Augen war, und vor allem der French Cancan, der uns wegen der Schreie und Sprünge der Tänzerinnen verblüffte. Ich hatte nie eine Varietévorstellung besucht, und für mich war alles neu.

Als das Programm zu Ende war, sagte mir der Herr, der neben dem Fürsten saß und Dolmetscher war, der Maharadscha hätte niemals ein so schönes junges Mädchen wie mich gesehen, vor allem, weil ich so schöne Augen habe, die sanft, aber auch ein bißchen traurig seien; ich erinnere ihn an die persischen Frauen wegen meines Blicks und meiner prachtvollen Haare. All diese Worte schüchterten mich sehr ein, und ich dankte lediglich für das, was man über mich sagte, und wünschte mir nur noch, so schnell wie möglich aus der Loge zu verschwinden.

Man bot uns Champagner an, und ich getraute mich nicht abzulehnen, aber ich fand eine Möglichkeit, ihn nicht hinunterzuschlucken, indem ich ihn diskret ins Taschentuch spuckte, denn dieses Getränk hatte zwar eine hübsche Farbe, doch es kitzelte mich unangenehm im Hals.

Zum Glück machte uns mein Vater ein Zeichen, daß schon Mitternacht sei, und wir verabschiedeten uns. Das aber nur für kurze Zeit, denn von diesem Tag an lud uns der Fürst jede Nacht *ein, immer mit den gleichen Komplimenten und freundlichen Worten. Jeden Tag lernte er ein neues spanisches Wort: »bonita«* (hübsches Mädchen), *»preciosa«* (schönes Mädchen), *»buenas noches«* (gute Nacht) ... *Und jeden Tag sagte er es mir sehr liebenswürdig und höflich.*

Nun fürchtete ich mich nicht mehr vor ihm.

> Mädchen aus den Bergen,
> ich schenk' dir ein Kleid,
> ich hab' gesagt: Erledigt,
> du brauchst mir nichts zu geben.

Grüne Augen (Copla)

Am letzten Abend vor der Hochzeit des Königs, in der üblichen Loge, schlägt der Dolmetscher dem Mädchen vor, seinem Herrn gewisse Gunstbeweise zu gewähren und dafür Geld und Schmuck zu erhalten. Bei diesem Vorschlag bricht das junge Mädchen in Tränen aus, beschimpft den Mann und läuft eiligst davon. Am nächsten Tag erhält sie einen Brief des Maharadschas, der sich in aller Form entschuldigt und die Familie einlädt, den Hochzeitszug auf dem Balkon seiner Suite im Hotel de París, an der Puerta del Sol, zu erleben. Die Familie nimmt die Entschuldigung an.

Am 31. Mai, dem Tag, an dem Alfons XIII. und Viktoria Eugenia von Battenberg heiraten, kommt es zu einem folgenschweren Ereignis: Nach der Hochzeitszeremonie in Los Jerónimos kehrt der Zug zum Palast zurück, während die Menge jubelt und die Glocken läuten. Da wirft der katalanische Anarchist Mateo Morral mitten auf der Calle Mayor einen Blumenstrauß, der eine Bombe enthält, in die Kutsche der Neuvermählten. Die Monarchen bleiben zwar unverletzt, doch die

Bombe tötet dreißig Menschen und verletzt Hunderte, die auf der Straße schreien und jammern, inmitten von Pferdeleichen und blutigen Rinnsalen. Die meisten Opfer gehören zum Vad-Ras-Regiment, das die königliche Kutsche eskortierte. Weitere zwanzig Personen haben ihr Augenlicht für immer verloren.

An diesem Tag, der sich in Madrid als ein Freuden- und Jubelfest angekündigt hatte, herrschen um vierzehn Uhr dreißig Schmerz, Trauer und Panik.

Manche erzählen, sie hätten gesehen, wie Alfons mit unerschütterlicher Kaltblütigkeit die Hand der fassungslosen und bleichen Viktoria Eugenia ergriff, deren Kleid blutbespritzt war, und ihr beim Umsteigen in eine andere Karosse half, die nach wenigen Sekunden in größter Eile zum Königspalast davonfuhr. Außer dem Hochzeitsbankett werden sofort alle Feierlichkeiten abgesagt.

Die zahlreichen ausländischen Delegationen fürchten einen Volksaufstand und können es gar nicht abwarten, sich aus dem Staub zu machen. Nacheinander verabschieden sie sich von den Neuvermählten. So macht es auch der Maharadscha von Kapurthala, der Madrid noch in dieser Nacht verläßt.

Damit sollte die Geschichte nicht enden. Ein paar Tage später erhält Anita einen Brief, in dem ihr der Betrag von einhunderttausend Peseten – im Jahre 1906 eine riesige Summe – angeboten wird, wenn sie sich entschließt, nach Paris zu fahren, um einige Zeit mit dem Fürsten zu verbringen: »Ich habe noch einmal seine Anträge zurückgewiesen, weil mir das so vorkam, als würde ich meine Person verkaufen.«

Nach dieser zweiten Ablehnung verliert der Maharadscha nicht den Mut, sondern entbrennt in immer leidenschaftlicherer Liebe, und darum entscheidet er sich für einen dritten Versuch. Er schickt sogar den Hauptmann seiner Eskorte, um der jungen Dame persönlich einen Brief zu überreichen.

Dieser Mann paßte gar nicht durch die Tür, so groß und dick war er. Wir wußten nicht, was wir mit ihm anfangen sollten, denn er weigerte sich, Platz zu nehmen. Nachdem er mir das Kuvert übergeben hatte, konnte ich lesen, den Maharadscha hätten meine Bedingungen für mich eingenommen, und er machte mir einen Heiratsantrag. Sollte ich einverstanden sein, so dürfte ich den Überbringer des Briefes als meinen Diener ansehen, denn er würde mich zusammen mit meiner Familie nach Paris geleiten, wo man die Hochzeit vorbereiten könnte.

Leandro Oroz, der bei uns zu Hause ein Porträt meiner Schwester malte, sagte, ich sollte es mir genau überlegen und ihm mit einem eigenhändigen Brief antworten. Dann haben wir den Inder verabschiedet, dem wir sonst nichts zu bestellen und zu sagen hatten.

Anita läßt sich überzeugen. Sie möchte dem Fürsten antworten und schreibt einen kindischen und respektvollen Brief, den sie hierauf dem Maler laut vorliest: »Mein lieber König, es würde mich freuen, wenn Sie sich beim Empfang dieses Schreibens wohl fühlen, so gesund und munter, wie ich's für mich wünsche ...«

Oroz hört höflich diesem Vortrag zu und erklärt sich bereit, den Brief zur Post zu bringen, ohne Anitas Mutter etwas zu verraten.

Und das tut er, vorher kehrt er aber wie jeden Nachmittag im Nuevo Café de Levante ein, wo sich der literarische Stammtisch jener Intellektuellen zusammenfindet, die jede Nacht den Kursaal besuchen. Als er Valle-Inclán und den übrigen Stammgästen von der Neuigkeit erzählt, erkennen alle, daß es der Maharadscha aufrichtig meint und welche Bedeutung dieser erste Brief hat. Oroz setzt sich über Moral und Postgeheimnis hinweg: Er gestattet den Anwesenden, Anitas Schreiben zu öffnen und zu lesen.

Valle-Inclán ruft, die Sache werde ernst, und man dürfe einen derartigen Brief nicht abschicken. Er bittet um Schreibzeug und diktiert einen Entwurf. Alle beteiligen sich, korrigieren hier und da und übersetzen den Brief ins Französische. Baroja sollte Jahre später die lustige Stimmung schildern, die bei der Ausarbeitung dieses Textes herrschte, denn die endgültige Fassung »wirkte wie ein Ausschnitt aus einer Anthologie Chateaubriands«.

Als das Werk vollendet ist, unterschreibt Valle-Inclán, ohne sich im mindesten um die Fälschung zu kümmern, mit: »Anita Delgado, La Camelia«.

Keiner von ihnen hegt den geringsten Zweifel, daß sich der Maharadscha durch diese Korrespondenz endgültig verlieben muß, und das wäre auch dem kunstvollen Briefstil der besten spanischen Schriftsteller zu verdanken.

Jeder der fünf Männer am Tisch steuert in einer stillschweigenden Übereinkunft eine 5-Céntimo-Münze zur Briefmarke bei.

Noch in derselben Nacht versuchen Valle-Inclán und Oroz, Doña Candelaria und Don Ángel durch kupplerische Überredungskünste zu beeinflussen, und hierfür bitten sie Imperio und Fornarina um Unterstützung. Alle meinen übereinstimmend, Anita solle das Angebot des Fürsten annehmen, eine einzigartige Chance, die ihr Leben verändern würde. Um die Eltern zu beruhigen, erzählen sie von Indien und schildern die unzähligen Schätze seiner Könige.

Don Ángel hört Valle-Inclán aufmerksam zu, und danach antwortet er versonnen und grüblerisch:

»Ja, ja, alles, was Sie mir da erzählen, hat wirklich Hand und Fuß, aber ... Und die Ehre, wo bleibt unsere Ehre?«

Doña Candelaria setzt schreiend und gestikulierend hinzu:

»Meine arme kleine Anita! Und wenn man sie in einen von diesen Harems steckt und wir sie nie wiedersehen?«

> Wenn sie meinen, ich soll dich vergessen
> und dich nicht lieben, so ist das genauso,
> als verlangte man von der Sonne,
> innezuhalten mitten im Lauf.

> Copla

Valle-Incláns inbrünstiger Liebesbrief versetzt den Herrscher in Begeisterung. Mit einem Scheckheft, das »so dick wie ein Wörterbuch« ist, bemüht er sich darum, daß die ganze Familie Delgado, einschließlich des Kindermädchens, nach Paris übersiedelt, damit die Hochzeit stattfinden kann.

Anita bittet Oroz, sie auf der Reise zu begleiten, denn er spricht französisch und wäre eine große Hilfe. Aber Leandros Familie ist dagegen, weil sie meint, daß »der Spaß schon zu lange gedauert hat«. Die Bohemiens des Kursaals müssen mit

Valle-Inclán an der Spitze wieder eingreifen, diesmal reden sie Oroz' Mutter zu, ihrem Sohn zu erlauben, die Delgados zu begleiten. Trotz all der soziologischen, politischen und historischen Argumente, die Valle-Inclán ins Feld führt, haben sie keinen Erfolg.

Die Familie Oroz erinnert sich immer noch lachend an die ungestümen Albernheiten des lispelnden Don Ramón: »Anita könnte Hindustan einen zukünftigen Helden schenken, der die riesige Halbinsel zur Rebellion gegen die Engländer aufwiegelt und ihre Unabhängigkeit erringt. So würden wir uns als gute spanische Patrioten für alle Schurkenstreiche rächen, die das perfide Albion im Lauf der Geschichte unserem heißgeliebten Spanien angetan hat.«

Wie Valle-Inclán erklärt, sollte Leandro Oroz außerdem die Camelia nach Paris begleiten, »um in seinem eigenen Namen und in dem der ganzen Boheme des Kursaals von Seiner Hoheit, dem Maharadscha, einen Orden zu erbitten, der all denen, die dazu beigetragen hatten, das Glück des kapurthalensischen Volkes und seines Fürsten zu vollenden, das Recht verleiht, eine Uniform zu tragen«.

Ricardo Baroja kommentierte einige Jahre später, daß »sie sich selbst schon sahen, wie sie in Viererreihen auf der Calle de Alcalá spazierten, um den Kopf einen Turban aus geblümtem Musselin, einen Damaszener Krummsäbel am Gürtel«.

Eugenie von Montijo,
wie schade, wie schade,
daß du fortgehst aus Spanien
und Königin wirst.

Eugenie von Montijo
(Copla)

Schließlich fährt Leandro nicht nach Paris, und für die Familie ist die Reise ohne Leandro beschwerlich und nervenaufreibend. Die Atmosphäre im Zugabteil wird immer gedrückter, je weiter man sich von Madrid entfernt. Kurz vor Mitternacht schlafen alle erschöpft ein, die Plackerei der letzten Tage hat sie überfordert. Alle außer Anita, die sich hunderttausendmal dieselbe Frage stellt: ob sie das Richtige tut oder nicht.

Oroz hatte ihr gesagt, sie solle nicht prüde sein und sich nicht so zimperlich anstellen. Man treffe nicht jeden Nachmittag beim Schokoladetrinken einen leibhaftigen König, und gewiß sei das die Chance ihres Lebens. Ganz zu schweigen von der Unterstützung, die sie ihrer Familie leisten könne ... Etwas gibt ihr trotzdem das Gefühl, den Ereignissen gegenüber klein und ohnmächtig zu sein: »Ob dieser Mann mich so sehr liebt, daß er mich mit meiner Familie in ein fremdes Land mitnimmt? Wer weiß, ob das Liebe ist oder sonst etwas ...« Mitten in der Nacht, während Victoria und das Kindermädchen neben ihr schlummern, bereut Anita beinahe die vertrackte Geschichte, auf die sie sich eingelassen haben. Denn Paris ist in Frankreich, und Frankreich ist Ausland. »Man geht ins Ausland, wenn einem kein anderer Ausweg bleibt, damit man für die Zuhausegebliebenen arbeitet oder sein Glück sucht. Aber daß ich in einem Expreßzug fahre, um einen König zu besuchen und ihn zu heiraten, als wären wir schon das ganze Leben verlobt ...«

Sobald wir nach Frankreich kamen, begann es zu regnen, und es wurde neblig. Ich konnte sehen, daß dieses Land hübsch war und daß es auf der ganzen Strecke wie ein schöner Garten wirkte, denn nirgends gab es unbestellte Felder. Um sechs Uhr abends regnete es immer noch. Ich fühlte mich tieftraurig, weil mir Regen aufs Gemüt geht.

EINE UNGEWOHNTE MAHLZEIT · DIE WÜNSCHE
SEINER HOHEIT · NEUE KLEIDER UND FRISUREN ·
GESCHENKE UND LOUISDORE · EINE FRANZÖSI-
SCHE ERZIEHERIN · ALLEIN MIT DER PUPPE · DIE
ERZIEHUNG EINER FÜRSTIN

*Endlich kam der Zug am Quai d'Orsay an, einem imposanten
und sehr belebten Bahnhof. Niemand holte uns ab, es stand nur
ein prächtiges Auto mit einem unbekannten Chauffeur da. Wir
stiegen alle ein, ohne etwas zu sagen, und wir fuhren eine kurze
Strecke, denn das Hotel war ganz nahe. Es regnete weiter, und die
schöne Place de la Concorde sah großartig aus.*

*Das Auto hielt vor ein paar gewaltigen Arkaden, dort war das
Hôtel Saint James & Albany an der Rue de Rivoli. Man gab uns
durch Zeichen zu verstehen, daß wir in den Fahrstuhl einsteigen
sollten. Während wir hochfuhren, zerbrachen wir uns den Kopf,
was passieren würde, wenn der Apparat kaputtginge, wir benutzten ihn ja zum erstenmal. Als er in der zweiten Etage hielt, war
das eine große Freude, und wir fühlten uns sehr erleichtert, weil
wir wieder festen Boden betreten konnten. Nachdem wir durch
einen kleinen Korridor gelaufen waren, kamen wir in ein hell-
erleuchtetes Appartement. Es hatte einen schönen Louis-XV-
Salon, den ich mir nicht genau ansah, weil ich so nervös war. An
jeder Seite des Salons lag jeweils ein Schlafzimmer mit Bad,
außerdem gab es ein hübsches Eßzimmer, das wahrscheinlich
für uns hergerichtet war. Auf dem Tisch stand ein guter Imbiß,
aber wir hatten keinen Appetit, weil alle sich Sorgen machten,
ohne daß wir uns getrauten, etwas davon zu verraten. Unser Begleiter sagte: »Seine Hoheit hat heute ein offizielles Bankett und
kann erst gegen elf kommen. Sie haben also Zeit, zu Abend zu
essen und ein Bad zu nehmen.«*

*Wir packten aus, meine Eltern bezogen ein Schlafzimmer und
wir übrigen das zweite; für Joaquina mußte man in unserem*

Zimmer ein zusätzliches Bett aufstellen. Darum habe ich gebeten, denn ich ergriff immer die Initiative, weil ich sah, daß ich für alles verantwortlich war. Energisch ordnete ich an: »Wir müssen uns zusammennehmen und uns ein bißchen zurechtmachen, damit wir den Fürsten empfangen können, wenn er kommt.«

In Madrid hatte man uns gesagt, daß es in Paris sehr kalt sei, und darum hatte Joaquina uns, Victoria und mir, mehrere Zeitungsseiten unter das Kleid, an Brust und Rücken, gestopft, und obwohl die Blätter störten und juckten, behielten wir sie am Körper, weil Joaquina darauf bestand. Als wir sie nun aber herausziehen und ins Bad gehen wollten, gestikulierte Victoria, die immer zu Späßen aufgelegt war, und sagte, an ihrem Rücken sei die Druckzeile klebengeblieben: »Heute nacht gibt es keine Vorstellung im Teatro Cervantes.« Wir lachten herzlich, und für einen Augenblick vergaßen wir, daß wir weit weg von Spanien waren.

Nach einem vergnügten Bad, das uns aufmunterte, zogen wir andere Kleider an. Wegen unserer Trauer um die Großmutter hatten sie keine lebhaften Farben, aber wir besaßen nichts anderes.

Um zwanzig Uhr servierte man uns das Abendessen. Lustlos gingen wir ins Speisezimmer, und das Essen reizte uns zum Lachen, denn obwohl das Ganze sehr gut aussah, fanden wir den Geschmack eigenartig, weil alles mit Butter und vielen Kräutern zubereitet war; zum Glück gab es wenigstens eine Platte mit kaltem Braten, und den haben wir mit Appetit gegessen, denn es stimmt, wenn man sagt, daß der Appetit beim Essen kommt.

Der Pudding hat uns auch geschmeckt, und als das Waschschüsselchen kam, sagte meine Schwester: »Das müssen wir ins Schlafzimmer mitnehmen, für den Fall, daß wir nachts Durst kriegen.« Joaquina meinte: »Was für komische Sachen es in diesem Land gibt. Wenn sie uns eine Flasche hingestellt hätten, wäre das doch viel einfacher.« Meine Mutter, die das in Málaga bei einer ungeheuer vornehmen Hochzeit gesehen hatte, erklärte uns, damit befeuchte man sich die Finger nach dem Essen, was merkwürdig und sehr praktisch war.

Pünktlich um elf kam der Fürst. Der Diener sagte: »Seine Hoheit befindet sich im Salon und wünscht, Sie zu begrüßen.« Ich stand sofort auf, machte den anderen Zeichen, und wir traten ein. Er begrüßte meine Eltern, aber ohne mich aus den Augen zu lassen. Danach gab er uns zu verstehen, daß wir uns setzen sollten. Nun näherte er sich mir und sagte in einem sehr klaren Spanisch: »Ich hoffe, du bist nicht müde. Ich freue mich sehr, dich zu sehen.« Ich erstarrte zu Stein, denn ich begriff nicht, wie er das so gut ausdrücken konnte. Da holte er ein kleines Spanischwörterbuch heraus und suchte nach Vokabeln. Ich wußte nicht, was ich antworten sollte, denn mit Hilfe eines Buches zu reden, kam mir wirklich schwierig vor. Er bemerkte meine Nervosität und erklärte: »Es macht nichts, wenn du nichts sagst.« Dann wies er den Führer an, er solle uns mitteilen, daß er lediglich hier sei, um uns zu begrüßen, am nächsten Tag komme er zum Mittagessen, und nachdem er meine zwei Zöpfe gestreichelt hatte, verabschiedete er sich lächelnd: »Gute Nacht und bis morgen.« Genauso höflich, wie er aufgetreten war, ging er wieder. Mir fiel eine Last von der Seele, denn die erste Unterredung war weniger peinlich verlaufen, als ich mir vorgestellt hatte.

In dieser Nacht schliefen wir ganz ruhig und erholten uns sehr gut. Als ich am Morgen aufwachte, schaute ich auf den Balkon hinaus, der zu den Tuilerien lag, das ist ein schöner Garten. Dann brachte man mir das Frühstück auf einem Silbertablett. Der Kaffee und die Butter waren gut und die Croissants ein Hochgenuß. Ich aß alles auf, weil ich dachte, daß mir das Mittagessen bestimmt nicht schmecken würde, obwohl Oroz gesagt hatte, die französische Küche sei die beste der Welt. Aber bis man sich daran gewöhnte ...

Nachdem ich dasselbe Kleid angezogen hatte, sah ich mir den Salon in Ruhe an; er war prächtig und hatte einen Kamin aus rosa Marmor. Immer wenn Victoria auftauchte, zeigte sie auf die Tür und behauptete, um mich zu ärgern: »Da ist der Fürst!« Ich erschrak und fühlte mich überhaupt nicht wohl. Wenn er käme, könnte ich wegen der fremden Sprache nichts sagen, und das kam mir so vor, als wäre Seine Hoheit taub und ich stumm.

Meine Eltern fühlten sich besser, aber sie konnten sich nicht vorstellen, wie wir einen Ausweg aus unserer schwierigen Lage finden sollten.

Punkt eins erschien der Fürst mit seinen höflichen Manieren und seinem Lächeln; genau wie am Tag zuvor suchte er im Wörterbuch nach freundlichen Ausdrücken.

Der Haushofmeister meldete, das Essen sei aufgetragen, und wir gingen ins Speisezimmer. Dort konnte ich ihn eingehend betrachten und feststellen, daß er sehr elegant gekleidet war und nur sein Turban ungewöhnlich wirkte; er benutzte ihn als Hut, nahm ihn ganz mühelos ab und setzte ihn wieder auf. Er hatte kurzgeschnittenes Haar.

Als er sah, daß wir nichts aßen, sagte er: »Ich bedaure, daß Ihnen das französische Essen nicht schmeckt. Was darf ich Ihnen anbieten?« Ich wurde ganz rot und nahm sein Buch, um die Wörter »Schinken«, »Huhn« und »Salat« herauszusuchen. Da ich ihm diese Wörter zeigte, verstand er und klingelte. Sofort trug man schöne Platten und Schüsseln auf. So konnten wir alle zwanglos zugreifen.

Nach dem Mittagessen sprach er lange mit unserem Begleiter, und die beiden stellten ein Programm zusammen, das ich befolgen sollte, wie Seine Hoheit wünschte. Dann sagte er zu mir: »Setz dich und hör zu, was der Führer dir erklärt, denn das habe ich ihm gesagt.« Und der Mann teilte mir mit: »Seine Königliche Hoheit bedauert zutiefst, daß er nicht selbst sagen kann, was ich sagen soll, weil er die spanische Sprache nicht kennt. Das sind seine Wünsche: Zum einen möchte er, daß diese zwei prächtigen Zöpfe zu einer hübschen Frisur hochgesteckt werden; der Coiffeur wird jeden Tag kommen, um Sie zu frisieren. Er möchte auch, daß Sie anstelle dieses schwarzen Kleids etwas anderes tragen. Es sollen Kleider einer jungen Frau und nicht die eines Schulmädchens sein. Heute nachmittag kommen schöne Sachen, die man auf Anordnung Seiner Hoheit herbringt.«

Soweit war alles nach meinem Geschmack. Dann sagte er mir aber, daß ich mich von meinen Eltern trennen und in eine Wohnung ziehen sollte, die er schon für mich eingerichtet hätte, und dort sollte ich mit einer französischen Gesellschaftsdame zusammenleben; es täte ihm sehr leid, doch es wäre die einzige Möglichkeit, daß ich Französisch lernte. Er ließ mich keinen Moment aus den Augen und bemerkte, daß mir das nicht gefiel. Sofort griff er ein: »Warte.« Der Führer erklärte weiter: »Ihre Eltern ziehen in eine andere Wohnung, sie liegt nahe bei Ihrer, und Sie können sie jeden Tag eine Stunde besuchen.«

Wir alle saßen still da, bis meine Mutter äußerte, sie halte das durchaus für einen guten Gedanken, denn so könnten wir nicht weitermachen, und es sei der einzige Weg, diese Sprache zu erlernen, die ich so dringend benötigte, um mich mit Seiner Hoheit zu verständigen. Ich merkte also, daß meine Mutter einverstanden war, daß es keine andere Lösung gab und es zu meinem Besten war, und deshalb fragte ich meinen Vater. Er antwortete: »Das mußt du entscheiden, denn es ist dein Leben. Jedenfalls ist es der Wunsch Seiner Hoheit, und wir alle haben gewußt, daß der Moment der Trennung kommen würde.« Daraufhin sagte ich dem Führer, ich sei einverstanden, aber er solle Seine Hoheit bitten, mir noch ein paar Tage für die Vorbereitungen zu lassen. Ich hätte Verständnis für sein Interesse, doch es sei das erste Mal, daß ich von meinen Eltern fortginge.

Der Führer teilte außerdem mit, Seine Hoheit wolle auf die Schneider warten und sehen, ob mir die Kleider gut stünden, doch ich dachte überhaupt nicht mehr an Kleider oder Frisuren, denn meine einzige Sorge war, daß ich sehr bald allein bleiben würde, allein mit jemandem, den ich nicht verstehen konnte, und mich packte richtige Angst, was ich nicht verbergen konnte ...

Dann kamen die Pakete. Seine Hoheit stand auf, und er selber packte alles aus und zeigte es mir. Ich sah mir die Sachen an, und obwohl sie wunderschön waren, kümmerte ich mich nicht allzusehr darum. Da ermahnte mich meine Schwester: »Sei nicht dumm, sonst hätte sich diese Reise ja gar nicht gelohnt, außerdem bist du früher oder später sowieso nicht mehr mit uns zusammen. Wenn ich an deiner Stelle wäre!« Das munterte mich ein bißchen auf, und mit Tränen in den Augen probierte ich die Kleider an.

Die Sachen standen mir gut, aber weil es lange Kleider waren, verfing ich mich mit den Füßen in diesen Glockenröcken und konnte nicht laufen. So war es vorbei mit den Tränen, und ich mußte lachen, als ich mich selbst als erwachsene Frau sah: mit engen Ärmeln, sehr hohem Kragen und Korsettstangen. Alles paßte so genau, daß man von mir nur den Kopf sah, denn der ganze Rest waren Kleider. Bei diesem Anblick blieb mir schließlich nichts anderes übrig, als in den Salon zu gehen, aber mit beiden Händen raffte ich das Kleid, weil ich Angst hatte hinzufallen. Der Fürst lächelte mich an und sagte, ich sei sehr hübsch, doch ich setzte mich schnell auf den ersten Stuhl.

Dann kam der Coiffeur und machte mir im Beisein des Fürsten eine Hochfrisur. Wo ich so dichtes Haar habe, weiß ich nicht, wie er es anstellte, auf meinem Kopf soviel Crêpe, eine ganze Kaskade von Locken und Tausende von Nadeln unterzubringen. Es wog eine Menge, und meine beiden Zöpfe waren nicht mehr zu sehen. Als man mich frisiert hatte, sagte Seine Hoheit, er müsse nun gehen und komme morgen zum Mittagessen wieder. Vorher holte er aber ein kostbares goldenes Portemonnaie aus der Tasche und gab es mir mit den Worten: »Für dich.«

Sobald er fort war, zog ich mich aus und schlüpfte in mein altes Kleid, ich zerstörte auch die Frisur und flocht mir wieder zwei Zöpfe, und das ließ mich zufrieden aufseufzen. Dann nahm ich die kleine goldene Börse, die aus Netzgewebe war, und als ich sie aufmachte, sah ich, daß sie mit Goldmünzen, mit französischen Louisdoren, gefüllt war; zum erstenmal sah ich soviel Geld auf einem Haufen, und darüber freute ich mich sehr. Meine Schwester und meine Eltern waren gut gelaunt, und Victoria erklärte: »Da hast du eine gute Entschädigung für den Ärger mit den Kleidern. Was willst du mit dem vielen Geld anfangen?« Ich antwortete: »Ich möchte die hübscheste und größte Puppe kaufen, die es in Paris gibt, und dir schenke ich all diese schönen Kleider, die dir besser stehen als mir, weil du älter bist.«

Am Nachmittag machten wir im Auto eine Spazierfahrt auf den Champs-Élysées und durch den Bois de Boulogne. Wir sahen, daß die Leute sehr schnell liefen und ganz anders gekleidet waren als in Spanien. Die Damenmode war sehr abwechslungsreich, und die Kleider glichen in ihrer Form denen, die ich anprobiert hatte. Ich bemerkte, wie gewandt sich die Frauen bewegten und wie sie den Rock rafften, um Treppen hinunterzusteigen, und dabei ließen sie Taftunterröcke in zarten Farben sehen. Die Hüte waren riesig und mit großen Federn geschmückt. Nun verstand ich, daß man eine Hochfrisur und eine Crêpe-Einlage brauchte, um die Hüte mit den großen Metallnadeln befestigen zu können.

Nach der Spazierfahrt dachte ich nur noch an zwei Dinge: die Puppe zu kaufen und noch einmal die Kleider anzuprobieren, weil ich am nächsten Tag, wenn Seine Hoheit erschien, damit keine Probleme haben wollte, so daß er mit mir zufrieden sein könnte.

Als wir zum Hotel kamen, erwartete uns der Führer an der Tür. Ich bat ihn, uns einen Spaziergang durch die Arkaden und einen Einkaufsbummel zu erlauben. Aber wir entdeckten keinen einzigen Puppenladen, und die Leute schauten uns an, als wären wir arme verlassene Waisenkinder. Victoria und ich besuchten jedes einzelne Souvenir-, Schmuck-, Bücher- und Modegeschäft. Da wir nicht fanden, was ich suchte, beschlossen wir, ins Hotel zurückzukehren. Der Führer fragte uns, was wir kaufen wollten, und ich sagte, ich hätte gern eine hübsche Puppe gekauft, so etwas aber in keinem Geschäft gesehen. Das wunderte ihn, wie ich merkte, doch er sagte nichts.

Als ich in unsere Zimmer zurückkehrte, probierte ich wieder alles an. Nun prüfte ich die Sachen aufmerksamer und stellte fest, daß es sich um eine vollständige Ausstattung mit einer großen Menge Unterwäsche handelte, die mit sehr feinem Garn bestickt war, dazu gehörten außerdem mehrere Nachmittags- und Abendkleider mit den passenden Schuhen und drei Kostüme, über die ich mich freute, denn sie ließen sich leichter tragen, weil sie knöchellang waren. Ich probierte ein graues an, das mir sehr gut stand, und diese Toilette suchte ich für das Mittagessen mit dem Fürsten am nächsten Tag aus. Meiner Schwester gab ich ein anderes Kostüm und eine Spitzenbluse. Dann probierte ich die Nachmittagskleider, und nach einer halben Stunde konnte ich ohne Schwierigkeiten in ihnen laufen. Die Taftunterröcke raschelten, aber das ließ sich nicht vermeiden.

Am Morgen kam der Coiffeur und machte mir wieder eine Hochfrisur. Ich kleidete mich für den Fürsten an. Er brachte eine riesengroße Schachtel mit, und ich dachte schon, wozu noch mehr Kleider. Aber er sagte: »Das ist für dich.« Beim Auspacken merkte ich, daß sie sehr schwer war. Als ich den Deckel hochhob, glaubte ich, mir müßte das Herz vor Überraschung stillstehen: Es war eine wunderschöne Puppe, so groß wie ein fünfjähriges Mädchen! Vor Aufregung zitternd, nahm ich sie aus der Schachtel, und er freute sich, weil er sah, welchen Eindruck das Geschenk auf mich machte: »Sie kann Papa und Mama sagen und laufen. Versuch es nur.«

Die Stimmung beim Mittagessen war sehr heiter. Die Puppe saß mir gegenüber, und ich aß sogar das Omelett und den Fisch, ohne auf den Geschmack zu achten.

Nach der Mahlzeit ließ uns Seine Hoheit mitteilen, am Abend würden wir ins Theater gehen und uns eine sehr hübsche Revue ansehen. »Wegen der Etikette sitze ich in einer Loge, die Ihrer gegenüberliegt.« Ich wußte nicht, was das mit der Etikette bedeutete, aber ich dachte, das hätte etwas mit Indien zu tun, und beachtete es nicht weiter, denn ich freute mich darauf, eine Theatervorstellung zu sehen.

Bevor er ging, gab er mir zwei blaue Samtetuis. In dem einen lag ein wunderschöner Brillantring, und das andere enthielt zwei sehr hübsche, mit Edelsteinen besetzte Goldarmbänder. Dann holte er einen kleinen Platinring aus der Tasche, der ganz mit Brillanten eingefaßt war. Er steckte mir den Ring an und sagte dazu, ich sollte ihn nicht ablegen, denn so wüßten alle, daß ich verlobt sei. Das alles rührte mich tief und beeindruckte mich so sehr, daß ich sehr fröhlich wurde.

Ein paar Tage später war alles für meinen Umzug vorbereitet, und auch meine Gesellschaftsdame war aus Lyon eingetroffen. Der Fürst wohnte ebenfalls in der Rue de Rivoli, in einem Appartement des Hôtel Meurice. Meine Eltern sollten in ein anderes Appartement ziehen, das nahe bei meinem lag. Als der Augenblick der Trennung kam, waren wir alle traurig, aber wir machten gute Miene dazu. Zum Mittagessen kam Seine Hoheit mit einer älteren Dame, die er uns mit den Worten vorstellte, sie genieße sein vollständiges Vertrauen, und ich brauche mir ihretwegen keine Sorgen zu machen, weil sie mir eine sehr gute Freundin sein werde.

Um fünfzehn Uhr fuhren wir ab, ich mit der Dame in einem Auto, er zusammen mit meinen Eltern, Victoria und Joaquina, die immerzu weinend ausrief: »O Heilige Jungfrau, Heilige Jungfrau, o mein Herrgott!« Sie waren in einem anderen, sehr großen Wagen mit einer Standarte und einer Eskorte. Als wir uns verabschiedeten, trat meine Mutter an mich heran und sagte: »Noch hast du Zeit, es dir anders zu überlegen und mit uns zu kommen.« Aber das lehnte ich ab, dafür sei es schon zu spät, und ich wollte mein Verhalten nach dem richten, was ich erlebte. Wir verabschiedeten uns schnell, um nicht den Kummer zu zeigen, der uns bedrückte, und das Auto fuhr los.

Bald kamen wir zu einem großen dreistöckigen Haus. In der ersten Etage ging eine Tür auf, und wir traten ein. Alles war sehr einfach und komfortabel eingerichtet. Eine Köchin, ein Dienstmädchen und ein Kammermädchen waren das ganze Personal. Als ich im Salon war, hielt ich es nicht mehr aus und fing an zu weinen. Miss Emily, eine ungefähr fünfzigjährige, unverheiratete Dame, die Tochter eines Generals, tröstete mich sehr liebevoll, aber weil sie Französisch sprach, konnte ich sie nicht verstehen. In diesem Augenblick kam der Dolmetscher, und ich fragte ihn nach meiner Familie. Er antwortete, sie richteten sich gerade ganz in der Nähe ein und wollten mich am Nachmittag besuchen. Das beruhigte mich ein bißchen. Er sagte mir auch, daß Seine Hoheit nach England abrei-

sen müßte, aber ich sollte keine Angst haben, alles würde gut-
gehen.

*Als ich wieder allein war, packte mich eine wahre Panik, weil
ich nichts von dem verstand, was mir die anderen sagten. Um mir
nichts anmerken zu lassen, wollte ich die Koffer auspacken, aber
das Kammermädchen hinderte mich daran, und sehr sorgfältig
und gewissenhaft machte sie es selbst. Miss Emily gab sich große
Mühe, sich mit mir zu verständigen, und ich paßte genau auf,
weil ich allmählich die notwendigsten Wörter erlernen wollte,
doch wir beide begriffen, daß die Lage trotz unseres guten Wil-
lens ernst war.*

*Ich nahm meine Puppe und setzte sie auf den Sessel, damit sie
mir Gesellschaft leistete. Als Miss Emily sie sah, lächelte sie. Da
wußte ich, daß wir Freundinnen werden konnten.*

*Meine Eltern kamen um fünf, sie waren sehr zufrieden, weil es in
dem neuen Hotel ein spanisches Dienstmädchen gab und sie
ohne Mühe um alles bitten konnten, was sie wollten. Joaquina
weinte nicht mehr, und alle wirkten selbstsicherer. Es war ein
schöner Nachmittag, und meine Wohnung gefiel ihnen. Wir tranken Tee, und es beruhigte mich sehr, als ich sah, daß sie sich wohl
fühlten und keine Probleme hatten.*

*Um acht stand das Abendessen für Miss Emily und mich auf
dem Tisch. Sie zählte auf, wie alles hieß, und ich wiederholte es.
Wir aßen wenig, danach setzten wir uns in den Salon. Sie nahm
ein Bilderbuch und ließ mich die wichtigsten Wörter nachspre-
chen. Um zehn legten wir uns schlafen, und sie deckte mich sehr
sorgfältig zu. Bevor sie ging, ließ sie mich dreimal* bonne nuit *sagen, bis ich es gut aussprechen konnte. Sie schlief neben meinem
Zimmer, und das gab mir ein Gefühl der Sicherheit. Das war
meine erste Französischstunde.*

Am Morgen, nach dem Bonjour, *erhielt ich zum Frühstück eine
prächtige Muskatellertraube, die mich überraschte. Miss Emily
gab mir zu verstehen, daß der Fürst sie mir geschickt hatte. Dann
kleidete mich das Kammermädchen an und frisierte mich besser*

als der Coiffeur. Der Vormittag verging wie im Flug, sehr eifrig lernte ich neue Wörter. Am Mittag erhielt ich Blumen und Schokolade von Seiner Hoheit, der in London war, und dazu eine schriftliche Nachricht: »Sei so gut und lerne. Werde nicht traurig.« Das war auf spanisch geschrieben, was mich tief rührte, und ich bekam Lust, ganz schnell zu lernen, damit ich ihn verstehen könnte.

So sollten noch viele Tage vergehen, in denen ich nach und nach mehr lernte und mich an das Leben in Frankreich gewöhnte.

Allmählich gewann ich Seine Hoheit lieb, denn er überschüttete mich und meine Familie mit Aufmerksamkeiten.

Miss Emily las mir das tägliche Programm vor, das ich nach dem Wunsch des Fürsten erledigen sollte: Unterricht am Morgen, eine Spazierfahrt und eine Wiederholungsübung am Nachmittag. Wenn ich mich sehr erschöpft fühlte, nahm ich die Puppe, zog sie aus und wieder an, und ich bedauerte, daß ich nicht mehr Sachen hatte, um sie neu einzukleiden. Einmal in der Woche sah ich meine Familie.

Miss Emily beobachtete mich sehr genau, und es schien, als läse sie mir die Wünsche von den Augen ab, denn an einem Nachmittag gingen wir in ein Geschäft mit vielen Etagen in der Rue Saint-Honoré, wo es viele Spielsachen gab, die ich in Spanien nie gesehen hatte. Sie sagte, sie wolle Kleidung für meine Puppe kaufen. Aber leider war nichts zu bekommen, denn die Puppe war so groß, daß sich so etwas schwer finden ließ. Wir stiegen in die dritte Etage hinauf, und sie kaufte Stoff, mehrere Bilderbücher und bunte Seide. Wir besuchten alle Abteilungen, und das versetzte mich in solche Bewunderung, daß ich gern den ganzen Nachmittag dort geblieben wäre. In einem Fahrstuhl, der dreißig Personen aufnehmen konnte, kamen wir zur letzten Etage, und meine Überraschung war unbeschreiblich, als ich dort ganz oben einen riesigen Teesalon entdeckte, der voll besetzt war. Wir tranken Tee, und dann traten wir auf die Terrasse hinaus, um die schöne Aussicht über die Dächer von Paris zu genießen. Auf dem Heimweg ging es mir auf die Nerven, wie viele Leute sich in beiden Richtungen drängten und wie schnell man in Frankreich laufen muß, denn alle haben es eilig.

Miss Emily schnitt am nächsten Tag Wäsche für meine Puppe zu, und ich half ihr beim Schneidern, denn im Colegio de las Esclavas hatte ich Weiß- und Buntsticken gelernt, das hatte mir Schwester Aurora beigebracht. So erhielt mein »Mädchen« mehrere Kleider zum Anziehen, und darüber freute ich mich.

Der September kam, und es wurde allmählich kalt. Eines Morgens war ganz Paris mit Schnee bedeckt, und Seine Hoheit brachte mir einen Pelzmantel und Stiefel. Jeden Tag besuchte er mich, um sich nach meinen Fortschritten und nach meinen Wünschen zu erkundigen, jeden Tag verwöhnte er mich mit Geschenken und Liebenswürdigkeiten.

Ende November teilte er mir mit, er müsse nach Indien reisen, um die notwendigen Hochzeitsvorbereitungen zu veranlassen. »Morgen fahre ich in meine Heimat«, sagte er tieftraurig. »Ich hoffe, daß du dich gut und gehorsam benimmst. Dir soll es an nichts fehlen, denn Emily hat den Auftrag, alle deine Wünsche zu erfüllen, doch sind dir nur Kinobesuche und Autofahrten erlaubt, weil du so jung bist.«

Der Fürst küßte mich auf die Stirn, und seine Augen wurden feucht; er konnte vor Rührung nichts sagen, und die übertrug sich so sehr auf mich, daß ich auch in Tränen ausbrach.

Ich glaube, ich hatte ihn schon ein bißchen lieb, und es tat mir leid, daß er fortging. Da er mich nicht in Paris allein lassen wollte, sorgte er dafür, daß ich mit meinem Personal und meiner Gesellschaftsdame nach Brüssel übersiedelte. Diesmal machte es mir nichts aus, denn ich sah meine Eltern immer seltener, und außerdem war ich mir dessen bewußt, daß ich so schnell wie möglich Französisch sprechen wollte.

*In Brüssel erhielt ich auch Unterricht in der Etikette – nun hatte
man mir schon erklärt, was das war –, außerdem in Tanz, Englisch, Tennis, Schlittschuhlaufen, Reiten, Klavierspiel, Zeichnen
und Billard. Für jedes Fach hatte ich einen Lehrer, und Miss
Emily war ständig dabei.*

*Wann immer Seine Hoheit konnte, schrieb er mir und schickte
von überall Telegramme. Nun führten Emily und ich schon
lange Gespräche, und das ließ uns Freundinnen werden. In
Brüssel herrschte strenge Kälte, und das Französisch, das man
dort sprach, unterschied sich von dem, das ich lernte. Miss Emily
sagte, viele in Belgien sprächen Flämisch, das wäre ein* Patois
*wie das Katalanische in Spanien, und das führe auch dazu, daß
sie eine andere Aussprache hätten.*

*Jede Woche schrieb ich nach Indien, Miss Emily verfaßte für
mich einen Entwurf mit dem, was ich Seiner Hoheit mitteilen
wollte, und den schrieb ich sorgfältig ab.*

*Ich bekam ein Telegramm aus Port Said, ein zweites aus Suez,
ein drittes aus Aden und schließlich eines aus Bombay, wo die
Schiffsreise endete. Ich verfolgte die Route des Maharadschas auf
einer großen Landkarte und dachte erwartungsvoll daran, daß
ich bald auf einem anderen Schiff dieselben Orte besuchen würde.*

*Aus Indien erhielt ich ein Photo des Fürsten, der auf einem
riesengroßen Elefanten saß. Das war ein sehr eindrucksvoller
Anblick, und die Widmung lautete: »Wie hoch ich bin! Aber
Anita werde ich immer lieben.« Das amüsierte mich, denn die
Widmung war wirklich originell.*

Als Weihnachten kam, fragte ich die Miss, ob es die Heiligen Drei Könige auch in Belgien gebe, in Málaga und Madrid hätte ich immer meine Schuhe hingestellt, und immer habe man mir einige meiner Wünsche erfüllt und Sachen hineingetan. Sie bejahte das, und wenn man mir immer Geschenke gemacht hätte, nun, dann werde man das in diesem Jahr sicher auch tun.

Die Nachmittage verbrachten wir mit Sticken, und eines Tages fragte mich Miss Emily, was ich von den Königen haben wolle. Ich suchte im Französischwörterbuch danach und antwortete, ich würde mich sehr über Zwillinge freuen. Sie wunderte sich und fragte, wozu ich die haben wolle. Ich erklärte in aller Ruhe, damit ich ins Theater gehen und aus der Loge die Tänzer ganz nahe sehen könne. Sie lachte wie verrückt, und mir gefiel das überhaupt nicht, weil ich den Grund für ihr Gelächter nicht kannte. Schließlich machte sie mir begreiflich, daß dieses Gerät nicht »Zwillinge«, sondern »Jumelles« oder »Lorgnetten« heiße, obwohl das im Französischen dasselbe Wort sei. Ich schämte mich wegen meines Irrtums, und wir beide lachten lange.

Als die Nacht vor dem Dreikönigsfest kam, stellte ich meine Schuhe in den Kamin und schlief sehr gespannt ein, weil ich auf die Überraschung am nächsten Tag wartete und nicht recht wußte, ob die Heiligen Drei Könige, die Spanisch sprechen, sich nicht schließlich wie ich beim Opernglas irren und mir ein paar Zwillinge hineinlegen würden. Ganz früh am nächsten Morgen lief ich in den Salon und entdeckte zu meiner großen Freude ein wunderschönes Perlmuttopernglas, zusammen mit einem silbernen Reisenecessaire, das ich mir gar nicht gewünscht hatte, und vielen kleinen Wäschestücken für die Puppe. Ich machte Freudensprünge, und Miss Emily wurde auch sehr fröhlich, weil sie sah, wie glücklich ich war.

Der 5. Februar war mein Geburtstag. Miss Emily ließ eine schöne Torte backen, und darauf stellte sie hundert brennende Kerzen. Ich fragte sie, warum es so viele Kerzen seien, wo ich doch erst siebzehn würde. Sie antwortete: »Damit Sie hundert Jahre leben und sehr glücklich sind.« Ich war gerührt und umarmte sie innig. Dann sagte sie, nun sei ich schon erwachsen, und sie stellte ein paar Gläschen Likör auf den Tisch. Alles war besonders. So haben wir beide diesen Geburtstag gefeiert, was mich zutiefst rührte.

Die Monate vergingen, und allmählich lernte ich, gut französisch zu sprechen, allerdings mit spanischem Akzent. Ich konnte auch schon die Briefe an den Fürsten schreiben, ohne daß meine Gesellschaftsdame sie korrigieren mußte, doch es war eine kindliche Korrespondenz. Eines Tages erhielt ich einen Brief, in dem er mich bat, ihm meine Halsweite mitzuteilen. Das kam mir sonderbar vor. Wofür brauchte Seine Hoheit solche Maße? Miss Emily meinte, gewiß wolle er mir eine Perlenkette schenken, die sich mehrmals um den Hals schlingen lasse, wie sie gerade sehr modern waren und eng anliegend getragen wurden, man nannte sie Zigarrenbinde oder Hundehalsband. Hochzufrieden machte ich mich ans Werk, um ganz genau nachzumessen. Noch an demselben Nachmittag schickte ich den Brief ab, als Einschreiben, damit er nicht verlorenging, und seit diesem Tag wartete ich gespannt auf das Ende der Geschichte. Doch es verstrichen mehrere Wochen, und es geschah nichts. Eines Tages traf endlich die Antwort ein und enttäuschte mich tief: Der Fürst wollte meine Halsgröße wegen einer Wette mit einem Bildhauer wissen, »dem ich versichert habe, daß Dein Hals vollkommen ist, und schließlich habe ich recht behalten, weil der Bildhauer sagt, Deine Maße seien die des Halses der Venusstatuen«.

Ein toller Reinfall! Selbst wenn mein Hals wie jener der Venus war – ich hatte keine Kette bekommen ... Darum beschloß ich, Seiner Hoheit das mitzuteilen, allerdings stellte ich die Dinge aus meiner persönlichen Sicht dar. Ich schrieb, ich wisse schon, daß die Geschichte mit den Statuen ein Scherz sei und daß er meine Maße für ein Halsband brauche, das er mir gewiß als Überraschung schenken wolle. Auf meine kleine Geschichte kam keine Antwort, und ich deutete das Schweigen als Ablehnung meiner Bitte. Die Zeit verging, und eines Tages meldete sich ein Herr aus

Indien, er hatte ein riesiges Paket bei sich, und ich dachte: »Das ist keine Kette, weil es zu groß ist.« Wir machten es auf, überall war Papier und Papier; schließlich, ganz unten, lag ein blaues Samtetui mit dem wunderschönen und heißbegehrten Perlen- und Brillanthalsband. Eine Karte lag daneben: »Voilà ton collier. J'ai fait exprès de mettre autant de papier à cause de ta curiosité.«[1] Das Halsband paßte mir sehr gut, denn Seine Hoheit hatte gewiß angeordnet, man solle es nach »den Maßen der Venus« anfertigen. Ich war entzückt, lachte unaufhörlich und besah mich im Spiegel, während Miss Emily jubelte: »Ein Glück, daß Sie es bekommen haben, wenn es Sie auch reichlich Mühe gekostet hat.«

Der Augenblick rückte immer näher, zu dem mich mein zukünftiger Ehemann abholen würde. Als wir die Nachricht erhielten, er wäre nach Europa abgereist, fühlte ich mich sehr glücklich, denn nun konnte ich schon wie eine Pariserin reden, essen, tanzen und mich benehmen.

Es war vorgesehen, daß Seine Hoheit zwei Monate später ankommen würde, und deshalb sollten wir Brüssel verlassen und wieder unsere Pariser Wohnung beziehen. Ich wurde traurig, wenn ich daran dachte, daß ich mich bald von Miss Emily trennen müßte, die ich schon von ganzem Herzen liebte und mit der ich eng befreundet war. Sie konnte aber nicht mit mir nach Indien fahren, denn man hatte für mich eine neue Gesellschaftsdame eingestellt, die Kapurthala sehr gut kannte, weil sie dort gelebt hatte. Sie sollte meine Begleiterin während der Reise und bei der Hochzeit sein.

Bevor Seine Hoheit in Paris eintreffen würde, wollte er ein paar Tage in Nizza verbringen und dann nach Madrid weiterreisen, denn er war zur Taufe des ersten, am 10. Mai geborenen Kindes des spanischen Königs Alfons XIII. und seiner Gattin Viktoria Eugenia eingeladen. Danach wollte er mich abholen, damit wir gemeinsam London kennenlernten.

---

1 »Hier hast Du Dein Halsband. Ich habe absichtlich soviel Papier genommen, weil ich weiß, daß Du so neugierig bist.«

Wir kamen im Zug nach Paris. Während der ganzen Reise fühlte ich mich ganz selbstsicher, doch als der Moment näherrückte, in dem ich Seine Hoheit begrüßen sollte, wurde ich allmählich nervös und aufgeregt. Miss Emily wollte mich beruhigen, sie sagte, ich solle mir keine Sorgen machen, alles würde gut ausgehen, denn ich sei eine hervorragende Schülerin gewesen. Diese Worte machten auf mich keinen großen Eindruck, doch ich täuschte Ruhe vor und bemühte mich, meine Unsicherheit zu beherrschen.

Als mich der Fürst besuchte, stellte er überrascht fest, welche Fortschritte ich in nur sechs Monaten gemacht hatte, und er sagte, er sei sehr stolz auf mich, und ich sei hochintelligent. Das freute mich, und meine Angst und Nervosität verschwanden ganz schnell. Wir drei gingen zum Mittagessen ins Hôtel Meurice, und als wir uns zum Essen hinsetzten, sagte er zu mir: »Für dich Schinken und Huhn?« Darauf antwortete ich: »Bestellen Sie, was Sie wollen, denn ich bin schon eine Pariserin und kann essen, was auf den Tisch kommt. Wirklich gern möchte ich aber eines Tages Reis essen, wie ihn Joaquina kocht, und dazu Spiegeleier mit Tomate, denn die Gewohnheiten aus der Kindheit vergißt man nicht so leicht.«

An diesem Nachmittag besuchte ich meine Familie. Sie waren schön eingerichtet, sie hatten nämlich ihre Möbel aus Madrid kommen lassen, um sich wohler zu fühlen. Alle waren zufrieden und konnten sich schon einigermaßen auf französisch verständigen, vor allem Victoria, die mir erzählte, sie habe einen amerikanischen Verehrer, und sie wollten bald heiraten. Er hieß George Winans, war sehr reich und abenteuerlustig, hatte jedoch etwas von einem Don Juan; er gehörte zu einer bekannten Familie aus Baltimore in Nordamerika, die mit den Fürsten von Béarn verwandt war. Dieser George hatte ständig neue Ideen, und ihm fielen immer originelle Dinge ein, so etwa hatte er gerade ein aufsehenerregendes, mit elektrischem Strom betriebenes Auto erfunden, das entsetzlichen Krach machte, aber er meinte, das sei eine große Entdeckung für die Menschheit, und er wollte sie patentieren lassen und ihre Serienproduktion in der Wagen-

fabrik aufnehmen, die sein Vater in der Schweiz besaß ... um eine solche Höllenmaschine zu vermarkten. Ich stellte fest, daß Victoria für den Amerikaner schwärmte, darum freute ich mich sehr für sie und dachte, was für ein Zufall, daß wir Schwestern zwei von so weit hergekommene Ausländer heiraten.

Der Tag der endgültigen Abreise steht schon fest: Man hat Passagen für ein Schiff gebucht, das in der ersten Novemberwoche aus Marseille ausläuft. Ein andalusisches Kammermädchen, das Anita ausgesucht und überzeugt hat, mit ihr nach Indien zu gehen, wird die zukünftige Fürstin bei den Vorbereitungen unterstützen und im Zug von Paris nach Marseille begleiten, und sie hat auch eine neue Gesellschaftsdame, Madame Dijon, die Kapurthala genau kennt, weil sie dort mit ihrem ersten Mann gelebt hat. Der Maharadscha fährt ein paar Wochen früher, um ein paar unerledigte Einzelheiten zu klären, und deshalb werden die drei Frauen allein reisen.

Das Hin und Her der letzten Tage und die nervöse Spannung kurz vor der Reise führen dazu, daß das junge Mädchen wieder von inneren Zweifeln bedrängt wird. Sie verbringt unruhige Nächte, betet oft und weint heimlich. Trotz allem hält sie an ihrem Entschluß fest.

Doña Candelaria vergießt Ströme von Tränen beim endgültigen Abschied in der Wohnung der Delgados. Um die Sache herunterzuspielen, macht Victoria einen schelmischen Spaß:

»Ach, Anita, da kannst du dich ja auf etwas gefaßt machen ... wo du dich beim Essen so anstellst, und dabei habe ich gehört, daß man die Brötchen in Indien mit Schlangenscheiben und nicht mit Wurst belegt!«

»Was erzählst du da, du Verrückte, wo hast du so was gehört?«

»Das hab ich gehört. Die essen Schlangenbrötchen!« Tiefernst und mit spitzbübischem Blick erklärt sie der Mutter: »Weißt du was? Die Hühner kochen sie mit Federn und Schnabel, denn die werden wie Heilige verehrt, und den Königen geben sie den Schnabel und die Köpfe zu essen.«

»Glaub ihr nicht, Mutter, die einzigen heiligen Tiere sind dort die Kühe!«

Victoria läßt sich weiter eine ganze Reihe von Tieren und phantastischen Speisen einfallen, so daß sich schließlich alle vor Lachen ausschütten.

»Arme Anita, da wird es dir schlecht ergehen. Ab und zu müssen wir dir ein Stück Schinken schicken«, setzt die gute Joaquina besorgt hinzu ... »Und ein paar Sardellen, die gibt es dort bestimmt nicht.«

Die alte Amme sagt es nicht, doch sie meint, daß das Mädchen seit einiger Zeit kränklich aussieht. »Das werden die Reisevorbereitungen sein«, denkt sie im stillen, »die Arme ist bestimmt mit den Nerven fertig, weil sie fort muß.«

Anita übergibt Victoria ihre Puppe, denn sie hat entschieden, sie nicht nach Indien mitzunehmen. Sie soll lieber bei ihren Eltern bleiben, als Erinnerung an die ferne Tochter. Alle sagen ihr zärtlich und bekümmert Lebewohl. Sie spielt die Überlegene – ihr Entschluß steht unwiderruflich fest –, und in den letzten Augenblicken, schon im Bahnhof, bevor sie in den Zug steigt, macht sie ein ernstes und unerschütterliches Gesicht, das die Familie verblüfft.

Die Reise bis Marseille verlief sehr schweigsam, denn ich war traurig und mit jemandem zusammen, den ich kaum kannte; mein Kammermädchen fuhr nämlich in einem Dritter-Klasse-Abteil. Wir kamen um acht Uhr früh an und nahmen Zimmer im Hôtel du Louvre. Das Schiff lief erst am nächsten Tag aus, und wir verbrachten die ganze Zeit damit, die letzten Gepäckstücke fertigzumachen und aufzuteilen: Einen Teil wollten wir bei uns behalten, der Großteil sollte im Laderaum verstaut werden, und die Sommerkleider hielten wir für die Zeit bereit, wenn wir ins Rote Meer kommen würden.

Insgesamt waren es mehr als fünfzig Koffer mit meinen persönlichen Sachen: Kleider und Accessoires für zwei ganze Jahre. Ich kam nicht über die Sorge hinweg, daß meine gesamte Brautausstattung unbeachtet am Boden eines Schiffes lag.

Die ganze Nacht über war ich nervös, ich stellte mir unbekannte Dinge vor und hatte Alpträume. Ich fühlte mich so schlecht, weil mir die Fahrt und die Nerven derart zusetzten, daß ich am Morgen das ganze Abendessen erbrechen mußte.

Um zwölf holte man uns mit einem Auto ab, und eher tot als lebendig ließ ich mich zum Schiff fahren, das mir ungeheuer groß vorkam. Es war ein französisches Schiff. Verzagt und voller Herzensangst, ging ich an Bord, denn das Gepäck war schon verladen, und die Sirene ertönte. Als Madame Dijon meinen Zustand sah, sagte sie immerzu: »Nur Mut! Sie werden erleben, wie angenehm und unterhaltsam die Reise ist.« Aber ich wollte mich nur ins Bett legen, das so aussah, als gehörte es zu einer Puppenstube, und ich hatte Lust, ausgiebig zu weinen. Deshalb ließ man mich in Ruhe. Als ich am nächsten Morgen aufwachte, fiel mir ein, wo ich mich befand, und ich glaubte, daß sich die Erde bewegte. Ich rief mein Kammermädchen Lola, das aus Málaga war. Aber die Arme sagte genau wie ich, das sei schlimmer als ein Rumpelkasten. Madame Dijon kam und erklärte, wir brauchten uns keine Sorgen zu machen, die See sei stürmisch, und am besten sollten wir an Deck gehen.

Wie groß war meine Überraschung, als wir hochkamen und ich entdeckte, daß alles rundum ein wunderbar blaues Meer war und man nirgendwo Land sah! Wir machten einen Spaziergang und stellten fest, daß viele Leute die angenehme Temperatur genossen, in der Sonne frühstückten und sich in Chaiselonguen ausstreckten, lasen oder Karten spielten.

An diesem Tag nahmen Madame und ich das Mittagessen am Tisch des Kapitäns ein, zusammen mit drei Vertretern des Diplomatischen Korps, die einige Zeit in Kaschmir verbringen wollten. Wir waren die einzigen Frauen, und an der Seite des Kapitäns sah ich aus wie seine Tochter. Alle interessierten sich sehr für mich, aber weil mich Madame Dijon davor gewarnt hatte, zu verraten, wohin wir reisten oder welchen Zweck unsere Reise hätte, und auf keinen Fall das Wort Kapurthala zu erwähnen – denn das waren die Anweisungen Seiner Hoheit –, behauptete ich, in den Ferien ein paar englische Freunde zu besuchen, also nur eine Touristenreise zu machen. An diesem Tag kostete ich das erstemal Curry, das indische Nationalgericht. Es ist sehr scharf und brennt im ersten Moment, doch es war nicht unangenehm, obwohl der Geschmack ganz anders als alles war, was ich bis dahin gegessen hatte.

Am Nachmittag erholten wir uns. Allmählich gewöhnte ich mich an die Ruhe ringsum und an die Maschinengeräusche. Am Abend mußten wir Galakleidung anlegen, weil es unten im Speisesaal einen Ball gab und eine Kapelle für Stimmung beim Essen sorgte.

Mein Kammermädchen war sehr aufgeregt und sagte: »Das ist Teufelszeug, immerzu schaukelt es, und hier denken sie nur ans Essen. Haben Sie gemerkt, was für Fisch wir essen? Wo sie den wohl fangen?« Ich antwortete: »Na ja, heute morgen habe ich Languste gegessen, und ich weiß auch nicht, wo sie die gefangen haben, aber paß auf, das bekomme ich heraus.« In der Nacht servierte man uns einen Kochfisch, der dem spanischen Seebarsch ähnlich war. »Ist das ein schöner Fisch«, sagte ich, »wie haben Sie den fangen können?« Alle blickten mich mit einem leichten Lächeln an, und der Kapitän, ein humorvoller Mann, antwortete, den hätten sie in der Nacht gefischt. »Wie können Sie denn nachts fischen?« fragte ich zurück, denn ich kannte nur die Fischerei, wie sie in Málaga üblich war. Als er meine Naivität bemerkte, fragte er mich: »Möchten Sie einmal beim Fischen dabeisein?« Ich erklärte: »Sehr gern.« – »Gut, wir teilen Ihnen rechtzeitig mit, wenn der Tag günstig ist.«

Vier Tage später sagte mir der Kapitän: »Heute nacht wollen wir angeln, weil wir für morgen keinen Fisch mehr haben.« Ich freute mich darauf, bei einem so originellen Sport zuzusehen. Nach dem Abendessen stiegen wir an Deck, und der Kapitän erklärte: »Wir richten Ihnen eine Angelrute her, damit Sie auch mitmachen können; mal sehen, ob Sie Glück haben und einen schönen Fisch fangen, hier gibt es nämlich ganz prächtige Exemplare.« Die Engländer und Madame blieben bei mir und wollten sehen, was passieren würde. Ein Matrose kam mit einer sehr dünnen Bambusrute hoch. Sie hatte eine ungeheuer lange Schnur, an ihrem Ende hingen ein Haken und ein festgebundener kleiner Fisch. Wir stellten uns an die Reling und warfen die Schnur aus. Der Kapitän erklärte, wenn ich einen Ruck spürte, sollte ich ihn rufen, und er würde mir helfen, die Angel hochzuziehen. Ich wartete ein bißchen. Nach ein paar Minuten spürte ich einen Ruck, und begeistert rief ich den Kapitän. Er kommentierte: »Ein guter Fang, denn er wiegt ziemlich viel.« Er und der Koch halfen mir, ihn herauszuziehen. Wie groß war meine Überraschung, als ich sah, daß ein gewaltiger Fisch auftauchte, der auf die Deckplanken fiel. Ich merkte sofort, daß es sich um einen Spaß handelte, denn der Fisch rührte sich nicht und war stocksteif, also seit mehreren Tagen tot. Ringsum lachten alle laut, und als ich sah, daß sie mich an der Nase herumgeführt hatten, schämte ich mich und weinte hemmungslos, weil ich mich beleidigt fühlte. Madame Dijon tröstete mich, und ihre Worte halfen mir zu begreifen, daß die Sache nicht boshaft gemeint war. Am Ende lachten wir alle herzlich über den Einfall des Kapitäns, sich über meine kindliche Sorge lustig zu machen.

Ich hatte Seiner Exzellenz versprochen, meine Reiseerlebnisse aufzuschreiben. Darum erkundigte ich mich eifrig nach den Ländern und Orten, die wir besuchten. Auf diese Weise konnte ich über alles schreiben, was ich sah. Ich benutzte ein rotes Heft, das der Fürst mir hierfür geschenkt hatte.

Marseille – Algier

Der erste Reiseabschnitt dauerte vierunddreißig Stunden und führte nach Algier. In Algier gingen wir nicht an Land, wir blieben nur ein paar Stunden im Hafen liegen. Die Hafenarbeiter hatten eine malerische Tracht, dazu gehörten um den Kopf gewickelte Lappen, die wie ziemlich erbärmliche Badehandtücher und nicht wie die Turbane Seiner Hoheit aussahen.

Algier – Tunis

Die Fahrt dauerte sechsundfünfzig Stunden. Vor wenigen Jahren waren die Straßen in Tunis wegen des vielen Staubs im Sommer und wegen des Schlamms im Winter unpassierbar. Heute ist Tunis ein sauberer Ort, der nachts von mehr als tausend Gaslaternen prächtig beleuchtet wird. Im ganzen Land ist es den Christen verboten, die Moscheen zu betreten. Wir haben einen Ausflug bei großer Hitze und auf verstaubten Wegen gemacht, um das alte Karthago zu besuchen. Wir hatten für sechs Stunden einen Wagen gemietet, und es war sehr sehenswert und interessant.

Tunis – Malta

Diese Strecke dauerte sechzehn Stunden. Gemäß Artikel sieben des Vertrags von Paris gehört Malta seit 1814 zu England, und wenn es nicht die stürmischen Nordostwinde gäbe, die es oft verheeren, wäre es ein vollkommenes Paradies. Wir gingen nicht an Land.

Malta – Alexandria

Wir fuhren fünfundzwanzig Stunden. Diese Stadt hat 213 000 Einwohner, drei Viertel von ihnen sind Ägypter und die übrigen Mauren, Araber und Abenteurer von den levantinischen Küsten sowie europäische Kaufleute. Hier verließen wir das Schiff und stiegen in einen Zug nach Kairo, wo wir drei Tage verbrachten. Die Eisenbahnfahrt dauerte sechs Stunden, und in der Stadt nahmen wir einen Landauer, denn die vierhundert Moscheen und die Pyramiden muß man unbedingt besuchen.

Die Cheopspyramide ist riesig. Als wir sie besichtigen wollten, brachte man uns in Tragsesseln hoch, wir mußten dafür zwei Peseten in der Landeswährung bezahlen. Im Kairoer Hotel wurde mir Herr Thomas Cook vorgestellt, er ist der Inhaber von

Thomas Cook & Söhne, einer wichtigen ägyptischen Firma, sie besitzen Fluß- und Seeschiffe. Wir fuhren auch nach Luxor. Der Führer sagte, das sei »das hunderttorige Theben Homers«. Die Stadt ist prachtvoll, doch mir tut leid, daß sie zu einer Fabrik für zweifelhafte Antiquitäten verkommt. Wir haben gesehen, wie man uralte ägyptische Gefäße herstellte, sogar mit Rostbelag, und von den angeblichen Papyrusstreifen will ich erst gar nicht reden ...

Von hier hat man in der Zeit Napoleons einen fünfundsiebzig Fuß hohen Obelisken abtransportiert, der heute auf der Place de la Concorde in Paris steht.

Alexandria – Port Said

Über diese Stadt kann ich wenig sagen. Dort stehen große und alte Holzhäuser, Cafés und Spielhöllen. Man schafft das Wasser aus Ismailiya her, aber die Sammelbecken reichen nur für drei Tage. Der Hafen besteht aus einer ungefähr fünfhundert Meter großen Bucht und einem Trockendock. Die ganze Stadt wimmelt von Fliegen- und Mückenschwärmen.

Alle Schiffe müssen einige Zeit in Port Said bleiben, weil sie Kohle und Lebensmittel laden oder warten müssen, bis sie an der Reihe sind und in den Kanal einfahren dürfen. Nach dem Kohlebunkern mußte unser Schiff wegen des Staubs sorgfältig abgewaschen werden.

In den französischen Büros führt man gewissenhaft Buch über alle durchfahrenden Schiffe, und es werden Lotsen an Bord genommen. Sehenswert ist in diesen Büros eine Art hölzernes Orientierungsmodell des Kanals für die Seeleute.

El Qantara

Wir machten keinen Halt. Hier durchschneidet der Suezkanal den Weg der Karawanen, die von Syrien nach Ägypten ziehen.

Darum hat man eine Hängebrücke gebaut, die ein wirklich großartiger Anblick ist.

Man hat mir erzählt, daß Napoleon und Muhammad Ali das Rote Meer und das Mittelmeer in einer Umarmung vereinen wollten, als sie den Kanal anlegten. Dieses großartige Unternehmen wurde von dem einzigen Mann durchgeführt, der es vollbringen konnte: Ferdinand de Lesseps. Das Werk war am 17. November 1869 vollendet. Seitdem es diesen Kanal gibt, hat Europa den großen Vorteil, daß die in den Orient fahrenden Dampfer gewöhnlich einen Monat für die Überfahrt brauchen, während das zuvor fünf Monate dauerte.

Der Kanal ist hundert Meilen lang und sechsundzwanzig Fuß tief. Mit Hilfe des elektrischen Lichts können die Schiffe diese Strecke in achtzehn Stunden zurücklegen. Trotzdem ist es eine traurige Fahrt, weil die Gegend so künstlich wirkt, die Ufer sind eintönig, Pflanzen und Tiere gibt es nicht. Die einzig mögliche Unterhaltung ist, die Schwimmbagger zu zählen. Von ihnen soll jeder einen Wert von sechstausend Pfund Sterling haben!

Suez

Als wir in Suez ankamen, wollten wir die Stadt besuchen, während unser Schiff die umständlichen Formalitäten erledigte. Wir gingen an Bord eines kleinen holländischen Dampfers, der uns an den Ort brachte, wo die von Moses geführten Israeliten, wie es heißt, das Rote Meer durchquert hatten. Was für eine Enttäuschung! Die Stadt hat nur elftausend Einwohner, beinahe wie Málaga, und sie ist sehr heruntergekommen, seitdem man den Kanal eingeweiht hat. An drei Seiten wird sie von Mauern eingeschlossen, und die vierte Seite im Nordwesten liegt offen zum Meer.

Man kann noch die Überbleibsel der reichen Basare und Läden sehen, die geschlossen sind, weil man die Dampfer heute in Ismailiya be- und entlädt. Als der Kanal eröffnet wurde, muß das für die Kaufleute wirklich eine große Tragödie gewesen sein.

Die ehemals reiche und schöne Stadt wird rechts von der Gebirgs-
kette Djebel Ataka geschützt, deren schwarzer Schatten sich im
Roten Meer spiegelt, links von ihr liegen die Gipfel des Sinai-
gebirges, wo Gott Moses die zehn weisen Gebote übergab. In die-
ser Stadt kann ein Reisender wenig unternehmen. Wir ließen uns
vom französischen Botschafter beraten und machten einen Aus-
flug zu den »Moses-Quellen«. Wir litten unter der großen Hitze
in der Wüste, doch wir genossen es, als wir zu einer wirklichen
Oase mit vielen Bächen, Palmen und Tamarinden kamen. Die
Quellen sind einfache uralte Löcher im Sandboden, und der Ort
ist von Prunkvillen hoher arabischer Würdenträger und einiger
Europäer umgeben, die sich in der Oase angesiedelt haben.

Als wir auf unser Schiff zurückkamen, erzählte man uns, nur
vier Tage von Suez entfernt befinde sich die Insel Suakin. Wenn
ich aber dort von Bord gehen wolle, müsse ich zuvor ein paar
Stunden in Djidda verbringen, das sei der Hafen Mekkas. Seine
ungefähr fünfzigtausend Einwohner seien ungeheuer fanatisch
und mögen keine Ausländer, vor allem, wenn es sich um Frauen
handele und sie wie wir unverschleiert seien. Es tut mir leid,
daß ich dort keinen Halt machen kann; die Ägypter, die mit ihren
Schiffen diese Strecke befahren, erklären, das sei nichts für
Frauen. Gern hätte ich das Grab Evas besucht, das von den Pil-
gern andächtig verehrt wird.

Die Insel Suakin soll, wie man mir gesagt hat, fast völlig ver-
wüstet sein, nur ihr Hafen ist gut erhalten und kann mehr
als zweihundert Schiffe aufnehmen. Diese Insel, der Hafen des
Sudans (oder Nubiens), gehört zu Ägypten und wird von Mo-
hammedanern bewohnt.

Aden

Von Suez bis Aden fährt man sechs Tage mit dem Schiff. Aden,
eine unfruchtbare und steinige Halbinsel, ist seit 1839 in engli-
schem Besitz. Auf dieser Fahrt erkundigte ich mich, warum man
diesem tiefblauen und kristallklaren Wasser den Namen »Rotes

Meer« gegeben hat. Der Kapitän erklärt, das wäre gewiß wegen der Korallenbänke, von denen es viele und sehr große gebe, doch das sei lediglich eine Vermutung.

Nun will ich aber mehr von Aden erzählen. Die Hitze ist dort unerträglich, und es gibt viele Schlangen und Skorpione. Die Leute sind freundlich; besonders fielen mir die Salzbrunnen auf, man gewinnt das Salz, indem man Meerwasser verdunsten läßt. Diese Arbeit wird von Italienern ausgeführt.

Aden – Bombay

Von Aden bis Bombay brauchten wir neuneinhalb Tage. Wir sahen Haifische, die aus dem Wasser sprangen und mir einen ziemlichen Schrecken einjagten. Wir sind nun schon im Indischen Ozean, und die Reise ist bald zu Ende. Ich freue mich, daß wir so herrliches Wetter und keine Stürme hatten; im Augenblick geht alles weiter wie bisher, und auch das Essen ist das gleiche. Wunderbar ist, am Abend zuzusehen, wie die Sonne am Horizont untergeht. Da es recht heiß ist, haben wir die Koffer mit den Sommersachen ausgepackt. Wir tragen leichtere Kleider aus dünnerem Stoff. Außerdem schlafe ich an Deck, auf einem Charlotte-Liegestuhl, weil die Kabine wie ein Glutofen ist und es keinen Ventilator gibt. Beinahe alle Passagiere machen es so, und das Deck sieht aus wie der Schlafsaal einer Schule. Unangenehm ist nur, daß man um sechs Uhr morgens aufstehen muß, denn um diese Zeit wird das Deck saubergemacht. Die Morgenröte ist ebenso schön wie der Sonnenuntergang, allmählich taucht die Sonne wie eine Feuersbrunst empor, bis der prächtige Himmel voll wunderbarer orangeroter Reflexe ist.

Als nur noch drei Tage bis zur Ankunft blieben, wurde ich nervös und reizbar. Genauso mein Kammermädchen, und wir konnten nicht begreifen, warum. Dann erklärte man uns, das sei normal, weil der Luftdruck und die Wärme des asiatischen Klimas den Europäern zusetzen.

Es war eine wirklich angenehme Reise in netter Gesellschaft. Damit meine ich die Engländer, die uns begleitet hatten, ein paar ältere, aber gutgelaunte und humorvolle Herren. Der jüngste unterhielt sich oft mit mir. Einmal vertraute er mir an, er trage immer drei wunderschöne Rosen bei sich. Da ich sie nicht sehen konnte, fragte ich ihn, warum er sie nicht ganz offen in eine Vase stelle. Er blickte mich mit einem liebenswürdigen Lächeln an und antwortete: »Ich möchte sie Ihnen schenken, damit Sie ein Andenken an unsere Reise haben.« Ich blieb weiter hartnäckig dabei, daß ich sie sehen wollte, und darum stimmte er zu: »Ich zeige sie Ihnen nach dem Essen, auf Deck.«

Wir gingen hoch an Deck, um Kaffee zu trinken. Madame war wegen der Geschichte mit den Rosen ebenso neugierig wie ich. Der Herr tat sehr geheimnisvoll, als er einen kleinen Anhänger aus der Westentasche zog, er sah aus wie eine von jenen Kameen, die sich öffnen lassen, hatte die Größe einer 5-Céntimos-Münze und war mit einer wunderschönen Rose aus Email verziert: »Hier sind sie.« Ich nahm das Schmuckstück, schaute es mir an und sagte dann: »Das ist nur eine Rose, und sie ist aus Email. Wo sind die anderen?« Er antwortete: »Machen Sie auf, dann finden Sie, was Sie suchen.« Tatsächlich kam nach der ersten Rose eine zweite, noch schönere, aus andersfarbigem Email. »Das sind schon zwei, heben Sie den nächsten Deckel hoch, und Sie entdecken die dritte Rose.« Resolut klappte ich die zweite Blume hoch. Aber ich sah nur mein Gesicht in einem kleinen Spiegel. Ich wurde ganz rot über die Blamage, und er sprach weiter: »Sie sind die dritte Rose. Darum erweisen Sie mir die Ehre, diesen Anhänger zu behalten, weil ich weiß, daß ich unmöglich eine schönere Rose finden kann, um die Zahl drei vollzumachen.« Ich fühlte mich von dem Kompliment sehr geschmeichelt und habe den wunderschönen Anhänger als Erinnerung an einen derart liebenswürdigen Herrn immer aufbewahrt.

Am letzten Reisetag gab es einen besonderen Ball, und wir alle sagten einander Lebewohl und wünschten uns viel Glück. Danach gingen wir in die Kabinen und packten und ordneten mühsam unsere Sachen. Wir hatten mehr als sechs Wochen auf dem Schiff verbracht, und mir tat es ein bißchen leid, wenn ich daran dachte, daß ich all diese Leute, die mich so zuvorkommend behandelt hatten, nicht wiedersehen würde.

Der Dezember 1907 war gekommen, und wir befanden uns nun schon in Indien.

BOMBAY IM JAHR 1907 · SONDERBARE INDISCHE
SITTEN · EIN ZUG FÄHRT NACH NORDEN · KAPUR-
THALA ... ENDLICH · DIE TAGE VOR DEM FEST · TRÄ-
NEN WEGEN EINES KLEIDES · ERWACHEN AM FRÜ-
HEN MORGEN · EINE UNGEWÖHNLICHE HOCHZEIT

*Als wir in Bombay von Bord gingen, hatte ich eigentlich ange-
nommen, daß im Hafen jemand auf uns wartete. Doch niemand
war da, und das gefiel mir nicht. Madame erklärte, das liege
daran, daß unsere Seereise zwar zu Ende sei, uns aber noch eine
lange Landreise bevorstehe, eine Zugfahrt von mehr als zwei-
tausend Kilometern, denn um Jullundur zu erreichen, müsse
man dieses große Land durchqueren, und von Jullundur aus
komme noch eine kurze Strecke nach Kapurthala.*

*Wir logierten im Taj Mahal Hotel, wo wir zwei Tage auf den
Zug warteten, der uns ins Pandschab bringen sollte. Sobald wir
unsere Zimmer bezogen hatten, gingen wir aus, um uns in der
Stadt umzusehen. Ich war nämlich ungeheuer neugierig und
drang darauf, meine neue Heimat kennenzulernen. Bombay ist
sehr groß und schön, aber durch und durch orientalisch. Wir
sahen uns alles an, trotz der feuchten und klebrigen Luft, so daß
wir jeden Moment stehenbleiben und Atem holen mußten. Was
für eine laute Stadt! In ihr wimmelte es von Indern aller möglichen Rassen, Religionen und Trachten, oder vielmehr waren
sie nur halb und recht sonderbar bekleidet, fast barfuß. Ihre
lauten Gespräche, die wie Gezänk wirkten, dröhnten mir in den
Ohren. Ich erkannte, daß sie der armen Klasse angehörten. Ihre
Frauen verhüllen sich sorgfältig, tragen aber viele Arm- und
Halsbänder, Ohren- und Nasenringe. Ich würde ganz krumm
laufen, wenn ich ein solches Gewicht ertragen müßte. Die
Menschenmenge ist so buntscheckig, daß sie wie ein Gemälde in
unendlich vielfältigen Farbtönen aussieht.*

Die Straßen in der Neustadt sind breit, aber im indischen

Stadtteil herrscht ein wirres Durcheinander, denn die Läden bestehen aus nur einem kleinen Raum und liegen dicht beieinander. Die Bürgersteige sehen aus wie ein langer Tunnel mit Tausenden kaufender, feilschender und streitender Menschen. Es riecht ganz widerwärtig, das kommt von den zahlreichen Bratküchen und von den Rauchwolken, die in jeder Ecke aufsteigen.

Nie habe ich so viele kleine Kinder gesehen, sie sind beinahe alle nackt, haben aufgeblähte Bäuche und schmal erscheinende Köpfchen, denn man läßt nur eine Haarsträhne in der Scheitelregion stehen und malt ihnen schwarze Augenringe; sie behaupten, das schütze sie vor den Sonnenstrahlen.

Die Kühe spazieren seelenruhig durch die engen Gassen und bleiben stehen, wo sie wollen, ohne daß jemand sie aufhält oder verscheucht, denn es sind ja heilige Tiere. Es gibt auch äußerst primitive Holzfuhrwerke, die jeden Moment auseinanderzubrechen drohen, weil das Holz alt ist und die Räder riesengroß sind, die Pferde unruhig laufen und die Ladungen bei jeder Bewegung verrutschen. Meistens sind sie vollbesetzt mit Fahrgästen, von denen man nur die Köpfe sieht; sie hocken sich nämlich unterwegs auf den Boden, das ist ihre Art, Platz zu nehmen. Ein anderes Transportmittel ist die Rikscha, ein kleiner zweirädriger Wagen, der von einem schrecklich mageren Inder gezogen wird.

Im Stadtzentrum hingegen sieht man gute Wagen und schöne Wohnhäuser, die einer Minderheit gehören. Diese nennt man »Parsen«; es sollen ungefähr dreißigtausend sein, sie sind aus Persien eingewandert und haben sich in Bombay niedergelassen. Sie sind gebildet und intelligent und arbeiten als Kaufleute. Nur sie haben europäische Sitten angenommen. Die Parsen sind meistens fleißig und herzlich, sie beten das Feuer an, und es ist ihnen verboten, eine Flamme zu löschen. Sie tragen einen schwarzen, enganliegenden Gehrock und als Kopfbedeckung ein rotes Lackkäppchen wie ein Bischof. Ihre Frauen leben gut und haben die gleichen Freiheiten wie Europäerinnen; diese Frauen kleiden sich wie die Inderinnen, nur daß sie um die Taille

ein – einen halben Meter breites – Spitzentuch über dem Sari tra-
gen, das ist die sehr schöne und elegante Nationaltracht. Daran
erkennt man sie.

Zusammen mit Madame Dijon besuchte ich einen Ort, der »die
Türme des Schweigens« heißt und der mich mit Entsetzen er-
füllte. Das ist eine ausschließlich den Parsen vorbehaltene Stätte,
nämlich ihr Friedhof: Die Parsen beerdigen ihre Toten nicht,
sondern lassen die Leichen auf einer Marmorplatte an der Spitze
der riesigen Türme liegen. Es sind fünf, und sie beherrschen das
Stadtbild Bombays. Die Geier und Raben stürzen sich auf die
Toten und verschlingen sie in wenigen Sekunden. Von diesen
hohen Bauwerken werden die übrigbleibenden Knochen ins
Meer geworfen, von Männern, die man »Totenführer« nennt; nur
sie dürfen Leichen berühren. Diese Männer werden von klein
auf für diese Aufgabe ausgebildet, und niemand gibt sich mit
ihnen ab. Ich fand es grauenhaft, weil der Gestank derart ekel-
haft war, daß ich mich übergeben mußte. Es war ein tragischer
Anblick, der keinem anderen Brauch auf der Welt ähnelt.

Wir setzten den Spaziergang fort, und nahe am Meer erblick-
ten wir riesige Scheiterhaufen. Wie ich erfuhr, war das der Fried-
hof der Hindus, denn nach ihrer Religion glauben sie, es sei
am heilsamsten, die Toten zu verbrennen, außerdem läutere das
Feuer die Seele, so daß sie sich aus dem Körper befreien könne.
Das nennen sie Feuerbestattungen.

Für mich war es auch keine angenehme Vorstellung, daß man
nach seinem Tod in einem Feuer verbrennt und daß die Familie
dabei zusehen muß. Ist das vorbei, so tritt der nächste Verwandte
heran, um die Reste zu zerstückeln und ins Flußwasser zu wer-
fen. Damit endet die Zeremonie.

Ich wollte fort von diesem Ort. Während wir zurückliefen, er-
zählte mir Madame, daß man früher, bevor die Engländer als
Eroberer nach Indien kamen, die Witwen gezwungen habe,
lebendig in den Scheiterhaufen zu springen, in dem die Leiche
ihres Mannes verbrannte, denn das habe auch für sie das Lebens-

ende bedeutet. Das nannten sie Sâti, *und die Erklärung für diese makabre Zeremonie besteht darin, daß die Inder glaubten, wenn der Ehemann gestorben sei, so deshalb, weil die Frauen in einem anderen Leben die Sünde der Untreue begangen hätten, und darum bestraften die Götter sie nun mit dem Tod des geliebten Mannes.*

Gott sei Dank haben die Engländer, wie mir Madame sagte, solche todbringenden Zeremonien verboten, und allmählich rotten sie diese schlimme Sitte ganz aus.

Ich war von allem, was ich gesehen hatte, tief beeindruckt und beschloß, ins Hotel zurückzukehren, weil ich andere Luft atmen wollte. Als ich das Zimmer betrat, sah ich, daß das Bett ein hübsches Moskitonetz hatte, aber nicht gemacht war. Ich rief das Stubenmädchen und fragte: »Was soll das, warum sind die Betten am Nachmittag um vier noch nicht gemacht?« Sie lachte und erklärte, man müsse die Bettücher und das übrige selbst mitbringen, weil man das im Hotel nicht zur Verfügung stelle. Als ich Bettwäsche verlangte, erfuhr ich, daß es tatsächlich keine gab. Lola sagte ganz nervös: »Die Leute hier sind begriffsstutzig. Sie wissen ja, wie deutlich ich spreche, und ich bitte um Bettzeug und immer wieder Bettzeug, und sie verstehen mich nicht.« Ich antwortete amüsiert: »Das gleiche werden sie von dir gedacht haben, weil sie ihre Sprache auch sehr deutlich sprechen.«

Nun kam Madame mit unseren Bettüchern, denn sie hatte schon vorher gewußt, daß es im Hotel keine gab, und sie hatte nichts gesagt, weil sie glaubte, daß wir es nicht gemerkt hätten.

Während die beiden die Betten machten, erzählte uns Madame, daß es in diesem Hotel wenigstens Matratzen gebe, in anderen müsse man auch die mitbringen, wenn man bequem schlafen wolle. Allerdings sind die Betten so gebaut, daß man eine Matratze eigentlich gar nicht braucht, denn der Metallteil besteht aus einem dicken Drahtgeflecht, und bei der Hitze ist die Matratze überflüssig. Lola und ich sahen uns lachend an, und Madame sagte: »Ihr werdet noch viel merkwürdigere Dinge als das hier erleben, aber daran gewöhnt man sich schnell.« Inzwi-

schen nahm ich mir vor, mir ein transportables Bett anfertigen zu lassen, wenn ich viele Reisen unternehmen müßte.

Von fünf Uhr an war die Hitze dermaßen drückend, daß ich in Ohnmacht fiel. Als wir in den Speisesaal hinuntergingen, war es dort weniger heiß, die Ventilatoren und die Meeresbrise machten diesen Raum angenehm. Alle Speisen, so gut sie auch waren, schmeckten etwas scharf, das fällt einem in den ersten Tagen besonders auf. Die Gäste trugen Abendkleidung, das ist eine vornehme englische Sitte. Später gab es einen Ball. In der Nacht konnte ich nicht schlafen, weil ich aufgeregt war und Brechreiz verspürte.

Am nächsten Tag um achtzehn Uhr stiegen wir in den Zug nach Jullundur. Um mich vor der Sonne zu schützen, zog ich ein Kleid aus einem neuen französischen Stoff an, der mir Kühle verschaffen sollte und Perllaine heißt, und ich trug einen Sonnenschirm, der zu den Schuhen und der Handtasche paßte.

Der Bahnhof sah aus wie ein richtiger Ort oder ein riesiger Markt. Dort war es unglaublich voll, als wollte ganz Bombay die Stadt verlassen. Die Inder nehmen sehr großes Gepäck in vielen Stücken mit, es ist so, als reisten sie mit einem halben Landhaus auf dem Rücken, und man kam überhaupt nicht zum Zug durch. Unter großen Mühen konnten wir endlich unseren Platz in einem Waggon erkämpfen, den man in Kapurthala für mich reserviert hatte. Der Waggon war geräumig, doch überall lag grauenhafter Staub. Als Sitzgelegenheiten dienten Matratzen. Nachdem ich erfahren hatte, daß dies auch unsere Betten sein würden und daß wir dort zwei ganze Tage verbringen müßten, rief ich: »Aber, Madame, können wir denn so schlafen?« Darauf antwortete sie: »Machen Sie sich keine Sorgen, Seine Hoheit hat aus Kapurthala alles Nötige und mehrere Diener hergeschickt, damit Sie bequem reisen können und Ihnen auch das Essen schmeckt.«

Als der Zug abfuhr, dachte ich ganz allein daran, daß nur noch achtundvierzig Stunden fehlten, bis ich in Kapurthala eintreffen und den Fürsten wiedersehen würde. Ich setzte mich hin und grübelte. Zu Lola, die neben mir saß, sagte ich: »Wie findest du das alles?« Sie antwortete: »Wie komisch das ist, Züge, die keine Betten haben ...«

Um acht erschienen ein paar Diener, die, wie Madame sagte, aus Kapurthala waren und mich begrüßen wollten. Die vier Diener warfen sich vor mir nieder, um ihre Ehrerbietung zu bekunden, und mit gefalteten Händen begrüßten sie mich ganz untertänig. Später servierten sie uns das Essen auf großen Tabletts. Die Speisen waren alle französisch. Während sie die Betten machten, ging ich ins andere Abteil hinüber. Sie hatten die Bettwäsche mitgebracht, und ich konnte feststellen, daß es an nichts fehlte, selbst eine französische Flasche Mineralwasser aus Évian war dabei, denn Seine Hoheit hatte mich angewiesen, einzig und allein dieses Wasser zu trinken. Jedenfalls schlief ich in der Nacht fast überhaupt nicht, und mir wurde vor Aufregung beinahe übel.

Vom Zug aus betrachtete ich die Landschaft, die lange Zeit monoton und kahl war. Auf den Bahnhöfen herrschte überall das gleiche laute Durcheinander, überall drängte sich die Menge und schrie. Anscheinend haben die Inder keine andere Sorge als die, hin und her zu fahren, denn um einen Platz zu erobern, stürzen sich ungeheuer viele Leute mit einem Schlag in die Waggons, die vollgestopft sind und überhaupt nicht kontrolliert werden. Sie nehmen sogar Tiere in die Züge mit!

Neugierig fragte ich Madame, warum die Inder rote Zähne und auch einen rotgefärbten Mund haben und ständig kauen, wie ich beobachtet hatte. Sie antwortete, die meisten hätten die Angewohnheit, Paân zu kauen, das seien Körner, die sie mit einem Betelblatt bedecken, so daß ein kleines Täschchen entstehe. Darauf beißen sie unablässig herum und spucken die Flüssigkeit unbekümmert aus, überall hinterlassen sie rote widerliche Flecken. Schließlich wird ihr Zahnfleisch rot, und die Zähne nehmen Ziegelfarbe an. Ich erkannte, daß es sich um etwas Ähnliches wie den amerikanischen Kaugummi handelte, indes war es weiter verbreitet und schädlicher.

Je weiter der Zug fuhr, desto angenehmer wurde die Temperatur, und allmählich verschwand der Staub. Ab und zu sahen wir

Baumwolle, Zuckerrohr und mit weißem Gipsmörtel bestrichene Hütten. Viele Kinder waren auf die Dächer gestiegen und starrten mit erschrockenem Gesicht den vorbeifahrenden Zug an.

Um zehn Uhr morgens kamen wir im Bahnhof von Jullundur an. Madame Dijon hatte mich bei der Toilette beraten, die ich bei meinem ersten Auftritt im Land meines zukünftigen Gatten tragen sollte, und sie hatte mich sorgfältig und diskret frisiert und geschminkt. Wir mußten ein paar Minuten warten, während man von unserem Wagen bis zum Bahnhofsgebäude einen eleganten roten Teppich auslegte, an dessen Seite Palmentöpfe standen.

Als diese Vorbereitungen beendet waren, setzte ich den Fuß auf die Erde, und eine Musik erklang, die, wie ich später erfuhr, die Hymne von Kapurthala war. Eine Abteilung Soldaten der Garde des Maharadschas folgte mir auf beiden Seiten, bis wir den Eingang des Wartesaals erreichten, der ebenfalls reich geschmückt war. Dann stand ich in der Mitte des Raums und sah nur unbekannte Gesichter, die mir zulächelten und Blumenkränze darboten. Ich wunderte mich sehr, daß ich den Fürsten nicht erblickte. Einen Augenblick lang war ich beunruhigt und wußte nicht, was ich tun sollte, weil sich niemand rührte, doch als die Tür des Saals geschlossen wurde, entdeckte ich Seine Hoheit, der hinten stehengeblieben war, um mein Verhalten zu beobachten. Er schaute mich lächelnd an. Erleichtert atmete ich auf, und meine Freude war riesengroß. Nachdem ich ihn gefunden hatte, fühlte ich mich wieder ruhig. »Wie war deine Reise?« fragte er. »Ich hoffe, daß es dir gutgegangen ist. Jetzt brauchst du dir keine Sorgen mehr zu machen, denn bald kommen wir nach Kapurthala.« Alle legten mir als Willkommensgruß duftende Blumenketten um.

Nun blieb noch eine letzte Wegstrecke übrig, die wir in einem marineblauen Auto zurücklegten. Es war innen gepolstert und trug die Farben des Fürstentums. Der Wagen war aus England und sehr luxuriös, eine Marke, die Rolls heißt. Der Maharadscha erklärte mir, diese Stadt sei Jullundur, ein kleiner britischer Stützpunkt, der an Kapurthala grenze. Kurz darauf sahen wir, daß der Weg, auf dem Seine Hoheit fuhr, von zahlreichen Polizisten in kapurthalensischer Uniform bewacht wurde. Die Gegend war schön, fruchtbar und grün, überall gab es eine dichte Pflanzendecke und Bäume. Ich bemerkte, daß Weizen und Baumwolle zwei wertvolle Nutzpflanzen des Landes sein mußten, denn die Felder waren bestellt und sehr gut gepflegt.

Bald verbreitete sich die Straße, die von dicken Bäumen gesäumt war. Im Hintergrund tauchte eine größere Häusergruppe auf. Seine Hoheit sagte: »Gleich wirst du die Kuppel des neuen Palastes sehen.« – »Ist das der Palast, den Ihr für mich gebaut habt?« fragte ich. Er antwortete lächelnd: »Als ich mit dem Bau begann, hatte ich noch nicht das Glück, dich zu kennen, und ich hätte nie gedacht, daß eine so schöne Frau diesen Palast einweihen würde. Aber nun verstehe ich, ja, er mußte für dich sein. Ich hatte den Bau aufgegeben, doch jetzt kann ich es schon gar nicht mehr erwarten, ihn fertigzustellen und dich als Fürstin meines Reichs in ihm zu sehen.«

Wir fuhren durch die Stadt und bogen zu den Vororten ab. Dort hatte der Maharadscha eine hübsche zweigeschossige Villa in italienischem Stil für mich eingerichtet. Sie lag an einem Flußufer mit vielen Gärten voller Blumen und Bäume. Ihr Name war Villa Buona Vista. Das sollte für wenige Wochen meine Privatresidenz sein, denn die Hochzeit würde bald stattfinden. Auch nach der Heirat sollten wir hier wohnen, bis der neue Palast vollendet sein würde.

Als wir ankamen, salutierten uns die Wachen. Die Villa war wunderschön und im europäischen Stil ausgestattet. Mich rührte tief, als ich meine Büste sah, für die ich meine Maße geschickt hatte und mit der ein Londoner Bildhauer von Seiner Hoheit beauftragt worden war. Sie stand in der Eingangshalle, als wartete sie auf meine Ankunft; das freute mich sehr, und ich machte einen Rundgang durch mein neues Heim, um zu sehen, ob mir alles gefiel.

Im Salon gab es ein Klavier, außerdem Gemälde und Teppiche wie jene, die ich in Frankreich gesehen hatte. Der Speisesaal war im Empire-Stil eingerichtet. In schönen Vitrinen konnte man Geschirr und Gläser sehen, und im Zimmer auf der ersten Etage befanden sich vergoldete Metallbetten mit seidenen Moskitonetzen. Auf einer Kommode standen mehrere Bilder von mir, ich hatte sie in Europa für Seine Hoheit machen lassen und meinen Briefen beigelegt. Alle steckten in prächtigen Rahmen aus Silber und Elfenbein. Mein Frisiertisch war mit allen möglichen Parfums und Kosmetika der Serie Bouquet Impérial der französischen Firma Roger & Gallet vollgestellt, das war die Lieblingsmarke des Maharadschas; das gesamte Badezimmer bestand aus elfenbeinfarbenem Marmor, und aus dem Hahn kam fließendes kaltes Wasser. Auf meinem Nachttischchen fand ich wieder eine Flasche Mineralwasser aus Évian; Seine Hoheit ließ nämlich jeden Monat aus Frankreich einen ganzen Zug voll Flaschen und auch eine Kiste mit den belgischen Schokoladenpralinen kommen, die mir so gut schmeckten.

Der Fürst teilte mir mit, er wünsche, daß ich gründlich ausruhe, denn die Hochzeitszeremonie werde für mich sehr anstrengend sein. Er verabschiedete sich bis zum Hochzeitstag, wobei er erklärte, in Indien halte man es für ein schlechtes Vorzeichen, wenn der Bräutigam die Braut in den Tagen vor der Vermählung sehe. Er zog sich mit einem zärtlichen letzten Gruß zurück, nachdem er mich gut untergebracht und Madame angewiesen hatte, wie alle Vorbereitungen ausgeführt werden sollten.

Sämtliche Diener in diesem Haus waren Inder: Die Männer trugen Uniformen aus einer enganliegenden, weißen Hose, einer marineblauen Jacke und einem weißen und silbernen Turban – bald erfuhr ich, daß dies die Landesfarben des Königreichs Kapurthala waren –, und die beiden Kammermädchen waren Frauen mittleren Alters, die Lola nicht gefielen, sie sagte, die sähen aus wie Gespenster, weil sie von oben bis unten ganz weiß gekleidet waren. Sie wurden »Ayahs« genannt.

Den ganzen Tag packten wir Koffer aus und räumten Schränke ein. Für mein Kammermädchen ließ ich ein Bett in meinem Zimmer aufstellen, denn in den ersten Nächten wollte ich nicht allein *schlafen, ich fürchtete mich wirklich und konnte mich an das alles nicht gewöhnen. Über meine Ängste sagte Madame:* »Lassen Sie sich nicht einschüchtern, Sie werden sehr gut behütet, die Garde Seiner Hoheit steht nachts vor der Haustür, und zwei Diener bewachen Sie im Flur vor Ihrem Zimmer, ohne zu schlafen.«

In dieser Nacht wollte ich all das aufschreiben, was ich in den letzten drei Tagen erlebt hatte, damit ich nichts vergaß und es später meinen Eltern erzählen konnte, denn für sie war es ein großer Kummer, daß sie nicht an meiner Hochzeit teilnahmen. Also blieb ich bis in die tiefe Nacht auf. Das habe ich notiert, bevor ich todmüde ins Bett sank:

»Die Stadt Kapurthala hat gegenwärtig fast dreihunderttausend Einwohner und zwei Bezirke: den der Mohammedaner und jenen der Sikhs, doch es gibt auch buddhistische, hinduistische und christliche Minderheiten. Obwohl die beiden Stadtteile ein eigenständiges Gepräge haben durch den Baustil der weltlichen Gebäude und der Tempel, unterhalten die Einwohner sehr freundschaftliche Beziehungen, und es gibt einen lebhaften Handelsverkehr.

Die Paläste der Königsfamilie liegen in der Umgebung der Stadt, außer dem neuen Schloß, das der Maharadscha gerade errichtet. Sein französischer Stil und seine Parks ahmen Versailles nach. Die Familie nennt es ›L'Élysée‹ wegen seiner Ähnlichkeit mit diesem Pariser Schloß.

Zur Familie gehören sehr viele Leute, wenn auch nur wenige von ihnen im Pandschab leben. Der Maharadscha Jagatjit Singh hat vier Söhne und eine Tochter aus seiner anderen Ehe. Ihnen allen hat man ganz sonderbare indische Namen gegeben, die ich mir noch nicht merken kann, aber alle Jungen heißen Singh, dieses Wort bedeutet ›Löwe‹, und das Mädchen heißt ›Kaur‹, das ist der Name der Frauen.«

Am Morgen frühstückte ich auf der Terrasse. Ich hatte großen Appetit, denn mein Magen war durch das Hin und Her auf der Reise durcheinandergeraten, morgens und abends erbrach ich mich häufig, aber diesmal, weil ich bis weit in die Nacht geschrieben und mit Lola geplaudert hatte, damit ich ruhig schlafen konnte, spürte ich, daß sich mein Magen einigermaßen beruhigt hatte. In der ganzen Nacht hatte ich von Elefanten und Panthern geträumt. Man hatte mir erzählt, davon gebe es viele in Indien; ich hatte nur als ganz kleines Mädchen in Málaga welche gesehen, bei den Tierkämpfen in der Arena, die jetzt von den Behörden verboten sind.

Mich amüsierten die Diener, die nie vom Boden aufblickten und uns um nichts in der Welt ansahen. Das sollte ihren Respekt bekunden; mir kam das sehr merkwürdig vor.

Der Ort war schön und ruhig, weil er am Fluß und inmitten von Gärten lag, außerdem gab es zwei Tennisplätze. Überall standen Posten, und alles wurde sehr aufmerksam überwacht.

Um vier holte uns eine Staatskarosse zu einer Spazierfahrt ab. Die Kutsche war eine Art Landauer mit Rücksitzen für zwei Lakaien wie jene, die ich in Versailles gesehen hatte; vorn, neben dem Kutscher, fuhr ein weiterer Lakai in Livree mit. Alle trugen hübsche Uniformen in den Farben Kapurthalas. Während der Fahrt folgten uns zwei Lanzenreiter als Eskorte; einer von den beiden Lakaien hinten hielt einen Sonnenschirm, um mich vor der Sonne zu schützen, und der andere hatte einen großen Federwisch, damit mich die Fliegen nicht belästigten. Das fand ich lustig, denn ich hätte nie an solche Kleinigkeiten gedacht.

Die Spazierfahrt ging in die Umgebung und dauerte nicht lange, weil mein Bräutigam nicht wollte, daß mich jemand sah, bis er selbst zusammen mit mir die Hauptstadt betreten und vor seinen Untertanen erscheinen würde.

Den restlichen Nachmittag verbrachten wir damit, Geschenkpakete aufzumachen, die mir die Leute zu meiner Verlobung geschickt hatten. Als es schon beinahe dunkel war, kamen vier Männer mit einer riesigen Kiste. Sie sagten, das sei das Brautkleid, und ich starb beinahe vor Neugier, während ich zusah, wie sie die Kiste öffneten.

Sie legten alles sorgfältig auf den Tisch, aber es waren nur zwei Stoffstücke, das eine in kräftigem Rosa, mit Gold- und Silberfäden bestickt, und das andere weiß. Als ich Madame nach meinem Kleid fragte, sagte sie, es liege vor mir, ich solle mir keine Sorgen machen, die Kammerfrau der Mutter Seiner Hoheit werde kommen und mich ankleiden. Ich begriff nicht, wie man so etwas tragen konnte, denn es war ein ungefähr sechs Meter langes und anderthalb Meter breites Stück Stoff und nichts weiter, allerdings hatte man es in Handarbeit hergestellt und mit geschmackvollen Stickereien verziert.

Nun wurde ich sehr traurig, weil ich mich mein ganzes Leben darauf gefreut hatte, wie die spanischen Königinnen in einem langen, weißen und bestickten Kleid mit einem riesengroßen Schleier und einem weißen Blumenstrauß zu heiraten. Ich weinte so viel und so lange, daß sich Madame gezwungen sah, an mein Bett zu kommen, um mich über den Kummer hinwegzutrösten.

Sie bemühte sich, mir zu erklären, daß sich Weiß in Indien überall findet und eher die Farbe des Todes, der Trauer und des Trübsinns als der Freude ist. Sie sagte, die Glücksfarbe sei Johannisbeerrot, und das günstige Geschick werde von den silbernen und goldenen Stickereien bezeichnet. Aber ich war nicht zu solchen Erklärungen aufgelegt, und in den folgenden Tagen interessierte ich mich für kaum etwas, so groß war mein Kummer.

Am Vorabend der Feier nahmen wir sehr früh die letzte Mahlzeit zu uns, denn die Hochzeit sollte am Morgen stattfinden, und man wollte mich um drei Uhr früh wecken. Madame Dijon bemerkte, daß ich traurig war, und versuchte, mich mit dem Grammophon aufzuheitern, doch ich war in meinen Gedanken ganz weit weg, fühlte mich zum erstenmal allein und begriff, welch großer Abstand mich von allen Wunschträumen meiner Kindheit, von Spanien und meiner Familie trennte.

Als es soweit war, zogen wir uns ins Schlafzimmer zurück. Lola sagte, während sie das Kleid ansah: »Ich weiß wirklich nicht, wie die Ihnen das anziehen wollen, aber der Stoff ist wunderschön.« Da sah ich ihn mir zum erstenmal aufmerksam und sorgfältig an: Ich erkannte, daß die Farbe tatsächlich einen sehr zarten roten Ton hatte, und dazu kamen große, aus Silber- und Goldfäden gestickte Rosen; der ganze Stoff war mit einem ungefähr dreißig Zentimeter breiten silbernen Saum eingefaßt, der an einer Seite einen halben Meter breit wurde. Der Stoff gefiel mir, weil er ein Schmuckstück war, doch ich hatte keine Ahnung, wie man so etwas tragen konnte, denn er hatte nirgendwo einen Einschnitt.

Ich legte mich ungefähr um zehn Uhr nachts schlafen und verspürte wieder großes Heimweh. Ich dachte an meine Eltern und meine Schwester. Ich wünschte, daß sie bei mir sein und meine Hochzeit miterleben könnten. Tiefunglücklich weinte ich, bis ich einschlief. Vom Bett aus hörte ich, daß Lola schluchzte und sich laut schneuzte.

Man weckte mich um drei Uhr früh. Es war völlig dunkel. Sie brachten mich ins Bad, und ich badete in einer sehr wohlriechenden Flüssigkeit, die wie Milch aussah, so weiß war sie. Danach massierten sie mir den ganzen Körper und rieben mich mit Duftsalben und Parfums ein, das beruhigte und entspannte mich. Die beiden Damen, die diese Aufgabe übernommen hatten, waren die Kammerfrauen der Mutter Seiner Hoheit, und sie kümmerten sich äußerst sorgfältig um alles. Lola half ihnen, so gut sie konnte, und munterte mich mit freundlichen Worten auf. Ich ließ alles willenlos mit mir geschehen. Nach der Massage frisierten sie mich mit einem handgeschnitzten Elfenbeinkamm. Das Frisieren gefiel mir zunächst nicht allzusehr, weil ich nicht voraussehen konnte, wie mir die Frisur stehen würde; im allgemeinen weiß eine Frau ja selbst am besten, welche Frisur zu ihrem Gesicht paßt.

Sie zogen mir einen Mittelscheitel, und da ich langes Haar hatte, flochten sie mir hinten zwei Zöpfe. An den beiden Enden befestigten sie goldene Bänder und schmückten sie mit dicken, goldenen Quasten. Während sie mich kämmten, gaben sie staunend Kommentare zu meinem Haar ab, denn offenbar bewundern Inder an einer Frau besonders das Haar, und ist es schön und gepflegt, so ist das ein Sinnbild großer Schönheit. Da die Frisur einfach war und ich immer einen Mittelscheitel trug, veränderte sie mein Aussehen nicht allzusehr, und ich gab mich damit zufrieden. Über die Stirn hängten sie mir ein kostbares Perlendiadem im indischen Stil, und an den Ohren befestigten sie wunderbare Smaragdringe.

Danach zogen sie mir ein enganliegendes Mieder aus mohnfarbenem Atlas an, das vollständig mit Gold bestickt war und Perlenknöpfe hatte. Es stand mir sehr gut, weil ich immer schlank gewesen bin. Darunter hatte ich bereits ein anderes, kleineres Leibchen aus weißer Seide an, das die Inderinnen als Büstenhalter benutzen. Es hatte Bauschärmel, die sehr zierlich bestickt waren und unter dem roten Mieder hervorsahen. Um die Beine wickelten sie mir einen zwei Meter großen, weißen und sehr feinen Seidenstoff, ohne Pluderhosen, Strümpfe oder Unterrock, nur mit einem zarten Schlüpfer aus Spitzen. Sie knoteten den Stoff an der Taille fest zusammen, damit er sich nicht lockerte.

Dann legten sie mir jenen kostbaren Stoff um, den sie »Sari« nannten. Sie wickelten ihn zweimal um meinen Körper, und beim drittenmal legten sie den Stoff vorne in viele kleine Falten, so daß er wie ein Fächer aussah und die notwendige Weite erhielt, um mühelos zu laufen; diese Falten wurden am Mieder mit einer Silberbrosche befestigt. Den übriggebliebenen Stoff schlangen sie noch einmal sorgfältig über die Schulter, führten ihn unter dem Arm durch, kreuzten ihn vorn und legten mir das Ende als eine Art Schleier über den Kopf. Schließlich zogen sie mir wunderschöne, rote, bestickte Schühchen an und schmückten mich mit Halsketten und Perlenarmbändern.

Das dauerte über zwei Stunden, aber draußen war es noch immer dunkel. Ich bemühte mich, keine Bewegung zu machen, damit das alles nicht zu Boden stürzte, denn es war ja nur an der Taille und am Kopf befestigt. Nachdem die Ayahs mich fertig angekleidet hatten, sahen sie, daß ich zögerte, einen Schritt zu tun. Darum streckten sie mir die Hand entgegen, um mich vor den Spiegel zu führen. Ich ging auf sie zu und merkte, daß es mir nicht die geringste Mühe machte und das Kleid bequem saß.

*Als ich mich im Spiegel betrachtete, glaubte ich zu träumen,
denn ich sah bildschön aus. Mein Kammermädchen war einen
Moment hinausgegangen und kam nun herein. Nachdem sie
mich erblickt hatte, sagte sie:»Ach, wie hübsch man Sie zurecht-
gemacht hat, Señora, als wären Sie die Heilige Jungfrau!« Das
gefiel mir. Ich umarmte und küßte sie gerührt, denn ich hatte
tatsächlich den gleichen Eindruck, als ich mich betrachtete. Lola
machte ein Drama daraus, sie weinte unaufhörlich und rief:
»Ach, meine Herrin, wenn Doña Candelaria Sie sehen könnte ...
Werden Sie ganz und gar glücklich, und möge der Allmächtige
Sie vor allem Übel schützen!« Das bewegte mich tief. Leise fing
ich an zu beten und flehte die Heilige Jungfrau vom Sieg um Bei-
stand an; sie sollte mir helfen, daß alles gut ausginge und ich den
Schritt nicht bereuen müßte, den ich tun würde.*

*Wenige Minuten später hörten wir den gewaltigen Lärm einer
großen Menschenmenge, und wir sahen, daß der ganze Garten
hell erleuchtet war.*

*Madame Dijon hatte sich ebenfalls sehr elegant angezogen,
sie trug ein wassergrünes Kleid von Paquin und einen hübschen
Hut in der gleichen Farbe. Sie trat zu mir, küßte mich, lächelte
freundlich und wünschte mir viel Erfolg:»Ihnen steht ein schönes Leben bevor. Mögen Sie sehr glücklich werden,* Maharani ...
*Wenn Ihre Hoheit mir erlaubt, Sie als erste so zu nennen.« Tief-
gerührt umarmte ich sie, und lebhaft dankte ich für ihre guten
Wünsche.*

*Als ich in den Salon hinunterkam, bemerkte ich, daß die
gesamte Dienerschaft prächtige Galakleidung trug. Ich hörte
Pferdegetrappel, schaute aus dem Fenster und entdeckte Seine
Hoheit, der in einer wunderschönen, goldenen und von vier
Schimmeln gezogenen Prachtkutsche im französischen Stil ein-
traf. Es war fünf Uhr morgens, und die Sonne tauchte gerade am
Horizont auf. Eine indische Dame mittleren Alters nahm mich
an der Hand und geleitete mich zum letzten Treppenabsatz.
Unten erwartete mich der Maharadscha in einer wunderschönen
Tracht. Zum erstenmal sah ich ihn in Sikh-Kleidung und be-
waffnet. Er trug eine saphirblaue und silberbestickte Samtjacke,*

eine weiße Hose, die vom Knöchel bis zum Knie eng anlag und dann bis zur Taille sehr weit war, goldbestickte Sandalen, ein weißes, kragenloses Hemd, von dem man nur einen kleinen Streifen sah und das mit hübschen Saphir- und Brillantknöpfen geschlossen war. Der Turban hatte eine sehr blasse rote Farbe und war mit einem weißen Mäanderband geschmückt; diesmal hielt ihn eine riesige, ganz mit Brillanten eingefaßte Smaragdbrosche zusammen. Später erfuhr ich, daß sie das am höchsten geschätzte Juwel des Schatzes von Kapurthala ist. Als Halsschmuck trug er eine Kette aus mehreren Reihen von Perlen und Smaragden, und am Gürtel hing ihm ein prächtiges Sikh-Krummschwert mit einem silbernen, edelsteinbesetzten Griff.

Als er mich erblickte, blieb er voller Bewunderung stehen, so sehr beeindruckte es ihn, daß er mich in der Tracht seiner Heimat sah, und er teilte mir durch Zeichen mit, daß ich hinuntersteigen sollte, weil er nicht sprechen konnte. Er streckte mir die Hand entgegen. »Wie schön du bist! Du siehst aus wie eine Göttin!« Dann verhüllte er mein Gesicht mit dem Schleier und erklärte: »Bis die Zeremonie zu Ende ist, darf ich dich nicht ansehen.«

Sein Kammerdiener bot ihm auf einem goldenen Tablett mehrere ungewöhnliche Ketten dar; sie bestanden aus sehr kleinen, identischen Perlen. Sie bildeten einen dünnen Vorhang mit langen Fransen, der an einer Brillantreihe befestigt war. Ohne aufzublicken, legte sie ihm der Mann um den Turban, und damit war auch das Gesicht des Maharadschas verhüllt.

Die Zeremonie sollte im Freien stattfinden. Märchenhaft schön sah der Boden aus, den man vom Haus bis zu dem Pavillon, wo uns die Priester erwarteten, mit roten Teppichen bedeckt hatte. Der Weg war überall mit blühenden Pflanzen geschmückt. An den Seiten hatte sich die königliche Palastgarde aufgestellt und bildete mit gekreuzten Säbeln ein Dach, unter dem wir entlangschritten. Die Kapelle spielte die Akkorde des Marsches von Kapurthala.

Die ganze Zeit hielt ich den Kopf gesenkt, an der Hand jenes Mannes, der mein Gatte werden sollte. Schließlich gelangten wir zum Pavillon, wo man uns die Ehrenplätze zuwies. Soldaten in Galauniform umgaben uns.

Rechts von uns befanden sich mehrere Europäer, die dem Diplomatischen Korps angehörten, und links die indischen Adligen und vornehmen Gäste, die alle herrliche Hindu- und Sikh-Gewänder trugen. In die Mitte dieses Pavillons, der von vier silbernen Pfosten gestützt wurde und wie ein riesiges arabisches Zelt aussah, hatte man ein altes, mit prächtigem Stoff bedecktes Buch gelegt, und mehrere Wächter hüteten daneben ein großes Feuer. Im linken Teil des Zeltes stand eine riesige Waage, und ganz nahe dabei lagen zwei prunkvoll bestickte Kissen. Dorthin führte man uns, und wir setzten uns auf die Kissen.

Die Priester begannen mit den Gebeten, die ungefähr eine halbe Stunde dauerten. Dabei richteten sie sich mit solcher Ehrfurcht nach den Seiten des großen Buches, daß ich den Eindruck hatte, es sei eine Bibel oder etwas Ähnliches. Da ich nicht das geringste verstand und mein Gesicht mit dem Schleier verhüllt war, beobachtete ich alles aufmerksam, um es mir gut einzuprägen und meinen Leuten in Málaga zu erzählen. Die Priester trugen weiße Gewänder und hatten so etwas wie einen Musselinschal um den Hals geschlungen; er reichte bis zu ihren Knien hinab. Sie beteten mit gefalteten Händen, und ihre Turbane waren ebenfalls weiß. Ihr Bart klebte am Gesicht und war nach oben gekämmt, als wollten sie ihn unter dem Turban verstecken.

Inzwischen war die Sonne aufgegangen und wärmte mit ihren kräftigen Strahlen. Alles ringsum war in Farben, die derart beruhigend auf mich wirkten, daß ich, weil die Gebete in einem murmelnden Singsang vorgetragen wurden und weil man mich so früh geweckt hatte, beinahe eingeschlafen wäre.

Nach einiger Zeit trat der Oberpriester auf uns zu, und mit dem Daumen, den er in ein wie rötlicher Safran aussehendes Puder getaucht hatte, machte er uns ein kleines Zeichen auf die Stirn. Der Maharadscha wandte sich mir zu und erläuterte, das geschehe, damit wir immer in Eintracht leben würden; damit seien die Gebete abgeschlossen, und nun würden die weltlichen Zeremonien beginnen.

Wir standen auf, und Seine Hoheit hob meinen Schleier hoch und entblößte mein Gesicht, damit mich alle anblicken konnten, das Zeichen, daß man schon verheiratet ist. Der Priester machte das gleiche bei ihm und nahm ihm den kleinen Perlenschleier ab. Musik ertönte, und die Gäste applaudierten. Die Priester kamen fröhlich zu uns und legten uns Blumenkränze um. Ich freute mich sehr, weil meine weiß waren. Sie bestanden aus runden Jasminblüten wie jene in Sevilla, doch bald merkte ich, daß sie nicht nach Jasmin, sondern nach den Parfums dufteten, mit denen man mich an diesem Morgen eingerieben hatte.

Man sang und gratulierte uns, während wir zum heiligen Buch schritten. Der Maharadscha sagte zu mir: »Mach das Buch dreimal hintereinander sorgfältig auf, ich öffne es ein viertes Mal.« Das tat ich, ohne zu wissen, warum, und ich sah, daß die Miene meines Mannes große Freude ausdrückte. Er erklärte: »Das ist der indische Name, der dir gehört und den du selbst ausgesucht hast, denn das Schicksal hat es so gefügt, daß der Buchstabe ein P war, als du das Buch zum erstenmal aufgeschlagen hast, beim zweitenmal war es ein R und beim drittenmal ein E. Als ich das Buch öffnete, um den vierten Buchstaben zu finden, habe ich voller Freude erkannt, daß es ein M war. Das wird dein Name sein: PREM. Er gefällt mir sehr, denn zusammen mit KAUR, das ist der Nachname, den du von heute an trägst, bedeutet er in unserer Sprache: ›Fürstenliebe‹, und das ist ein guter und hervorragend geeigneter Name.«

Ich staunte sehr über den originellen Namen und freute mich auch, denn er gefiel mir. Danach führten wir weiter die merkwürdigen Hochzeitszeremonien aus. Wir umkreisten zweimal das heilige Buch, und der Priester segnete uns. Wir warfen mehrere Handvoll Reis ins Feuer und liefen durch die Glut.

Als das zu Ende war, stellte sich mein Mann auf die große Waage, und man wog ihn. Die seinem Gewicht entsprechende Menge Essen würde man an die Armen des Reiches verteilen. Hierauf wog man auch mich für den gleichen Zweck. Ich dachte *im stillen:* »*Von meinem Essen werden bestimmt wenige satt, denn ich wiege ja nur zweiundfünfzig Kilo.*«

Schließlich hielt mir der Priester ein Silbertablett mit einer Süßigkeit hin, die ich essen mußte. Ihr Geschmack ähnelte dem einer Kartoffel, und man sagte mir, das bedeute Fruchtbarkeit. Mir schmeckte sie nicht besonders.

Die Schüsse der Palastkanonen übertönten den Marsch des Königreichs Kapurthala; es wurden dreizehn Salven abgefeuert, denn die Engländer hatten festgelegt, diese Zahl von Schüssen gebühre dem Königreich Kapurthala für seine Freundschaft mit der Krone. Es war eine bedeutende Zahl, höher als die der Kanonenschüsse in anderen indischen Königreichen. Diese Salven bekundeten den Bürgern, daß Seine Hoheit nun geheiratet hatte und daß die Festlichkeiten beginnen konnten.

Auf der anderen Gartenseite hatte man ein Zelt mit zwei silbernen Thronen aufgestellt. Wir nahmen Platz, und alle Gäste kamen, um uns zu begrüßen und den Maharadscha zu beglückwünschen. Die Europäer grüßten, indem sie den Kopf neigten, und die Frauen machten einen langsamen Knicks, aber die Inder falteten die Hände in Stirnhöhe, berührten danach sehr förmlich unsere Füße und legten die Hände als Zeichen der Ehrfurcht auf den Boden.

Schließlich gingen die Gäste in den Speisesaal hinüber, wo für die Europäer ein großartiges Büfett mit internationalen Delikatessen und alkoholischen Getränken bereitstand. Die indischen Gäste begaben sich ins Freie. Dort waren große Mengen mit ganz besonderen Gerichten vorbereitet, die von allen wegen der überaus meisterhaften Kochkunst à la indian style *gelobt wurden.*

Nachdem der Maharadscha alle begrüßt und vom Essen der beiden Büfetts gekostet hatte, teilte er mir mit, es würde ihn sehr freuen, wenn ich jemanden kennenlernte. Ich glaubte, daß es sich um den Fürsten eines anderen Reichs handelte, doch zu meiner großen Überraschung stellte ich fest, daß wir uns zum Salon im Obergeschoß begaben, der, wie man mir erklärt hatte, den Haremsfrauen vorbehalten war. Dort erwarteten uns mehrere Damen, die alle weiß gekleidet waren. Mein Mann trat auf eine Frau zu, und die beiden umarmten sich tiefgerührt. Dann sagte er zu mir: »Das ist meine zweite Mutter, meine erste ist nämlich gestorben, als ich erst drei Jahre alt war, und sie ist an ihre Stelle getreten. Die anderen sind ihre Hofdamen. Ich hoffe, daß du sie so wie mich liebhast, denn du wirst in ihrer Gesellschaft leben und sie werden dich in allem unterrichten, was notwendig ist, damit du eine gute indische Fürstin wirst.« Sie begrüßten mich sehr freundlich, und ich erkannte die beiden, die mich für die Zeremonie angekleidet hatten. Sie sahen alle sehr nett aus und mußten einmal sehr schön gewesen sein. Sie umringten mich, begutachteten mich, kommentierten mich lächelnd, berührten meine Kleider und Juwelen. Ich verstand nichts von dem, was sie sagten, doch es klang für mich wie Liebenswürdigkeiten und Komplimente.

Ich konnte nur noch daran denken, daß ich nun schon eine Fürstin war. Als wir auf Elefanten durch die Straßen der Stadt zogen, war ich halb seekrank, weil ich so hoch oben in diesem Palankin sitzen und alle grüßen mußte. Das Tier schwankte hin und her wie ein Schiff auf stürmischer See. Auch bei den zahlreichen Empfängen, die in den nächsten drei Tagen folgten, fühlte ich mich die ganze Zeit wie geistesabwesend und betäubt, weil ich im stillen ständig darüber nachgrübelte, daß ich verheiratet war und daß mein Leben von nun an ganz anders sein würde.

DIE GESCHICHTE DES MAHARADSCHAS · NACHRICH-
TEN AUS KAPURTHALA · EIN WEITGEREISTER SCHIN-
KEN · VICTORIAS HOCHZEIT · AJIT WIRD GEBOREN
UND GETAUFT · EIN GELÜBDE AN DIE HEILIGE JUNG-
FRAU · AJITS ZWEITE TAUFE · DER SMARAGDHALB-
MOND · ANEKDOTEN UND ETIKETTE

Der Maharadscha Jagatjit Singh von Kapurthala war vierunddreißig Jahre alt und hatte – wie es hieß – einen Harem von
hundertzwanzig Gattinnen, als er sich Hals über Kopf in Anita
verliebte. Der Monarch war auf den ersten Blick in Leidenschaft entbrannt, obwohl ihn die Tänzerin zunächst ver-
schmähte. Noch nie hatte eine Frau Jagatjit Singh zurückgewiesen, aber das konnte Anita nicht wissen.

Er wurde 1872 geboren und bestieg als Fünfjähriger den
Thron. Solange er minderjährig war, regierte eine Reihe von
hervorragenden britischen Aufsichtsbeamten das kleine Fürstentum Kapurthala im Pandschab. Sie waren eifrig darum
bemüht, daß der junge Fürst eine liberale und europafreund-
liche Erziehung erhielt. Die Palastbiographen berichten, mit nur
dreizehn Jahren habe Seine Hoheit Sanskrit, Persisch, Urdu,
Englisch und Französisch gesprochen, Bücher in gepflegtem
literarischem Stil über seine Reiseeindrücke diktiert und mit
klaren und sinnvollen politischen Argumenten über problema-
tische Situationen von allgemeinem Interesse geurteilt ... Er
hatte eine Schwäche für das Essen, und aus diesem Grund erreichte er im Alter von sechzehn Jahren ein Körpergewicht von
etwa hundertvierzig Kilo. Er weigerte sich entschieden, irgend-
einen Sport zu treiben, ausgenommen waren lediglich Groß-
wildjagden auf dem Rücken von Elefanten, und er fuhr auch
auf seinem Dreirad – einer mit Eisenstäben verstärkten und
hochmodernen, aus Paris eingeführten Sonderanfertigung –
langsam um den Palast. Selbstverständlich wagte es niemand
am Hof, Seiner Hoheit die Möglichkeit einer Diät nahezulegen.

Kurz vor seinem siebzehnten Geburtstag entschied der Staatsrat, daß es gut für das Fürstentum wäre, wenn der Monarch für Nachkommenschaft sorgte, und Vorbereitungen wurden eingeleitet, um eine geeignete Frau zu finden.

Als erster Schritt wurde eine Liste mit einhundertfünfzig Namen der jüngsten und schönsten heiratsfähigen Prinzessinnen zusammengestellt, die zu den besten Familien der Radschputen und Sikhs gehörten. Nach langen Beratungen, Ausleseverfahren und Streitgesprächen wählte der Rat unter ihnen allen die eine aus, die am besten geeignet schien. Es war eine sechzehnjährige Prinzessin von aufsehenerregender Schönheit.

Der zweite Schritt bestand darin, das junge Mädchen von Doktoren, Priestern und sonstigen Persönlichkeiten auf das gewissenhafteste zu prüfen, bis man allgemein zu der Überzeugung gelangte, daß die Kandidatin die Richtige sei, um den zukünftigen Erben der Krone Kapurthalas zu gebären.

Der dritte Schritt war nun, Jagatjit Singh in alle Geheimnisse des Geschlechtslebens und der Sinnenlust einzuweihen, den besonderen, ausschließlich für Maharadschas geltenden indischen Sitten entsprechend. Hierfür lassen die Minister des Hofes aus fernen Reichen Frauen kommen, die besonders erfahren in der Liebeskunst und die besten Spezialistinnen für erotische Tänze sind. Durch sie soll der Fürst als Mann bei seiner Gattin und seinen Konkubinen ebenso mächtig wie als Landesvater sein.

Aber es gibt ein ernstes Problem. Ein gewichtiges Problem: Der siebzehnjährige Maharadscha wiegt inzwischen einhundertsiebenundfünfzig Kilo, und die Bemühungen der Odalisken, Tänzerinnen und Kurtisanen, den Fürsten in den Liebespraktiken zu unterrichten, erweisen sich als erfolglos: Der Monarch ist durch seine Größe und Fettleibigkeit behindert. Tag für Tag werden vielfältige und originelle Stellungen erprobt, ohne daß man zu einem Resultat kommt, was den Fürsten stört und den Hof beunruhigt. Die Bemühungen der schönen, aus Lahore und Lucknow herbeigeholten Spezialistinnen enden mit einer empfindlichen Schlappe. Die zarte Gattin wird gewiß unter einer derart gewaltigen Masse zusammenbrechen! Es ist dringend erforderlich, eine Lösung zu finden.

Nur britischem Erfindergeist im Zusammenwirken mit der Weisheit einer altgedienten Dirne aus Kapurthala, die sich hingebungsvoll mit den Gewohnheiten der Säugetiere beschäftigte, war es nach monatelangen Debatten und Sorgen zu verdanken, daß man eine Lösung für das schwergewichtige Problem Seiner Majestät entdeckte: Die Frau ging vom Paarungsverhalten der Elefanten im Dschungel aus und kam auf eine Idee, die den erfolgreichen Fortbestand der Dynastie Kapurthalas gewährleisten sollte. Nachdem ein englischer Ingenieur jene gewaltigen Tiere eingehend beobachtet und die überaus wertvolle theoretische Hilfe der kapurthalensischen Expertin erhalten hatte, ersann er ein Gerät, das aus einem verstellbaren riesigen Holz- und Stahlbett bestand. Das imposante Möbelstück wurde einige Wochen vor der Königshochzeit eingeweiht, und sowohl der Maharadscha als auch die sich freiwillig zur Verfügung stellende Dirne meinten, der Apparat funktioniere vortrefflich.

Nach der Verlobung bediente sich das junge Paar regelmäßig des originellen Brautbetts, so daß die Kanonen des Palastes neun Monate später Salven zu Ehren des Erstgeborenen abschossen: des zukünftigen Erben der Krone Kapurthalas, den man auf den Namen Paramjit Singh taufte.

Die erfahrene Kurtisane erhielt vom König zum Dank ein lebenslanges Ehrengehalt, weil sie auf so sinnreiche Weise verstanden hatte, die Gewohnheiten der Elefanten zu studieren.

Frauen werden zur ersten der beiden großen Leidenschaften des Maharadschas, der über die Jahre einen Harem mit der vielfältigsten Blütenlese von Geliebten und Konkubinen aller Rassen versammelt.

Seine zweite große Leidenschaft ist Frankreich. Jagatjit liest begeistert Biographien der großen Könige sowie die Geschichte Roms und seiner Kaiser. Er weiß, daß Alexander als junger Mann gestorben ist, nachdem er wunderbare Heldentaten in Asien vollbracht hatte, und daß die mündliche Überlieferung ihn zum Mythos werden ließ. Er weiß auch, daß die Geschichte dieses Kaisers fünf Jahrhunderte nach seinem Tod auf orientalische Weise umgeschrieben wurde und sich grundsätzlich von der unterschied, die Plutarch aus erster Hand nach Europa übermittelt hatte. Der Maharadscha von Kapurthala, der es bedauert, daß er nicht die Weisheit Mark Aurels besitzt, möchte mit den ruhmreichen Leistungen der Römer wetteifern. Er bewundert Clemenceau und die großen französischen Könige, und er träumt davon, *le Roi Soleil du Punjab* (»der Sonnenkönig des Pandschabs«) zu werden. Diese Leidenschaft inspiriert ihn zu der Idee, französische Hofsitten in Kapurthala einzuführen und zu pflegen. Am Hof ist es vorgeschrieben, sich der Sprache Voltaires zu bedienen, sich nach dem französischen Protokoll zu richten und die Köstlichkeiten der französischen Küche zu genießen, die von einem *chef de cuisine* aus Bordeaux zubereitet werden.

Der Fürst zeigt sich in seinem Herrschaftsgebiet gewöhnlich auf dem Rücken eines Elefanten. Der Kopf des Tiers ist mit Smaragden geschmückt. Je nach Jahreszeit trägt der Maharadscha einen Turban in einer bestimmten Farbe – gelb im Frühling, rosa im Sommer, rot im Winter, lichtblau im Herbst –, und zwischen den Falten leuchtet die zum Schatz Kapurthalas gehörende wundervolle Brosche mit dreitausend Diamanten und Perlen hervor.

Es dauert zehn Jahre, bis sein neues Schloß, L'Élysée, nach dem Vorbild von Versailles entworfen und errichtet ist: Die Gitter, Gärten und Spazierwege sind Kopien derjenigen, die Le Nôtre vorgezeichnet hat. Sowohl bei den Interieurs wie auch beim Mobiliar entdeckt man Anleihen aus England – die georgianischen Stilmöbel von Waring & Gillow – oder aus Italien – den rosa Marmor von Carrara in allen Badezimmern –, doch das französische Vorbild überwiegt: Die meisten Palastangelegenheiten müssen auf französische Art und in französischer Sprache erledigt werden. Die fünfzig Louis-XVI-Zimmer sind mit Rokoko-Girlanden und -Mustern an den Decken geschmückt, haben Teppiche aus Aubusson, Porzellan aus Limoges und Lampen aus Sèvres, die Firma Roger & Gallet stellt die Toilettengegenstände für die Gäste her, und sogar die Wasserflaschen, die auf den Nachttischen stehen, treffen auf ausdrücklichen Wunsch des Maharadschas regelmäßig aus Évian ein.

Doch die Ausstattung des Harems fasziniert zweifellos am meisten: Man erholt sich in einem Wassergarten, dessen artischockenförmige Wände einen Wasserschleier herabströmen lassen, der im Sommer angenehm kühl und im Winter warm ist. Die Ecken dieses Gartens sind mit eindrucksvollen vergoldeten Statuen von Saris tragenden Odalisken geschmückt, und Zentrum der Quelle ist eine Lapislazulisäule, die bis zur Decke reicht. Der Boden ist mit Gobelinteppichen ausgelegt; auf ihnen sind schöne französische Kurtisanen dargestellt, die nur mit Girlanden verhüllt sind und schmachtend ruhen ...

Seine Königliche Hoheit Jagatjit Singh von Kapurthala bekommt vier Söhne – Paramjit, Mahijit, Amarjit, Karamjit Singh – und außerdem eine Tochter, die Amrit Kaur heißt. Die Zahl der illegitimen Kinder Seiner Königlichen Hoheit ist nicht bekannt, doch es werden nicht mehr als zweihundert gewesen sein, denn den Haremsgesetzen zufolge muß man eine Konkubine sterilisieren, wenn sie drei Kinder geboren hat.

Aus Liebe zu Frankreich hält sich der Maharadscha oft längere Zeit in Europa auf, wo es ihm seine Bildung, sein Rang und Reichtum ermöglichen, mit den Familien der verschiedenen Königshäuser zu verkehren. Seine imponierende Gestalt und seine ritterlichen Manieren sowie seine Kenntnis mehrerer Sprachen machen ihn zum exotischen Gast aller Zusammenkünfte und Feste der Hocharistokratie.

Die europäischen Zeitschriften veröffentlichen regelmäßig Meldungen über seine Reisen und bezeichnen ihn als »den König der Smaragde, der zahllosen Schätze, einen der reichsten Lebemänner der Welt«.

Zu den europäischen Monarchen, mit denen er zusammenkommt, gehört der junge Alfons von Bourbon, der als Alfons XIII. in Spanien herrscht. Beide treffen sich oft in Deauville und Nizza, wo sie Polo spielen, Kasinos besuchen und reiten.

Als Alfons von Bourbon im Jahre 1906 beschließt, Ena von Battenberg, eine Nichte des englischen Königs, zu heiraten, lädt die Regierung Seiner Majestät, des Königs von Großbritannien, den Maharadscha Jagatjit Singh von Kapurthala zur Vermählung ein und bittet ihn, sich dem britischen Gefolge anzuschließen, das unter der Führung des Prinzen von Wales die Braut in die spanische Hauptstadt begleiten wird.

Als sich der Maharadscha bei dieser Gelegenheit in Anita verliebt, muß er erkennen, daß Anita seinen Wünschen erst nachgeben wird, wenn er sie geheiratet hat. Von der feurigen Prosa der Briefe erhitzt, die er aus Madrid erhält, beschließt er, sie zu erobern, um sie nach seinem Geschmack zu verwandeln, sie zu einer Fürstin und seiner Gemahlin zu machen.

Der Fürst wirkt ein Jahr lang erfolgreich als Pygmalion, gewinnt sie lieb und weckt auch ihre Liebe. Das Paar genießt eine sehr glückliche Verlobungs- und erste Ehezeit, denn Anita versteht es, im Alltagsleben ihre europäischen Gewohnheiten, Sitten und sogar Kleider beizubehalten. Ihrem Gatten gegenüber nimmt sie eine duldsame und hingebungsvolle Haltung ein, sie begleitet ihn auf den Reisen und zu den Orten, an denen ihre Anwesenheit notwendig ist, ohne jemals zum Harem zu gehören.

Allmählich gewöhnt sie sich an das Palastleben, bis sie sich in ihrer neuen Stellung wohl fühlt und für einen Erben gesorgt hat.

Die Delgados wohnten inzwischen weiterhin in Paris und wollten selbstverständlich wissen, wie sich das Mädchen in der neuen Heimat zurechtfand.

Anita erzählte, kaum sei sie aus Frankreich abgereist, da habe sich die Amme Joaquina schon Sorgen gemacht, was sie in diesen sonderbaren Ländern wohl essen würde. Joaquina fiel allen so lange auf die Nerven, daß schließlich beschlossen wurde, Anita ein Paket mit einem Jabugo-Schinken und etwas Käse zu schicken. Wenn ihr die Speisen jenes Landes nicht schmeckten, könnte sie wenigstens nachts ein Stück Landschinken oder Schafskäse abbeißen.

Sie besorgten sich die Lebensmittel über Bekannte in Andalusien und Toledo, und einen Monat später trafen sie in der Pariser Wohnung ein, wo man sie sorgfältig mit Stoff, Papier und Pappe in eine Holzkiste packte, die zugenagelt und verplombt wurde. Im Zug gelangte das Paket nach Marseille und von Marseille mit einem Schiff der Firma Cook nach Bombay; auf indischem Gebiet sollte es in einem anderen Zug nach Lahore geschafft werden, um von dort aus die letzte Wegstrecke in einem Ochsenkarren zurückzulegen und schließlich im Palast von Kapurthala anzukommen.

Dieses einfache Verfahren dauerte insgesamt über fünf Monate, und die Ware hatte die Fürstin wohl in einem solchen Zustand erreicht, daß die Delgados sofort ein dringendes Überseetelegramm erhielten, worin Anita mitteilte, sie brauchten nichts weiter zu schicken, die Amme solle sich beruhigen, denn im Palast esse man europäische Speisen, habe ausgezeichnete französische Köche, und die Mahlzeiten seien gut und schmackhaft.

Anita schüttete sich vor Lachen aus, wenn sie an diese Episode zurückdachte. Viele Jahre später versicherte sie, unvergeßlich sei ihr »der entsetzliche Gestank, der aus diesem Paket aufstieg, und wie schlimm verfault sein Inhalt war, als es nach dem ganzen Hin und Her, der großen Hitze und den vielen Beförderungsmitteln im Palast eintraf«.

Mittlerweile blieb die Familie auf Kosten des Maharadschas in Paris, allerdings dachten die Eltern immer ernsthafter daran, endgültig nach Málaga zurückzukehren, vor allem um Victorias willen, die schon sehr gut Französisch sprach und sich mehr oder weniger mit dem erwähnten Amerikaner verlobt hatte. Dieser war zwar eine gute Partie und steinreich, aber er gefiel den Delgados überhaupt nicht. Man nutzte die Gelegenheit, als die Mutter des Amerikaners in Baltimore gestorben und der junge Herr in die Neue Welt abgereist war, um am Begräbnis teilzunehmen. Die Familie löste die Wohnung auf und fuhr nach Spanien, ohne jemanden zu benachrichtigen, um so das Mädchen von jenem Don Juan zu trennen. Sie hofften, daß die Beziehung abkühlen würde, wenn er Victoria bei seiner Rückkehr nicht in Paris vorfände.

Aber George Winans erfuhr noch während seiner Reise von einem Freund, daß man Victoria aus Paris fortgebracht hatte. Er beschloß, nicht am Begräbnis seiner Mutter teilzunehmen. Auf halber Strecke stieg er in ein anderes Schiff um und tauchte überraschend in Málaga auf, meldete sich persönlich an der Haustür meiner Eltern in La Caleta und hielt um Victorias Hand an.

Als der Mann feststellte, daß die Eltern meiner Schwester nicht zu erweichen waren und die Heirat ablehnten, griff er zu einem drastischen Mittel: Er pflanzte sich mit dem Revolver in der Hand vor dem Fenstergitter auf, hielt sich die Waffe an die Schläfe und drohte damit, sich auf der Stelle umzubringen, wenn meine Eltern nicht in die Heirat einwilligten – das war ein derartiger Skandal, daß man in der Stadt monatelang von nichts anderem sprach. Jedenfalls erwies sich diese Methode als wirksam, denn wenige Monate später heirateten George Winans und Victoria in Málaga.

Ich konnte nicht zur Hochzeit kommen, weil ich damals kurz vor der Entbindung stand, ich erwartete meinen Sohn Ajit, und die Ärzte hatten mir die Reise verboten. Mir tat es sehr leid, daß ich an diesem Tag nicht bei meiner Familie sein konnte. George war Protestant, und wie ich hörte, verweigerten meine Eltern so lange die Heirat, wie er sich nicht zum Katholizismus bekehrte, denn ihnen genügte eine Tochter, die einen Ungläubigen geheiratet hatte, und sie wollten nicht erlauben, daß beide Töchter für den Glauben verloren wären. Victoria war sehr verliebt, und so konnte sie George überzeugen, seine Religion aufzugeben.

Die Zeremonie war ein großes Ereignis in der Stadt, weil Hunderte von Malagueños sehen wollten, wie dieser baumlange Amerikaner aus dem Taufbecken direkt zu seiner Erstkommunion ging und danach meine Schwester heiratete, alles an ein

*und demselben Tag und bei derselben Kirchenfeier. Der Ver-
liebte hatte vier Monate gebraucht, um den Katechismus zu
lernen!*

*Im April wurde mein Sohn geboren. Die Entbindung war
schwierig, und alle englischen Doktoren, die Krankenschwe-
stern und die indischen Krankenwärter fürchteten schließlich
um unser beider Leben. Ich betete unablässig zur Virgen de la
Victoria, der Heiligen Jungfrau vom Sieg, und flehte sie an, mich
vor einem bösen Ende zu bewahren. Als ich merkte, daß es
mir jede Minute schlechterging, empfahl ich mich ihrem Schutz
und versprach ihr einen Festmantel, wenn sie mir die Gnade
gewährte, mein Leben und das meines zukünftigen Sohns zu retten. Nach mehreren schrecklichen Stunden, an die ich mich nicht
erinnern will, hörte ich halbtot und schmerzgepeinigt, daß das
Kind weinte und die Ayahs und Diener losliefen, um die gute
Neuigkeit zu verkünden. Das ungeheure Glücksgefühl, das ich
empfand, als ich meinen Sohn sah, milderte die Qualen.*

*Seine Hoheit war über den wunderbaren Ausgang so erfreut,
daß er einen Festtag anordnete. Er befahl, an alle Einwohner der
Stadt kostenlos Essen zu verteilen, er ließ dreizehn Ehrensalven
abfeuern und füllte die Gartenteiche mit französischem Champagner, um die Geburt zu feiern.*

*Die Hellseher des Königreichs beobachteten auf Anweisung
des Maharadschas an diesem Tag die Gestirne und sagten die
Zukunft des Säuglings voraus. Sie prophezeiten, er werde ein
langes Leben, sehr großen Verstand und außerdem eine ungewöhnliche Ausstrahlung haben.*

*Die Zauberer versicherten, alles werde für ihn gutgehen, so-
lange er sich nicht aus der Umlaufbahn des Sterns seiner Mutter
entferne, denn es stehe geschrieben, daß ihm schweres Unglück
zustoßen könne, wenn er sich von der Mutter losreiße.*

*Mich erschreckten diese überaus sonderbaren Prophezeiun-
gen, und ich argwöhnte eine Verschwörung gegen meinen Sohn,
die uns aus dem Palast vertreiben und ihm auf diese Weise sein
Erbrecht auf den väterlichen Thron verweigern sollte, weil ich*

eine Ausländerin war. Darum beschloß ich, meinen Mann zu veranlassen, daß das Kind so schnell wie möglich getauft würde, weil ich wußte, daß die Sikhs keine Unterschiede der Geburt oder des Vermögens anerkennen; die Taufe wäre für ihn die beste Zukunftsgarantie.

So kam es, daß wir eine Reise in die Heilige Stadt unternahmen, als das Kind gerade erst vierzig Tage alt war.

Die Fürstenfamilie von Kapurthala begab sich in einer feierlichen und aufsehenerregenden Elefantenkarawane und in Rolls nach dem sechzig Kilometer entfernten Amritsar, wo die Priester des Goldenen Tempels meinem Sohn den Vornamen AJIT, das entspricht dem französischen »Yves«, und den Nachnamen SINGH gaben, das ist der Familienname, den alle Sikhs tragen und der ihnen, wie sie glauben, in all ihren Lebensjahren sittliche Kraft verleiht.

Von nun an war Ajit als guter Sikh verpflichtet, die fünf Hauptgebote seiner Religion zu befolgen. Und ich mußte die Verantwortung übernehmen, daß er sie sorgfältig bis zu dem Tag beachtete, an dem er selber dafür sorgen konnte.

Seine Hoheit beschloß deshalb, für mich eine Liste der Sikh-Gebote zusammenzustellen. Das machte er eigenhändig in einem merkwürdigen, für diesen Zweck hergestellten leeren Buch, das ich immer aufgehoben habe. Es hat einen blauen Einband, und auf dem Deckel ist das goldene Wappen Kapurthalas eingraviert. Der Text ist in der vollendeten Kalligraphie des Maharadschas geschrieben; darin erklärt er mir in einem überkultivierten Französisch, wie wichtig es sei, daß ich meine neue Verpflichtung als Mutter eines Sikhs niemals vergäße.

Das hatte er notiert:

»– Prem Kaur, die Maharani von Kapurthala, soll darüber wachen, daß niemand Seiner Königlichen Hoheit, dem Prinzen Ajit Singh, jemals ein einziges Körperhaar abschneidet. Sein Haar muß hochgesteckt, oben am Kopf zu einem Knoten vereinigt und von einem Turban bedeckt werden. Wenn ihm der Bart wächst, muß er nach oben gekämmt und mit demselben Knoten wie sein übriges Haar zusammengebunden werden. Das muß man befolgen, und es wird ihm Kraft und Disziplin geben. Das nennt man KES (›Haar‹).

– Prem Kaur, die Maharani von Kapurthala, soll darüber wachen, daß Seine Königliche Hoheit, der Prinz Ajit Singh, zeitlebens den Reif aus massivem Eisen trägt, der sein Handgelenk seit dem Tag seiner Taufe umschließt. Immer wenn der Prinz etwas gewachsen ist, wird man den Armreif durch einen anderen, breiteren ersetzen. Das wird ihm Mut, Standhaftigkeit und Tapferkeit bei Mißgeschicken geben. Das muß man befolgen. Und das nennt man KARA (›eiserner Armreif‹).

– Prem Kaur, die Maharani von Kapurthala, soll darüber wachen, daß Seine Königliche Hoheit, der Prinz Ajit Singh, immer einen Kamm aus Tierknochen bei sich trägt, damit er seine unter dem Turban liegenden Haare kämmen kann. Das soll ihn an Sauberkeit und Ordnung gewöhnen. Es wird ihn in Geduld üben. Das muß man befolgen. Und das nennt man KANGA (›Kamm‹).

– Prem Kaur, die Maharani von Kapurthala, soll darüber wachen, daß ihr Sohn, der Prinz Ajit Singh, immer die lange und enge weiße Hose trägt, welche die Sikhs von ihren Vorfahren übernommen haben. Sie waren tapfere Krieger, die für die Freiheit gekämpft haben. Dies soll man zu ihrem Gedenken und voller Stolz tun. Das muß man befolgen, und das nennt man KACHHA (›Hose‹).

– Ebenso soll Prem Kaur, die Maharani von Kapurthala, darüber wachen, daß ihr Sohn, der Prinz Ajit Singh, zeitlebens am Gürtel seiner Kachha den Dolch der Rache trägt, den ein guter Sikh immer und an jedem Ort bei sich haben muß. Er wird ihn schützen und ihm helfen, wenn der Tag der Befreiung kommt. Das muß man befolgen. Und das nennt man KIRPAN (›Dolch‹).

Kes, Kara, Kanga, Kachha und Kirpan sind die fünf Gebote, die jeder Sikh befolgen muß. Alle fünf beginnen mit dem Buchstaben K, und er ist auch der Anfangsbuchstabe des Wortes KHALISTAN, das im Urdu »das Land der Reinen« bedeutet.

Dieser Name und diese Sprache kennzeichnen das Volk der Sikhs, das aus tapferen Männern der Kriegerkaste besteht und dessen Land das Gebiet der das Pandschab durchziehenden fünf Flüsse umfaßt. Khalistan wird am Tag der Rache entstehen, und damit wird unser Volk endgültig befreit.

Da das alles jedoch für einen jungen, erst wenige Jahre alten Prinzen zu schwierig ist, soll Prem Kaur, die Maharani von Kapurthala, darüber wachen, daß ihr kleiner Sohn alle fünf Gebote der Sikh-Religion und jedes einzelne von ihnen achtet, damit sie ihn zum treuesten Gläubigen erzieht und damit sein Herz die Wünsche und Hoffnungen seiner Vorfahren bewahrt.«

Alles, was mein Mann, der Maharadscha, in dem Buch geschrieben hatte, war gewiß sehr wichtig für die Zukunft meines Sohnes als guter Sikh, mir aber ging seit seiner Geburt nur ein Gedanke im Kopf herum: daß ich meiner Heiligen Jungfrau vom Sieg etwas gelobt hatte, wenn ich die Entbindung gut überstand. Und nun war mein christliches Seelenheil in Gefahr, wenn ich mein Gelübde nicht getreulich erfüllte. Sobald ich dazu in der Lage war, wollte ich mit meinem Gewissen ins reine kommen und die Jungfrau zufriedenstellen. Hierfür bat ich Madame Dijon um Hilfe.

»Ich möchte einen Brief nach Paris schicken, an die Firma Paquin, die die Festmäntel für den Schah von Persien herstellt, und sie bitten, für mich einen ganz besonderen Auftrag auszuführen.«

»Wollen Sie vielleicht ein neues Abendkleid?« fragte Madame neugierig.

»Nein. Diesmal ist es nicht für mich ... sondern für eine andere Frau.«

»Ich kann nicht erraten, wer die Glückliche sein mag«, erwiderte sie und riß ihre stark geschminkten Augen weit auf.

»Sie, Madame, können sie nicht kennen, mein Auftrag besteht nämlich darin, einen mit Gold und Edelsteinen besetzten Mantel für die Heilige Jungfrau vom Sieg anzufertigen, das ist die Schutzpatronin meiner Heimatstadt. Mein Wunsch ist, ihr und meinen Landsleuten dieses Geschenk zu machen. So wird sich unsere Heilige Jungfrau bei ihrem Fest als die schönste in ganz Spanien zeigen.«

Die Französin staunte und traute ihren Ohren nicht, und darum setzte ich mit meinem andalusischen Akzent hinzu, der sie, wie ich wußte, noch mehr verwirrte:

»... Und's is' noch zuwenig für sie ... Mit Diamanten würd' ich sie bekleiden, denn weiß Gott, meine Heilige Jungfrau is' überhaupt nich' groß!«

So geschah es. Die Heilige Jungfrau bekam ihren Mantel aus Frankreich. Allerdings erfuhr ich später, daß sie ihn nie anziehen konnte, denn offenbar behauptete ein unredlicher Mensch, man wisse, woher der prächtige Mantel stamme, sicherlich habe ihn ein heidnischer König bei irgendeiner ketzerischen Zeremonie verwendet. Die Heilige Jungfrau vom Sieg dürfe kein Kleidungs-stück tragen – wie kostbar es auch sei –, das ein Ungläubiger bei wer weiß welchem ruchlosen Kult benutzt hätte, und darum sei es besser, so etwas ins Meer zu werfen ... Zum Glück war der Herr Bischof ein gebildeter Mann und ordnete an, die Sache ruhenzulassen und den Mantel zu verwahren. So wurde denn mein liebevolles Geschenk in der Sakristei abgelegt und ver-gessen.

Es verging viel Zeit, und ich mußte erst persönlich in Málaga erscheinen und eine Erklärung verlangen, bis man dort erfuhr, daß diese Geschichte nichts als die Ausgeburt der Unwissenheit und des Neids derjenigen war, die mich haßten. Endlich kam die Wahrheit ans Licht, und nachdem mein Geschenk über fünf-zehn Jahre in einem Winkel gelegen hatte, durfte es den ihm ge-bührenden Platz einnehmen.

Bei meiner letzten Reise nach Málaga konnte ich es mir an-sehen, es war im Museum zusammen mit anderen religiösen Gegenständen von unschätzbarem Wert ausgestellt, und ich be-wunderte die sorgfältigen Stickereien und Goldschmiedearbei-ten. In den Werkstätten an der Rue de la Paix hatte man dafür beinahe ein Jahr gebraucht. Ich weiß, daß die Heilige Jungfrau mein Gelübde verstanden und mein Geschenk gewürdigt hat,

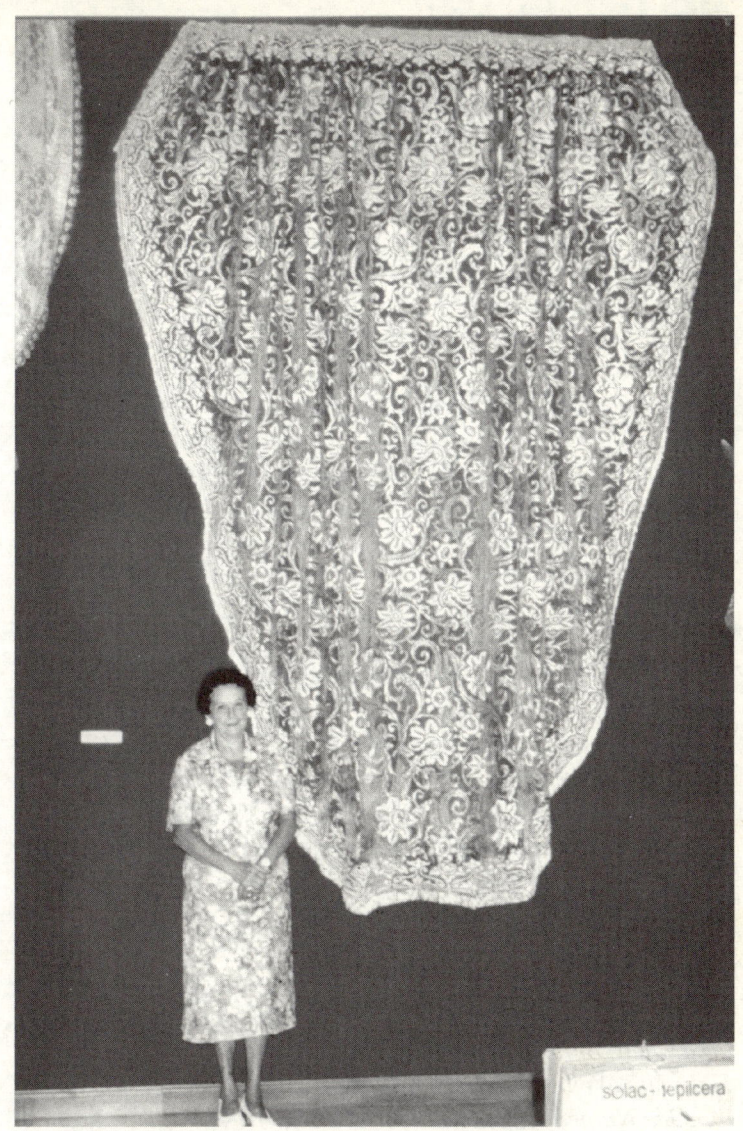

Der Mantel der Heiligen Jungfrau vom Sieg, den Anita Delgado im Jahre 1909 der Kathedrale von Málaga schenkte

obwohl sie es nie tragen durfte, wie ich es mir gewünscht hätte, aber wenigstens wissen die Leute in Málaga heute, daß mir diese Spende als Gegengabe für eine mir gewährte Gunst zu verdanken ist und daß sie eigens für diesen Zweck bestellt und angefertigt wurde.

Da ich gerade von Ketzereien spreche: Damals gab es wirklich eine solche Geschichte, und ich habe es nie gewagt, jemandem von ihr zu erzählen.

Sie hatte mit meiner Mutter und meinem kleinen Sohn zu tun und geschah während unserer ersten Parisreise nach der Geburt des Kindes. Meine Eltern waren über ihren einzigen Enkel entzückt, sie küßten und umarmten ihn unaufhörlich, und Joaquina nannte ihn »mein Inderchen«. Auch Victoria, die ihr erstes Kind erwartete, sah ihn ständig an und drückte ihn, als wäre er ein Spielzeug. Dabei dachte sie vielleicht daran, bald selbst etwas Ähnliches in den Armen zu halten, ihr eigen Fleisch und Blut.

Jedenfalls paßte den spanischen Großeltern die indische Taufe ihres Enkels überhaupt nicht, und sie waren nicht im mindesten damit einverstanden. Obwohl ich ihnen nachdrücklich erklärt hatte, daß alles in Ordnung sei und daß das Kind die Religion seines Vaters annehmen werde, regte sich meine Mutter ungeheuer auf, denn es ging ja um etwas so Ernstes wie das Seelenheil oder die ewige Verdammnis. Darum beschloß meine Mutter, nachdem sie lange über das Problem nachgedacht hatte, insgeheim und allein die Initiative zu ergreifen: Als wir den Säugling in Paris zum erstenmal ihrer Obhut überließen, nahm sie meinen Sprößling und ging mit ihm in die Kathedrale Notre-Dame, ohne jemandem etwas zu verraten. Im Handumdrehen, ohne Vorbereitungen oder Gebete, taufte sie ihren Enkel im Weihwasserbecken gleich am Eingang. Und sie gab ihm den Namen Ángel, wie sein Großvater ... für alle Fälle, man weiß ja nie.

Ich habe mich nie getraut, meinem Mann diese Sache zu beichten, und ich nahm auch den übrigen das Versprechen ab, es

Anita und ihr Mann, der Maharadscha von Kapurthala, 1908 bei einem Spaziergang in Biarritz

ihm niemals zu sagen, denn ich wußte, daß es ihn gewaltig ärgern würde, und wenn man es recht bedenkt ... Ich glaube nicht, daß ein bißchen Weihwasser einem Sikh schaden kann.

Die Zeit verging. Seine Hoheit, der Maharadscha, und ich waren in Europa einigermaßen berühmt geworden. Darum erwartete uns bei unserer Ankunft immer ein Schwarm Photographen am Schiff oder Flugzeug. Sie stellten uns ganz unverschämte Fragen über unser Privatleben. Das mißfiel meinem Mann so sehr, daß er mir schließlich verbot, Presseerklärungen abzugeben, denn er konnte nicht begreifen, aus welchem Grund wir soviel Neugier heraufbeschworen.

Wir waren so bekannt, daß mich ein bedeutender, gewiß ziemlich boshafter spanischer Operettenautor ins Lächerliche zog ... Und die französischen Zeichner von Comic strips karikierten meinen Mann; sie stellten ihn als ungeheuer dick und *mit vielen großen Smaragdketten dar, deren Glanz die Augen blendete.*[1]

Ich dachte, wenn ihn die Zeichner so abbildeten, hätten sie nicht ganz unrecht, denn ich erinnerte mich gut an das erste Mal, als ich Seine Hoheit an der Ecke der Calle Montera und der Puerta del Sol gesehen und es mich sehr erstaunt hatte, daß der Mann mit so vielen Smaragd-, Perlen- und Diamantketten behängt war. Aber wenn man zusammenlebt, nimmt man schließlich alle Gewohnheiten des anderen an, und der Geschmack an diesem Glitzerkram übertrug sich schließlich auf mich, so daß ich allmählich eine Schmucksammlung mit hübschen und wertvollen Stücken zusammentrug.

Ich erinnere mich, daß ich 1909 einen schönen Smaragd entdeckte, den ich um jeden Preis haben wollte.

Der Stein gehörte zum Aufputz für den Kopf des ältesten Palastelefanten, er war so etwas wie ein mohammedanischer Talisman, um das Tier zu schützen. Als ich das erste Mal auf diesen Elefanten stieg, um an einem Festzug der Familie von Kapurthala teilzunehmen, fiel mir der Smaragd auf, der am seidenen Zaumzeug in Augenhöhe aufgenäht und mit Perlen umgeben war. Er hatte die Form eines Halbmonds und war unbearbeitet. Ich war ganz verrückt nach ihm, denn ich dachte, es sei schade, daß ein Elefant einen solch schönen Stein trug, und ich erbat ihn vom Maharadscha. Doch er antwortete, er sei zu groß und plump, und meinte, ich könnte ihn nicht als Schmuckstück benutzen.

Ich bestand so sehr darauf, diesen Stein geschenkt zu bekommen, daß der Maharadscha sagte, er werde ihn mir an dem Tag geben, an dem ich gut Urdu sprechen könne. Um meinen Halb-

---

1 Es handelt sich um Felipe Pérez y González, der unter anderem das Libretto der Operette *La Gran Vía* verfaßt hat. Er schrieb ein Sonett auf Anita Delgados Hochzeit, und dieses Gedicht wurde gedruckt und am 31. Januar 1908 auf den Straßen Madrids verteilt.

Die hier gemeinten Bilder sind die berühmten Comics, die Hergé für *Les aventures de Tintin* (»Tim und Struppi«) gezeichnet hat. Dort erscheint ein Maharadscha, der von Anitas Mann inspiriert wurde, wie der Autor selbst erklärt hat.

mond zu gewinnen, lernte ich so fleißig, daß ich ganze Nachmittage im Schlafzimmer studierte, wo lediglich die Fächler[2] bei mir waren. Doch weil die Sache so schwierig war, machte ich nur sehr langsame Fortschritte.

Als mein neunzehnter Geburtstag näher kam, fragte mich der Maharadscha, was ich für ein Geschenk haben wollte. Ganz dreist fuhr ich ihn an: »Nur eines möchte ich unbedingt haben. Und das wißt Ihr schon, Hoheit, also braucht Ihr Euch nicht den Kopf über mein Geschenk zu zerbrechen, es ist in Eurem Besitz und wird für mich die größte Freude sein.« Der Fürst antwortete nicht, aber am Geburtstag stürmte er sehr früh in mein Schlafzimmer. Ihm folgte der alte Schatzmeister des Palastes, der ein großes Silbertablett mit einem Päckchen in der Mitte trug. Ich machte es auf und stellte freudig fest, daß darin der ersehnte Halbmond lag. Jubelnd und dankbar warf ich mich in die Arme meines Mannes. Er erklärte: »Nun darfst du sagen, daß du den Mond vom Himmel geholt hast, du launische Kleine, obwohl es mir schwergefallen ist, ihn dir zu schenken, denn heute nacht auf deinem Fest kannst du mein Geschenk ja nicht tragen, wie ich es gewünscht hätte. Aber es freut mich, daß du zufrieden bist.«

Als ich wieder allein war, prüfte ich den prächtigen Stein genau. Er war riesengroß und hatte eine feine goldene Fassung. An den Kanten entdeckte ich zwei kleine Öffnungen. Äußerst vorsichtig konnte ich ein winziges Loch bohren und zwischen Fassung und Stein ein Goldfädchen durchziehen.

An diesem Abend erschien ich auf dem Fest mit dem Geschenk meines Mannes auf der Stirn, wie es sich der Maharadscha gewünscht hatte, und äußerst stolz führte ich mein neues Juwel vor.

2 Diener, die in der heißen Jahreszeit den ganzen Tag riesige feuchte Baumwollstücke rhythmisch bewegten. Diese hingen von der Decke und sollten in den Palastgemächern für frische Luft sorgen. Den Dienern war es verboten, mit den Familienmitgliedern zu sprechen, und in vielen Fällen schnitt man ihnen die Zunge ab, damit sie das Gehörte nicht weitererzählen konnten.

Von 1910 an war es vorbei mit dem geruhsamen Palastleben, ständig packten wir ein und aus, eine Reise folgte auf die andere. Ajit blieb den ganzen Winter bei seinen Kindermädchen – seinen Nannies – und seinen Dienern in Kapurthala, und wenn die heißen Monate nahten, brachte man ihn nach Mussoorie, einem Palast in den Bergen, wo wir drei bis vier Monate des Jahres wohnten.

Aus protokollarischen Gründen gingen die ersten Reisen in die benachbarten Fürstentümer, dann aber folgten mehrmonatige Fahrten nach Europa und Nordafrika. 1913 begannen wir drei lange Indienrundreisen, die bis zum Ausbruch des Ersten Weltkriegs in Europa dauerten. Nach dem Krieg fuhren wir wieder durch Europa, und wir besuchten auch Philadelphia und Argentinien.

Bei einer von meinen ersten Reisen kam es zu einer lustigen kleinen Geschichte, die ich immer wieder gern erzähle, denn sie war wirklich merkwürdig und sehr witzig.

Wir wollten einen offiziellen Besuch im benachbarten Pandschab-Fürstentum Jind abstatten, wo uns der Nawab[3] mit großen Ehren und Festlichkeiten begrüßen würde.

Bevor wir Kapurthala verließen, warnte mich der Maharadscha, daß der Monarch, der uns empfangen würde, für seine konservative Haltung bekannt sei, und weil er ein schiitischer Mohammedaner war, sollten wir aus Ehrerbietung in seiner Gegenwart auf Schweinefleisch und Alkohol verzichten, denn beides sei den Gläubigen seiner Religion verboten.

Der Gong rief zum Abendessen, und wir alle betraten den Speisesaal. Der Raum beeindruckte mich, denn sämtliche Möbel – selbst die Stühle und der Tisch – waren aus massivem Silber und das Besteck und die Gefäße aus Gold. Wir sahen, daß die Tischplätze bereits verteilt waren und daß man für mich einen

3 Titel der mohammedanischen Fürsten in Indien, er steht im Rang unter dem des *Nizam*, entspricht jedoch dem Hindu-Titel *Maharadscha*.

Platz bestimmt hatte, der sich weit von dem meines Mannes ent-
fernt und rechts vom Nawab befand.

Zu meiner Überraschung waren zahlreiche Ausländer einge-
laden, und es gab ein beinahe internationales Menü. Der Nawab
hatte sich mit einer verschwenderischen Fülle von Türkisen
geschmückt, die in Gold gefaßt waren. Diese Steine bringen
Glück, wie die Schiiten glauben. Der Nawab erwies sich als ein
sehr gesprächiger und angenehmer Tischnachbar, der es überaus
lustig fand, wie und mit welchem Akzent ich versuchte, mich in
Urdu auszudrücken.

Die Diener kamen nun mit den Speisen vorbei, und mit den
Blicken verschlang ich ein paar riesige Platten voll köstlicher
gebratener Schinkenscheiben. Von allen Gängen des Festmahls
hatte ich am meisten darauf Appetit. Da ich jedoch an die Rat-
schläge meines Mannes dachte, lehnte ich wohlerzogen ab, als
man mich bedienen wollte: Merci, non. *Mein Nachbar hingegen*
ließ sich den Teller mit dem, was auf der Platte lag, reichlich füllen.

Nach dem Fleisch erschienen die Diener mit den Getränken
und füllten die Gläser mit Champagner. Ich erinnerte mich wie-
der an die Worte meines Mannes, reagierte wie zuvor und lehnte
den Alkohol ab. Der Nawab allerdings ließ sich diesmal nicht
nur sein Glas randvoll füllen, sondern brachte auch einen Trink-
spruch aus, leerte das Glas in einem Zug und verlangte, daß man
es wieder füllte.

Da ich mich über diese sonderbaren Vorgänge wunderte, rang
ich mich zu der Kühnheit durch, unseren Gastgeber um eine
Erklärung zu bitten.

»Verzeiht, Hoheit, doch mich beschäftigt eine neugierige
Frage, und ich möchte Euch um eine Auskunft bitten.«

»Sprecht, Maharani«, antwortete er sogleich.

»Wie kommt es, daß Eure Hoheit Schinken und Champagner
zu Euch nehmen, wo beides doch, wie ich erfahren habe, von der
Religion verboten wird, zu der Ihr Euch bekennt? Hat Eure
Exzellenz hierfür etwa eine besondere Erlaubnis?«

Der überraschte Nawab ließ schallendes Gelächter hören.
Danach antwortete er komplicenhaft und liebenswürdig: »Nein,

Maharani. Keine Erlaubnis. Ich übe lediglich meine Macht aus:
Ich gebe den Speisen und Getränken einen anderen Namen!«
gestand er mir augenzwinkernd. »… Und da das Schwein zum
Fasan und der Champagner zur französische Limonade umge-
tauft wurde, ist es ganz und gar unmöglich, daß ich sündige!«
setzte er vergnügt hinzu. »Konnten wir so Ihre weibliche Neugier
befriedigen, schöne und junge Maharani?«

Darauf antwortete ich mit einem schelmischen Lächeln:
»Bien sûr, Altesse! Doch könnten Sie mir vielleicht die Ehre er-
weisen, Speisen und Getränke für mich zu taufen? Damit würdet
Ihr mir einen außerordentlichen Dienst leisten, und auf diese
Weise bliebe auch ich ohne jeden Zweifel ganz frei von Sünde.«

Unser Gastgeber lachte herzlich und befahl den Dienern, mei-
nen Teller und mein Glas zu füllen, und von diesem Augenblick
an aß ich voller Appetit und tat so, als sähe ich nicht die wüten-
den Blicke, die mein Mann, der überhaupt nichts verstand, mir
von der anderen Tischseite aus zuwarf, weil ihn mein ungewöhn-
liches Benehmen erstaunte.

LIEDER UND GEDICHTE · SEHR GEEHRTER DON
NARCISO ... · KRIEG IN EUROPA · BESUCH AN DER
FRANZÖSISCHEN FRONT · VICTORIA HAT PRO-
BLEME · GEORGE WINANS' VERRAT · VICTORIAS
KINDER

*Einige Monate nach der Geburt meines Sohns wurde mir eine
große Überraschung zuteil: Aus Málaga erreichten mich ein
Brief und ein Paket von Narciso Díaz de Escobar, meinem
früheren Lehrer an der Schauspielschule, der meine Eltern besucht und von ihnen meine Adresse erfahren hatte. Der Lehrer
gratulierte mir zu meinem Mutterglück und legte zur Erinnerung ein paar von meinen Schularbeiten bei, Lieder und Coplas,
die ich verfaßt hatte, als meine Schwester und ich noch kleine
Mädchen waren und an seiner Schule in der Mitjana-Passage
lernten.*

*Er schickte mir auch eine Postkarte, auf der er von der Stadt
und den Leuten erzählte, die ich kannte. Er sagte, er würde sehr
gerne Neues von mir und über das ferne Land erfahren, in dem
ich nun als Herrscherin lebte.*

*Voller Rührung betrachtete ich meine kindliche Schönschrift,
die mich an zahlreiche Erlebnisse an jenen glücklichen Nach-
mittagen meiner Kindheit erinnerte.*

*Hocherfreut antwortete ich ihm am 21. Juni 1908, gleich nach-
dem ich das Paket in London erhalten hatte:*

... heute habe ich Ihren Brief vom ersten Mai erhalten. Sie
können sich nicht vorstellen, wie sehr es mich gefreut hat,
von Ihnen zu hören. Ich danke Ihnen vieltausendmal für
Ihren Entschluß, mir zu schreiben. Meine Familie kommt im
August nach Málaga, und sie wird Ihnen einen Besuch machen. In einer oder zwei Wochen schicke ich Ihnen ein Photo,
denn das habe ich in Paris, und jetzt bin ich in London. Und

auch eines von meinem Mann. Es freut mich, daß Ihre Schule weiter erfolgreich ist. Soviel für heute. Mit freundlichen Grüßen von Ihrer ehemaligen Schülerin

Anita Delgado, heute Fürstin von Kapurthala

Der Briefwechsel, der sich nun zwischen dem alten Lehrer und der Maharani entwickelt, wird mehrere Jahre fortgesetzt. Eine merkwürdige und sehr persönliche Korrespondenz, in der sich zahlreiche vertrauliche Mitteilungen, Hilfeersuchen, Bitten um Gefälligkeiten und Aufträge finden.

In der Art, wie sich Anita ausdrückt, wird von 1909 an spürbar, daß sie die spanische Sprache immer unvollkommener beherrscht, was sie sehr bedrückt. Sie versucht, das zu rechtfertigen: Sie besitze nur geringe Kenntnisse in der spanischen Grammatik und habe kaum die Schule besucht, außerdem gebrauche und studiere sie täglich sehr viele und ganz unterschiedliche Sprachen. Anita erklärt in mehreren Briefen, es falle ihr immer schwerer, sich auf spanisch auszudrücken, das sei ein ernstes Problem und komme daher, daß sie ihre Muttersprache nur zum Schreiben benutze. Das geht so weit, daß sie im Jahre 1910, in einem schwer zu entziffernden Brief, Don Narciso um mehrere Bücher bittet, weil sie alles tun will, was in ihren Kräften steht, um ihr Spanisch nicht zu vergessen:

... Heute schreibe ich Ihnen von einer anstrengenden Reise, wir reiten und laufen schon seit vier Tagen, jeden Tag legen wir zwölf oder dreizehn Meilen im Sattel zurück, und die Nacht verbringen wir in Zelten, die mitten auf freiem Feld aufgestellt werden, und das nur für eine Nacht.

Gestern haben wir einen alten Tempel besucht, der den Hindus dieses Landes gehört und schon ganz zerstört ist. Er wurde im 15. Jahrhundert unserer Zeitrechnung erbaut, und er ist zweifellos ein höchst interessanter Anblick. Die Ruine liegt auf einem sehr hohen Berg, der eine unermeßliche Ebene überragt, die man hier die Hochebene von Kaschmir nennt.

Wir haben auch einen alten Palast besucht, er wurde vor drei Jahrhunderten erbaut. In diesem Palast gibt es so etwas wie eine Berghöhle. Wenn man sie betreten will, muß man sich die Schuhe ausziehen, nachdem man zehn Minuten gelaufen ist, die halbe Zeit gebückt. Schließlich erblickt man das Nischengrab des Fürsten, der den Palast errichtet hatte. Das ist ebenfalls ein sehr interessanter Anblick, vor allem weil die Fürsten noch vor ihrem Tod die Gräber bauen ließen.

Morgen gehen wir auf Bärenjagd. In meinem nächsten Brief erzähle ich Ihnen mehr davon. Heute haben wir einen ganz eigentümlichen See besucht, in dem es Tausende und Abertausende Fische gibt, die niemand anrühren darf, weil sie heilig sind. Wie kann man glauben, daß diese Fische von dem leben, womit die Reisenden sie füttern!

Was halten Sie von der Entdeckung des Nordpols?

Ich möchte, daß Sie mir eine Geschichte Spaniens schicken, damit ich sie gründlich lesen kann, und auch den »Don Quijote«. Wenn Sie das nicht haben, lassen Sie es mir durch die Buchhandlung in der Straße besorgen, in der ich gewohnt habe, ihren Namen weiß ich nicht mehr, und außerdem ein paar Erzählungen und Bücher, denn hier habe ich nichts zu lesen. Teilen Sie mir mit, wieviel es Sie gekostet hat. Bestellen Sie alles bei der Buchhandlung. Ich wäre Ihnen dankbar, wenn Sie es mir ganz schnell schicken könnten, denn ich glaube, sonst verlerne ich mein Spanisch, weil ich hier mit niemandem reden kann.

Soviel für heute. Liebe Grüße von Ihrer Freundin

Anita Prem Kaur von Kapurthala

Die Briefe, die Anita an Don Narciso schickt, erlauben uns oft, die Meinung und sogar die politischen Ansichten der Fürstin über gewisse Ereignisse in Spanien und der ganzen Welt kennenzulernen, die auf sie einen großen Eindruck machten:

… bestimmt haben Sie in den Zeitungen gelesen, daß ein Franzose den Ärmelkanal im Flugzeug überquert hat, er hat 25 Minuten gebraucht. Das hat ungeheures Aufsehen erregt, denn man behauptet, nun gebe es keine Insel mehr oder sonst etwas. Alle Tage veranstalten sie Wettflüge, um festzustellen, wer am schnellsten ist. Na, ich sehe schon, bald fliegen alle durch die Luft. Außerdem ist es einem Amerikaner gelungen, den Nordpol zu entdecken. Ich glaube, die Welt macht ungeheure Fortschritte. Ich glaube auch, daß der Krieg zwischen Spanien und Marokko nicht mehr lange weitergehen wird, denn Marokko ist ja ein noch wildes Land. Was für Sachen in Barcelona passiert sind! Ich meine, der spanische König hat sehr gut daran getan, die Soldaten auf das Volk schießen zu lassen …[1]

Andere Briefe schildern wichtige Zeremonien, wie etwa die Hochzeit des ältesten Sohns des Maharadschas, die Empfänge des Vizekönigs oder den Großen Durbar von Delhi, der 1911 stattfand und an dem Anita teilnahm. Dabei handelte es sich um die feierliche Kaiserkrönung von Georg V. und seiner Gattin Mary. Kapurthala beteiligte sich wie die übrigen Königs- und Fürstenhäuser Indiens monatelang an den fieberhaften Vorbereitungen für die große Krönungszeremonie: Festtrachten, Fahrzeuge, Paraden, Juwelen und sonstige Einzelheiten, die man bei den Feiern vorführen wollte, waren das vorrangige Gesprächsthema bei allen Zusammenkünften. Das Bild eines märchenhaft reichen Indiens sollte vorgestellt werden, und das Herrscherhaus von Kapurthala wollte

1 Dieser Hinweis bezieht sich auf die sogenannte »Tragische Woche« in Barcelona, zu der es im Juli 1909 kam: Die Armee ging gegen das Volk vor, und dabei gab es Tote und Verletzte. Mit dem Aufstand protestierte man gegen die Einschiffung von Reservistentruppen, die im Marokkokrieg kämpfen sollten. Wegen dieses Aufstands verurteilte ein Kriegsgericht den katalanischen Pädagogen und Anarchisten Francisco Ferrer Guardia, den Begründer der »Modernen Schule« in Barcelona, zum Tode und richtete ihn in der Festung Montjuich hin.

stolz seine Rolle in der von der Krone geplanten Parodie spielen.

Die Anlagen, die man für den Großen Durbar aufbaute, erreichten solche Ausmaße, daß der Vizekönig nach dem Ende der Krönungsfeierlichkeiten beschloß, sie nicht ungenutzt zu lassen. Er beauftragte Sir Edwin Lutyens, sie zu verwenden, um in der Umgebung Delhis eine Kaiserstadt zu projektieren. Daraus sollte bald die neue Hauptstadt der Kolonie entstehen, und deshalb gab ihr Lutyens selbst den Namen Neu-Delhi.

Die Maharani von Kapurthala nahm an allen Feierlichkeiten des Durbars teil, die sie sehr beeindruckten, wie man der Darstellung in ihren Memoiren entnehmen kann:

Niemand sprach in jenem Herbst von etwas anderem.

Es hieß, der Nizam von Hyderabad hätte Fabergé mit einer Nachbildung der Fassade seines Palastes aus Gold und Edelsteinen beauftragt, um den Pavillon seines Königshauses auf dem Durbar von Delhi zu schmücken ... und der Maharadscha von Patiala hätte Monsieur Jacques Cartier aus Paris kommen lassen: Er sollte für ihn mit den Edelsteinen des Kronschatzes – dazu gehörte der vierhundertachtundzwanzigkarätige De-Beers-Diamant – eine große Festkette entwerfen, die er auf dem Durbar tragen wollte.

Es war ein denkwürdiger Anblick: insgesamt vierzigtausend Pavillons, um die Teilnehmer aller Herrscherhäuser Indiens und ihre europäischen Gäste aufzunehmen, dazu Gärten, in denen man Rosen mit den Farben jedes Reichs gepflanzt hatte, Schwimmbecken, Parks, Pologelände, Pferde- und Elefantenställe, Abstellplätze für Landauer, Fuhrwerke und Autos – und die sechsunddreißig Bahnhöfe für die Privatzüge der Monarchen!

Gott allein weiß, wieviel Geld diese Pracht gekostet hat, mit all den Residenzen, Speisesälen, Rauchzimmern und Salons. Jeder gibt sich die größte Mühe, als der Reichste und Mächtigste zu gelten. Nie im Leben konnte ich so viele goldene Throne bewundern, so viele mit Edelsteinen geschmückte Elefanten, so viele Karossen aus massivem Silber ... und die Rolls! Niemals, bei keinem anderen Ereignis, hat man so viele Rolls Royce auf einmal gesehen.

Der Durbar von Delhi mit seinen Festen, seinen Zeremonien und seiner Pracht erregte Anitas Bewunderung so sehr, daß sie Don Narciso um Hilfe bat, »in gutem Spanisch« einen kleinen Artikel zu redigieren, »dessen Autorin ich selbst bin«. Er hatte den Titel »Aus Indien für mein Heimatland«. Sie ersuchte den Lehrer, sich nach Kräften zu bemühen, den bearbeiteten Text in einer Zeitschrift oder Zeitung Málagas unterzubringen:

Kapurthala, den 19. 12. 1911

Sehr geehrter Don Narciso,
heute schicke ich Ihnen ein paar Zeilen mit, und ich bitte Sie, wenn es Ihnen keine Umstände macht, sie in einer Zeitung Málagas zu veröffentlichen. Wie Ihnen bekannt ist, habe ich nie etwas geschrieben, und darum weiß ich nicht, ob meine Eindrücke so klar ausgedrückt sind, daß man sie verstehen kann. Wenn es Sie nicht stört, möchte ich, daß Sie mein Spanisch korrigieren und den Text dann herausbringen, denn ich glaube, daß die Einzelheiten, die ich selbst aufgeschrieben habe, für meine Landsleute interessant sind, und daß man daran erkennt, daß ich meine Heimat nicht vergesse. Antworten Sie mir postwendend, ob Sie mir die große Freude machen, den Text drucken zu lassen und mir eine Zeitung mit meinem Namen unter dem Text zu schicken. Für den Fall, daß man meinen Artikel veröffentlicht, schicke ich Ihnen diese zwei kleinen Photographien, die ich selbst gemacht habe, außerdem kann man auch das Bild von mir nehmen, das Sie schon haben. Falls es Geld kostet, die Photographien abzubilden, sagen Sie es mir, und ich schicke Ihnen, was notwendig ist, ebenso die Postkarte vom Zeltlager, die für die Zeitung gewiß hochinteressant ist. Nun, ich möchte, daß Sie alles tun, was in Ihrer Macht steht, um mir diese Gefälligkeit zu erweisen.
Soviel für heute. Ich danke Ihnen im voraus. Ihre Freundin
Anita

Vergessen Sie nicht meinen Namen unter dem Artikel. Ich wünsche Ihnen ein frohes Fest. Große Sorgen mache ich mir wegen meiner Schwester, und ich habe an nichts eine Freude.

Der Artikel erschien in *La Unión Mercantil* und fand ein gewisses Echo, das sich mehr aus Neugier auf die Autorin als aus dem Inhalt erklärte, denn alle Zeitungen und Zeitschriften hatten das Thema der prachtvollen Kaiserkrönung in Delhi im Verlauf der letzten Wochen ausführlich behandelt. Aber allein die Tatsache, daß Anita die Autorin war, weckte in Málaga die größten Erwartungen, beschäftigte sich doch die ganze Stadt mit allen möglichen Hirngespinsten, Klatschgeschichten und meist haltlosen Kommentaren über die Fürstin und das Leben, das sie in Kapurthala wohl führte.

Der Lehrer bat Anita daraufhin, auch ihm einen besonderen persönlichen Gefallen zu tun: Sie möge ihm ausführliche Informationen über Indien schicken, weil dieses Land ihn sehr interessiere. Hierfür stellte er einen Fragebogen zusammen, der eine Reihe von klaren und eindeutig definierten Fragen enthielt. Die meisten von ihnen betrafen das Palastleben, die gesellschaftlichen Verhältnisse, das Einvernehmen zwischen Anita und den anderen Gattinnen des Maharadschas sowie die religiösen und kulturellen Sitten und Bräuche im Pandschab.

Die Fürstin erbat die Erlaubnis ihres Gemahls, einen Ausländer über die Angelegenheiten des Staates zu informieren. Danach beantwortete sie sorgfältig alle Fragen, allerdings ohne übermäßigen rhetorischen Aufwand. Sie nahm die Aufgabe ernst und dachte ausführlich über die Antworten nach. Diese schickte sie ihm in drei langen Briefen, in denen sich Anita als privilegierte ausländische Beobachterin mit der orientalischen Welt beschäftigt und merkwürdige Werturteile abgibt:

Mussoorie, den 29. Oktober

Sehr geehrter D. N.,
ich habe Ihren Brief erhalten, in dem Sie mir mitteilen, daß Sie meine Familie nicht gesehen haben. Die Angaben, um die

Sie mich bitten, schicke ich Ihnen mit. Aber es ist sehr schwer, gründliche Informationen zu erhalten, denn in Indien gibt es nicht nur eine Sprache, sondern eine ganze Million, jeder hat seine eigene. Doch das wenige, was ich weiß, teile ich Ihnen mit.

1. Frage: Hier leben dreihundert Millionen Einwohner.

2. Frage: Die Armee ist britisch, aber die Fürsten unterhalten eigene Armeen. Allerdings kann England gegebenenfalls mit ihrer Unterstützung rechnen. Man darf nicht mehr als 200 Patronen kaufen. Es ist nicht erlaubt, ohne englische Genehmigung mehr zu erwerben.

3. Frage: Die Männer, ein Fürst genauso wie ein Diener, haben das Recht, so viele Frauen zu nehmen, wie sie wollen. Doch die Kinder sind immer Geschwister, zwischen ihnen gibt es keinen Groll und keine Bosheit, und sie reden auch nicht über ihre unterschiedlichen Mütter. Bei den Mohammedanern ist es etwas anders. Sie dürfen 5 Frauen haben, doch sie können sich auch ohne jeden Beweis von ihnen trennen. Sie sagen lediglich dreimal: »Ich verstoße dich.« Dann gilt die Scheidung für immer. Die Parsen haben nur eine Frau, die Religion erlaubt ihnen nicht mehr. Das ist die intelligenteste Kaste von allen.

4. Frage: Es gibt Schulen und Universitäten, aber die englischen sind die besten, allerdings nur für Jungen. Die Mädchen gehen noch nicht zur Schule, denn die Frauen lassen sich hier sehr wenig blicken, nicht einmal die Frau eines Dieners.

5. Frage: Es gibt Anwälte, die nach London fahren, um ihre Prüfung abzulegen, und danach dürfen sie in Indien arbeiten. Es gibt auch Ärzte und Apotheker, sie unterscheiden sich jedoch von denen in Spanien. Ein hochgebildeter Inder hat mir gesagt, für Leute, die indische Krankheiten haben, sei ein indischer Arzt besser. Aber alles ist hier ganz anders.

6. Frage: Es gibt sehr gute Dichter, vor allem im Sanskrit, das, wie sie sagen, die beste Sprache sei, die es jemals gegeben habe.

7. Frage: Im allgemeinen sprechen und schreiben die Men-

schen ihre Sprache nicht gut. Doch es gibt einige, die gut schreiben und lesen, die sehr intelligent sind und viele Sprachen beherrschen. Man kann nicht sagen, aus welcher Gegend sie kommen, weil sie keinen Akzent haben.

Das sind die Angaben, die ich Ihnen machen kann. Teilen Sie mir mit, wenn Ihnen das nicht genügt, dann schreibe ich Ihnen mehr. Ich glaube, der Krieg geht immer weiter. Ich habe Angst um Spanien, das so viele Verluste erleidet, denn es wird sehr schwer sein, die unzivilisierten Mauren zu befrieden, doch ich bin überzeugt, daß die Spanier sehr tapfer und mutig sind. Aber was sagen Sie über die Erschießung Ferrers? Auf der ganzen Welt hat das großes Aufsehen erregt. In Frankreich sind die Leute zur spanischen Botschaft gezogen, haben geschrien und einen riesengroßen Skandal gemacht. Armes Spanien!

Falls Sie eines Tages daran denken, zu mir zu kommen, können Sie sich darauf verlassen, daß Ihnen mein Haus zur Verfügung steht, als wäre es Ihr eigenes. Ich glaube, daß Ihnen dieses Land sehr gefallen würde. Wenn ich nach Kapurthala zurückgekehrt bin, schicke ich Ihnen meine Photographie, denn ich bin aus Gesundheitsgründen in Mussoorie, in Kapurthala ist es etwas zu heiß. Soviel für heute, und ich danke Ihnen für Ihre Postkarten.

Ihre beste Freundin

Prem Kaur von Kapurthala

Man hat den Eindruck, als fühlte Anita in ihrem nächsten Brief einen gewissen literarischen Ehrgeiz, denn sie denkt sogar über die Möglichkeit nach, ihre schriftstellerischen Versuche fortzusetzen:

Villa Buona Vista, Kapurthala,
den 8. Dezember

Sehr geehrter Don Narciso,
ich habe Ihren Brief erhalten, in dem Sie mich um weitere Angaben über dieses Land bitten. Hier schicke ich Ihnen

eine Antwort auf Ihre Fragen, denn das interessiert mich sehr, und vielleicht überlege ich mir eines Tages, selber ein Buch über dieses Land zu schreiben.

1. Zu Ihrer Frage, ob sich die Menschen aus dem Volk ebenso wie die Reichen kleiden: Ja, aber unterschiedlichen Religionen entsprechen unterschiedliche Kleidungen. Schuhe sieht man hier nicht, wenn nämlich jemand ein Haus betritt, zieht er sich sofort die Schuhe aus, tut er es nicht, so bedeutet das eine Respektlosigkeit.

2. Hier gibt es viel Reis, Tee und sehr große Mengen an Obst, aber der Wein ist nicht so gut wie in manchen anderen Gegenden. In Kaschmir ist alles genauso wie in Frankreich.

3. Hier treten Theatertruppen auf, vor allem englische und auch italienische. Es kommen allerdings sehr wenig französische. Es gibt hier solche Theater wie das Lara oder Vital Aza in Málaga.

4. Hier gibt es sehr schöne einheimische Instrumente. Sie ähneln weitgehend denen, die wir haben, vor allem der Gitarre, die man hier »Sitar« nennt. Sehr viele Leute aus dem Volk und besonders die Reichen spielen sie.

5. Hier erscheint jeden Tag und überall, das heißt in jedem Fürstentum, eine Zeitung in den Landessprachen, aber es gibt auch eine englische Zeitung mit allen Kabelnachrichten aus der ganzen Welt.

6. Hier in Kapurthala leben dreihunderttausend Menschen, aber im nächsten Jahr nimmt man wieder eine Volkszählung vor, ich glaube nämlich, daß es mehr Einwohner gibt.

7. Mein Mann kennt das frühere Königreich Lahore sehr gut, denn er gehört auch zum Volk der Sikhs. Kapurthala ist tatsächlich nur 3 Stunden von Lahore entfernt. In ein paar Tagen fahren wir nach Lahore, um eine Ausstellung zu besuchen, die großartig sein soll. Mein Mann hat zu dieser Ausstellung zahlreiche Objekte geschickt, und man wird viel Interessantes zu sehen bekommen. Dort treffen sich nämlich alle Fürsten des Pandschabs. Die Religion ist sehr schwer zu

verstehen, denn jeder hat seine eigene. Sie haben unterschiedliche Köche für ihre Mahlzeiten, und wenn während der Mahlzeit ihre Schwester oder jemand anderes eintritt, der nicht ihrer Religion angehört oder auf europäische Art ißt, unterbrechen sie ihre Mahlzeit, dann essen sie für alles Gold der Welt nicht weiter, das ist sehr merkwürdig anzusehen. Es gibt hier auch Fürsten, die, wenn man ihnen die Hand reicht, schnell fortlaufen, um sich zu baden. Das ist hier etwas sehr Ernstes.

Ich habe gar nicht genug Papier, um alle Einzelheiten zu erzählen. Ich werde Ihnen also nach und nach die Angaben liefern, um die Sie mich bitten.

8. Hier gibt es Blumen und Blüten aller Art. In Kapurthala wachsen vor allem Rosen und viele Orangenbäume, denn Kaschmir ist die beste Gegend für alle Blumen und Blüten.

Erst heute habe ich noch einen Brief von Ihnen erhalten, in dem Sie mich um weitere Angaben bitten, und weil ich nun einmal die Feder in der Hand habe, antworte ich gleich.

1. In jedem Reich sind mehrere Engländer beschäftigt, und wenn ein Fürst minderjährig ist, stellt die Regierung einen Vertreter, bis der Erbe die Volljährigkeit erreicht.

2. Hier werden alle Religionen geachtet, denn es gibt sehr viele Religionen, auch die der Spanier. Unter den Indern gibt es nämlich sehr viele Katholiken, 3 Millionen, wie ich glaube, und wie wir gehen sie jeden Sonntag zur Messe.

3. Der Hauptgegenstand der Zeremonien ist hier das Heilige Buch. Sie glauben an Kühe, und jeden Tag beim Gebet tritt ein Priester mit einem Silberteller auf, in dessen Mitte ist der Mond aus rotem Pfeffer oder genauer gesagt aus Safran mit Wasser dargestellt, denn sie glauben nur an die Gestirne, und jeder Stern ist für sie ein Gott. Die Tempel sind sehr merkwürdig. Es gibt den Gott mit dem Elefantengesicht und den Gott mit dem Affengesicht, und so können Sie sich vorstellen, wie die Tempel aussehen. Die Sprache der Priester ist das Sanskrit, und den Priestern ist ebenso wie den

übrigen Männern erlaubt, so viele Frauen zu haben, wie sie wollen.

4. Nur die Mohammedaner, Hindus und Sikhs dürfen so viele Frauen haben, wie sie wollen, die Parsen nur eine, denn sie sind sehr fortschrittlich und intelligent.

5. Hier kann ein Fürst seinen Beamten jeden Titel verleihen, den er will. Von England wird das allerdings nur für das jeweilige Fürstentum anerkannt.

6. Es gibt viele politische Probleme, denn die Inder sind einigermaßen in Aufruhr, weil sie ein eigenes Parlament haben wollen, doch ich glaube, daß sie niemals so weit kommen, denn es gibt sehr viele Religionen nebeneinander, und jeder will seine eigene haben.

7. Die Prostitution wird sehr streng bestraft. Hier geschieht es nämlich sehr häufig, daß man Frauen kauft, vor allem Mädchen von 10 bis 12 Jahren, die als Fünfzehnjährige schon 3 oder 4 Kinder haben, aber die englische Regierung hat ein sehr aufmerksames Auge darauf.

8. Kartenspiele sind nur einmal im Jahr erlaubt, weil alle Religionen verbieten, zu spielen und Wein zu trinken. Andere erlauben auch das Rauchen nicht, denn die Sitten richten sich nach der Religion.

Ich habe das Buch von A. Urvano erhalten. Ich werde ihm schreiben und ihm danken.

Sagen Sie mir, was María Luisa macht. Ich hatte sie als Freundin sehr gern, und sehr oft denke ich an sie. Wie leid mir das mit der Galeote tut, aber Gott ist sehr gerecht. Das ist alles, was ich Ihnen heute sagen möchte. Es grüßt Sie Ihre gute Freundin

Anita

Im dritten Brief beendet die Fürstin schließlich die Liste ihrer Antworten auf die vielfältigen Fragen, die man ihr aus Spanien übermittelt:

Sehr geehrter D. N.,

ich habe Ihren Brief erhalten, dem ich entnehme, daß Sie meine Schwester und ihre Tochter gesehen haben. Darüber freue ich mich sehr, denn ich glaube, Sie wußten schon, daß ich bald kommen werde. Aber ich will nicht, daß jemand es erfährt. Ich sage es nur Ihnen und meiner Familie: Mit Gottes Hilfe möchte ich mit meinem Mann, meiner Familie und meinem Sohn nach Sevilla, Málaga und dann durch ganz Spanien reisen. Ich freue mich also darauf und möchte, daß Sie, der in Málaga mehrere Persönlichkeiten der Aristokratie kennt, zusammen mit Fernando die notwendigen Vorbereitungen treffen, damit mein Mann die Orte besuchen kann, die Privateigentum oder etwas in der Art sind. Darum kann ich mich auch kümmern, doch in Málaga habe ich nicht genug Zeit, weil wir uns dort nicht lange aufhalten. Nur wenn Sie und mein Onkel Fernando alles vorbereiten, wird das gut vonstatten gehen. Teilen Sie mir mit, ob Sie tun können, worum ich Sie bitte.

Nun beginne ich mit Ihren Fragen, um deren Beantwortung Sie mich ersucht haben.

1. Die Theaterpreise sind nicht sehr hoch, denn die Leute hier haben zuwenig Geld fürs Theater, das ist nur für die Europäer und die reichen Einheimischen. Das Volk interessiert sich nicht dafür, und es ist ihm auch nicht gestattet, Theater zu betreten.

2. Es gibt Bekanntmachungen auf den Straßen und auch Programme. Wenn ich eines bekomme, schicke ich es Ihnen.

3. Über die Ausstellung in Lahore gibt es im wesentlichen gute Nachrichten, denn die ausgestellten Gegenstände waren nicht allzu schlecht. Diese Ausstellung wird nämlich nur von den Indern gestaltet und ist eine Arbeit dieses Landes, weil die Engländer nichts haben. Alle Fürsten und auch mein Mann haben Objekte aus unterschiedlichen Zeiten dorthin geschickt. Die Engländer haben das Recht, die Ausstellung einmal in der Woche zu besuchen, aber dann befindet sich kein Inder in der Ausstellung, die Engländer besuchen sie an diesem Tag allein.

In Lahore haben wir uns eine Woche aufgehalten, es war dort sehr voll und es gab Polospiele und Pferderennen.

4. Hier gibt es überall Klöster und auch Nonnen. Ich spreche selten spanisch, doch gibt es 5 Millionen Christen. Das ist eine stattliche Zahl, aber das Elend ist sehr groß. Es gibt auch katholische Fürsten.

5. Hier gibt es eine Aristokratie wegen der Fürsten, doch es gibt keine einzelne gute Gesellschaft, sondern viele Millionen, so daß ich niemals fertig würde, das zu beschreiben. Aber wenn ich Sie in Málaga sehe, nenne ich Ihnen weitere Einzelheiten. Zu den Titeln: Wenn ein Fürst hier einen Günstling hat, verleiht er ihm einen Titel, der indessen in England nicht zählt. Die Fürsten dürfen durchaus alle Titel verleihen, die sie wollen.

6. Der Verkauf von Frauen oder Mädchen ist heute weniger häufig, die Regierung hat das abgeschafft, es kommt allerdings zu einzelnen Fällen, ohne daß jemand es erfährt, das ist wie bei allem. Die Ehen sind sehr merkwürdig. Wenn zum Beispiel jemand sehr reich ist und ein Diener seine Sympathie gewinnen will, wird er zu ihm sagen: »Kommen Sie mit.« Und dann erklärt er ihm: »Ich habe ein Geschenk für Sie, und mein Geschenk ist ein Mädchen von 15 oder 14 Jahren.« Durch das Mädchen, das er dem anderen vorstellt, gewinnt er großes Ansehen. Das ist etwas sehr Merkwürdiges, und etwas Derartiges geht sozusagen nur in der Familie vor sich.

Ich glaube, daß Sie meinen Brief gut verstanden haben, denn es freut mich außerordentlich, daß Sie einen Artikel in der *Unión Mercantil* untergebracht haben.

Ich bin sehr zufrieden, daß Sie wieder Gouverneur sind und daß man Sie zum Königlichen Unterrichtsbeauftragten für Spanien ernannt hat ...

Von diesem Briefwechsel abgesehen, geht Anitas Alltagsleben in Kapurthala weiter: Auf die hektische Aktivität der zahlreichen Reisen des Paares folgen gemütliche Ruhezeiten zusammen mit Ajit im Palast von Mussoorie, in den Simla-Bergen.

Als der Maharadscha und seine Gattin 1914 von einer Reise durch den Dekkan und nach Hyderabad zurückkehren, bringen sie die traurige Nachricht von einem schweren Konflikt mit, der in Europa ausgebrochen ist. Der Kampf hat solche Ausmaße angenommen, daß die Zeitungen ihn als »Weltkrieg« bezeichnen. Seine Hoheit ist wegen der möglichen Folgen sehr besorgt, denn er weiß, daß England von Indien verlangen wird, es in bedeutendem Umfang mit Gold und Soldaten zu unterstützen.

Seine Hoheit war der erste Monarch in ganz Indien, der beschloß, dem Empire seine Ressourcen zur Verfügung zu stellen. Zwei Monate später beteiligte sich Indien mit Truppen in einer Stärke von einer Million Mann am Weltkrieg. Kapurthala schickte das Kaiserliche Regiment, das vier Jahre lang in Ostafrika diente. Amarjit Singh, der dritte Sohn meines Mannes, war dort eingesetzt.

1918 wurde erneut, diesmal sehr dringend, die Hilfe Kapurthalas erbeten. Deshalb schickte der Maharadscha weitere eintausendsechshundert Mann, um die Truppen an der französischen Front zu verstärken. Sechshundert von ihnen sollten nach Marseille abkommandiert werden.

Die Lage verschlimmerte sich, als Großbritannien dem türkischen Sultan den Krieg erklärte und sich die indischen Mohammedaner gezwungen sahen, unter dem Kommando eines jungen Handlangers der Engländer – Aga Khan – gegen ihren geistlichen Führer zu kämpfen.

Die von jeher »wie Feuer und Wasser« verfeindeten Völker der Mohammedaner und der Sikhs mußten auf diese Weise für dieselbe Sache und an derselben Front einen unbekannten Gegner bekämpfen.

Das Wort »Islam« bedeutet »Ergebenheit«, und tatsächlich konnte man in dieser Armee nur Ergebenheit und Trauer beobachten: Ergebenheit angesichts des unausweichlichen Gedankens an einen baldigen Tod – dem viele nicht entgingen – und Trauer über die unerwartet schlimmen Lebensbedingungen, die man ihnen aufgezwungen hatte.

Angesichts einer derartigen Situation beschloß die Fürstin, einen aktiven Beitrag zu leisten: Sie wußte, daß die winterliche Kälte zu den Bedrängnissen gehörte, die den Soldaten Kapurthalas am schlimmsten zusetzte, und richtete darum Werkstätten für die Truppenbetreuung ein. Dort stellte man mit der Hand oder mit den Nähmaschinen, die man beschaffen konnte, für die zum Fronteinsatz bestimmten Kämpfer alle möglichen warmen Kleidungsstücke her – Handschuhe, Socken, Unterhemden, Strümpfe, Schals ...

Die Arbeitskräfte wurden öffentlich und auf freiwilliger Grundlage unter den Frauen angeworben, außerdem brachte man eine große Menge von Arbeitslosen und Bettlern zusammen, die dem Aufruf der Maharani folgten. Der Ort, an dem fünf Stunden täglich eine solch patriotische Tätigkeit durchgeführt wurde, befand sich – inmitten von Stoffballen, Nähmaschinen, Tuchstücken, Paketen und Webstühlen – im Jagatjit-Palast, in den Kolonnaden des Erdgeschosses, wo Prem Kaur nicht nur die Arbeiten beaufsichtigte, sondern auch das notwendige Material bestellte und Besprechungen mit einflußreichen Persönlichkeiten vereinbarte, um mit ihrer persönlichen Empfehlung große Mengen Geld und Wertsachen für die gute Sache aufzutreiben.

Die Wohltätigkeitsveranstaltungen, Tombolas, *Gardenparties* und *Teaparties*, die Anita organisierte, wurden derart populär, daß die privaten und staatlichen Spenden des Fürstentums Kapurthala in diesem Jahr den Betrag von drei Millionen Rupien erreichten.

Zum Kriegsende übergab Präsident Clemenceau höchstpersönlich der Fürstin als Dank für diese Initiative eine Ehrenurkunde, um ihre Dienste zur Unterstützung der französischen Front zu würdigen.

Außerdem plante Anita im Einverständnis mit ihrem Mann,

den nach Marseille abkommandierten Kämpfern aus dem Pandschab dadurch zu helfen, daß Ihre Hoheiten den Soldaten Kapurthalas einen persönlichen Besuch abstatteten.

Obwohl die Zeiten schwer waren, konnte der Maharadscha außerplanmäßige Schiffspassagen für die Familie buchen. Da es auf dem Schiff jedoch wenige Plätze gab, beschloß ich, daß Ajit zusammen mit uns und in der Gesellschaft unserer Kammermädchen und Eskorten fahren sollte, während das Personal und die Diener ein anderes Schiff nehmen mußten, das einen Tag zuvor auslaufen würde. So reiste die ganze Familie von Bombay aus nach Europa. Es war eine gefährliche und anstrengende Fahrt.

Die Nächte an Bord waren traurig und unruhig, denn man durfte auf dem Schiff – aus Sicherheitsgründen – kein Licht machen, und die Rettungsringe mußten immer in Reichweite bleiben. Wir gewöhnten uns an den Krach der Bombardements und beobachteten einige deutsche Zeppeline, die über uns hinwegflogen. Sogar das Wetter war unfreundlich, und alle erklärten, das Meer spüre offenbar, welche Tragödie sich in Europa ereigne.

Der schlimmste Augenblick war, als man uns mitteilte, das Schiff, auf dem unser Personal war, sei untergegangen; es war im Mittelmeer auf eine deutsche Mine gelaufen. Es gab keine Überlebenden. Das große Schiff gehörte einer angesehenen englischen Gesellschaft, und die ganze europäische Presse brachte die traurige Meldung. Ich konnte nicht aufhören, daran zu denken, welch glückliche Entscheidung es gewesen war, Ajit nicht auf dem Unglücksschiff fahren zu lassen. Ich weinte unablässig und dankte der Heiligen Jungfrau, denn für mich grenzte dies an ein Wunder. Mit dem Schiff waren achtzehn unserer Leute untergegangen, dazu der größte Teil unseres Gepäcks, die Koffer und einige weniger bedeutende Wertgegenstände. Ich war tief betrübt und schloß mich in meiner Kabine ein. Ich wies meine Gesellschaftsdame an, sich mit meinem Sohn ebenfalls einzuschließen. Viele Tage lang verließen wir die Kabine nur zu den Mahlzeiten.

Alle wußten, daß es in den europäischen Gewässern Minen und U-Boote gab und daß immer Gefahr drohte, weil es ein englisches Schiff war, obwohl es sich getarnt hatte und häufig die Fahrtrichtung änderte. Auf der restlichen Fahrt waren wir unruhig und in Angst. Zu allem Überfluß mußte das Schiff einen Sturm überstehen, der vier Tage dauerte. In dieser Zeit konnte niemand an Deck.

Nach dieser aufregenden Fahrt atmeten wir schließlich erleichtert auf, als wir wohlbehalten im Hafen von Marseille an Land gingen. Die Stadt sah traurig und verödet aus. Die Armee verlegte Lastwagen an die Front, darum wimmelte es auf den Straßen von Militär, es war ein höllisches Gedränge von Truppen und Soldaten aus allen Ländern Europas. Es war ganz anders als das fröhliche Marseille, an das ich mich erinnerte und das ich so gut kannte.

Da der Maharadscha den Fortgang des Kampfes aus der Nähe beobachten wollte, besuchten wir zuerst die Truppen in dieser großen Stadt – man gestattete mir, weil ich den Rang einer Fürstin hatte, an dem Besuch teilzunehmen –, und später fuhren wir in Begleitung der Herren Clemenceau und Pétain an die Front bei Reims. Aus den Schützengräben konnten wir die Operationen verfolgen, die »der Tiger« – so nannte man Clemenceau – sehr geschickt und erfolgreich leitete. Der Maharadscha war begeistert, einen solch berühmten Strategen kennenzulernen. Er lud ihn ein, uns nach dem schnellen Sieg, an dem niemand zweifelte, in Kapurthala zu besuchen. Dort wollte man gemeinsam mit Champagner auf den Sieg anstoßen. Und so geschah es, denn 1919 hatten wir die große Freude, diesen außerordentlichen Mann und seine Gattin in unserem Palast zu empfangen und einige entzückende Wochen in seiner Gesellschaft mit der Jagd auf Raubtiere und Vögel zu verbringen.

Während des Aufenthalts in Marseille spricht das Fürstenpaar persönlich mit den Soldaten aus Kapurthala und versucht, ihnen Mut und Kraft zum Weiterkämpfen zu geben. Anita lernt die beiden schwersten Probleme kennen, die es für ihre Männer an der Front gibt. Zum einen der Krieg selbst, denn das Heer aus dem Pandschab ist zwar besonders erfolgreich, wenn man zu Pferde und mit Säbeln kämpft, jedoch nicht so sehr, wenn es um die Abwehr der modernen schweren Artillerie geht. Die neuen, den Sepoys und Sikhs zuvor unbekannten Kriegswaffen erschrecken und verwirren sie. Pferde können in einem Krieg der Maschinen nicht angemessen eingesetzt werden, und die Männer verlieren ihre Unerschrockenheit und Kühnheit, als sie sich in eine fremde, ihnen unverständliche Welt versetzt sehen, in der es selten Nahkämpfe gibt. Doch das schlimmste ist der Gedanke an den Tod.

In Europa gibt es keine Scheiterhaufen, auf denen man Tote verbrennt. Gute Sikhs wissen: Wenn der Körper nach dem Tod nicht verbrannt und die Asche ausgestreut wird, werden seine zukünftigen Leben unglücklich sein. Alle Familienangehörigen müssen sich ihrer schämen, und ihre Heldentaten im Großen Krieg bringen ihnen nicht den geringsten Ruhm ein. Noch dazu gibt es in diesem unreinen und heidnischen Land niemanden, der sich darum kümmert, die Mohammedaner mit dem Kopf in der Richtung nach Mekka zu bestatten oder sie in einem Leichentuch direkt in der Erde zu begraben. Das alles macht sie zutiefst traurig, unsicher und unglücklich.

Als sich die Fürstin der unheilvollen Lage bewußt wird, in der sich ihre Krieger befinden, bemüht sie sich, sie zu trösten. Sie spricht auf Urdu, was so charismatisch wirkt, daß sie allgemeine Rührung hervorruft. Sie sichert den Soldaten zu, einen Pandit, das heißt einen Religionsgelehrten, zu entsenden, der den Verwundeten und Sterbenden beistehen soll, und ihnen indische Lebensmittel und Kleidung zu schicken und besonders ihre Familien wirtschaftlich zu unterstützen.

Als Anita von der Front zurückfährt, schreibt sie in ihr Tagebuch:

Dieser Krieg ist schlimmer als ein Massaker. Wie gern sähe ich unsere Männer wieder zu Hause. Wir müssen hoffen, daß wir siegen, und das sehr bald. Man hat uns mit zwanzig Kanonen-

schüssen empfangen. Wenn es doch die letzten wären, die man in diesem Krieg abschießt!

Der Herbst dieses Jahres war lang und traurig. Drei Söhne Seiner Hoheit arbeiten als Militärs, Diplomaten oder Kriegskorrespondenten eng mit Frankreich zusammen. Der Maharadscha hat sich großzügig geweigert, die Summe einzufordern, die ihm die Krone schuldet und die ungefähr vier Millionen Rupien beträgt, und deshalb wurde er mit dem höchsten Orden des Empires ausgezeichnet, den ein indischer Herrscher erhalten kann: dem Großkreuz des Indischen Empires. Aus ähnlichen Gründen hat ihm die französische Regierung den Orden der Ehrenlegion und mir die Ehrenauszeichnung des Roten Kreuzes verliehen.

Wir fuhren in die Vereinigten Staaten weiter und ließen den Schrecken hinter uns. Mein Mann möchte ein kleines Buch über unsere Reisen publizieren, das ich geschrieben habe. Er will das Manuskript einem amerikanischen Verlag übergeben.

Ajit bleibt in London, um mit seiner europäischen Erziehung zu beginnen. Ich werde den Sommer in Spanien zusammen mit meinen Eltern und meiner Schwester Victoria verbringen, wenn es ihr gelingt, mit ihren Kindern aus Frankreich herauszukommen ... Ich wünsche nur noch, daß dieser qualvolle und unmenschliche Krieg aufhört, dessen Ende niemand voraussehen kann.

Der Krieg hat Victoria tatsächlich in eine schlimme Lage gebracht: Kurz vor der Geburt ihres vierten Kindes lebt sie allein in Paris, durch Hunger, Armut und Krankheiten dem Wahnsinn nahe. Ihr Mann bietet ihr schon lange kein angenehmes Leben mehr, weil er viel trinkt, Streit sucht und untreu ist. Nach jahrelangem Hin und Her scheitert die Ehe auf eine sehr widerwärtige Weise. Der Tropfen, der das Faß zum Überlaufen bringt, ist die Tatsache, daß Winans, als er seine Frau verläßt und aus Paris fortgeht, sich in der Gesellschaft eines jungen Mädchens befindet, das er geschwängert hat: eine minderjährige Andalusierin, ein Schützling der Delgados, die Victoria bei den Hausarbeiten und der Kinderbetreuung geholfen hatte.

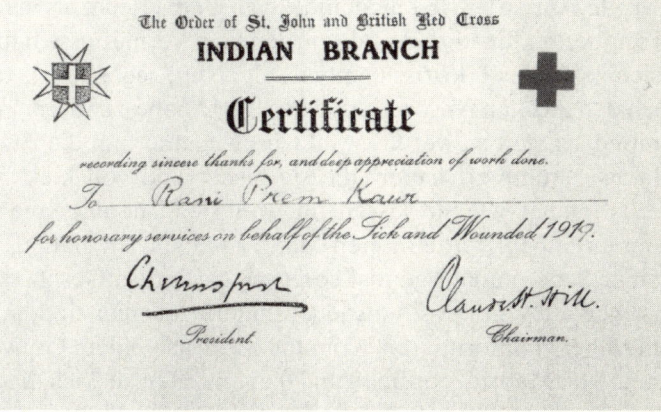

Zwei Dokumente, die der Fürstin von Kapurthala für ihre Hilfe während des Ersten Weltkriegs danken

Anita ist zu dieser Zeit auf Reisen und erhält die Nachricht mit einiger Verzögerung. Als sie von der schwierigen Lage ihrer Schwester erfährt, beschließt sie einzugreifen, um Victoria zu helfen. Dafür wählt sie zwei verschiedene Wege. Als erstes bittet sie ihren Freund Don Narciso in Rechtsfragen um Unterstützung. In einem Brief teilt sie ihm vertraulich die Wahrheit über den Verrat ihres Schwagers mit:

Sehr geehrter Don Narciso!
Ich hoffe, Ihnen keine Unannehmlichkeiten zu bereiten, wenn ich Sie um den folgenden Gefallen bitte. Durch meine Familie müssen Sie ja schon alles wissen, was mit Herrn Winans geschehen ist.

Heute habe ich einen Brief meiner Tante María erhalten, in dem sie mitteilt, daß man Carmen schon aus dem Pflegeheim hinausgeworfen hat, wo meine Familie sie untergebracht hatte, weil sie abwarten wollte, wie alles ausgehen würde. Außerdem hat niemand ein größeres Recht als meine Familie, mit ihr so zu verfahren, denn die Verhältnisse haben sich ja äußerst kritisch entwickelt. Nun, ich glaube, daß ich den größten Anspruch und das Recht habe, zu ihrem Vormund ernannt zu werden, weil wir uns immer um die Erziehung gekümmert haben, die sie bisher und von klein auf erhalten hat, wie Sie wissen, und weil sie nicht alt genug ist, um mit einem verheirateten Mann zu leben; ich glaube, bei einer Sechzehnjährigen ist so etwas gegen das Gesetz. Mir ist klar, daß Sie besser als jeder andere geeignet sind, mich hierüber zu informieren. Könnten Sie deshalb dem Gouverneur von Madrid schreiben und ihm mitteilen, daß ich diesen Anspruch habe und ob man es für möglich hält, meinen Vater oder mich zum Vormund zu ernennen, bis sie das Alter erreicht, in dem man weiß, was man tun muß?

Gern hätte ich dem Gouverneur oder dem Staatsanwalt persönlich geschrieben, aber ich kenne mich in den entsprechenden rechtlichen Regelungen nicht sehr genau aus. Darum wage ich es, Sie zu belästigen, weil ich weiß, daß Sie

Einfluß haben und besser als jeder andere in diesen Fall und in die Umstände eingeweiht sind, unter denen meine Familie das Mädchen in Madrid zu sich genommen hat.

Ich kann wirklich nicht verstehen, daß die Schuldigen am Verderben einer Familie ohne jede Bestrafung davonkommen, die doch notwendig ist, denn ich möchte vor allem, daß Carmen in unserer Obhut bleibt, damit sie eines Tages nicht in eine ganz schlimme Lage gerät. Es ist ja heute durchaus möglich, so etwas zu verhüten, weil es Klöster gibt, in denen man sie bis zu ihrem einundzwanzigsten Lebensjahr verwahren kann.

Was nun Herrn Winans betrifft, so kann er mir niemals all das vergelten, was ich für ihn getan habe – und das war der Lohn, den wir von ihm erhalten haben. Wenn er nämlich einen üblen Streich ausführen wollte, dann gibt es doch hierfür genug Frauen auf der Welt, und er hat nicht die nötige Beherrschung gezeigt und mein Haus nicht respektiert, indem er auf meine Kosten lebte, genausowenig wie er die weißen Haare meiner Eltern geachtet hat, als er diese Gemeinheit beging.

Es wäre ein großes Unglück, wenn er ohne jede Strafe davonkäme, denn manches darf man sich nur bis zu einem gewissen Punkt erlauben. Ich glaube, daß sich das Mädchen gegen meine Eltern stellt und behauptet, sie hätten ihr das Leben sehr schwergemacht. Ich habe ausreichende Beweise vorzulegen, um zu zeigen, daß das genaue Gegenteil zutrifft. Ich habe Rechnungen, um zu belegen, daß sie sechs Jahre lang eine der größten Pariser Schulen besucht hat, denn sie spricht so gut französisch, wie man es nicht an einem Tag lernt.

Ich denke, Sie haben nichts dagegen, mich ausführlich zu informieren oder meinen Eltern in Madrid mitzuteilen, was man am besten tun muß. Meiner Ansicht nach sollte man sie in ein Kloster stecken und mich zum Vormund bestellen. Die Adresse meiner Eltern ist: Señor Don Ángel Delgado, Plaza San Gregorio, Nr. 11 – Madrid.

Ich danke Ihnen im voraus, weil ich es gewagt habe, Ihnen Ungelegenheiten zu bereiten. Ihre alte Schülerin und Freundin

Anita

Victoria muß mit drei kleinen Kindern und einem vierten, das unterwegs ist, sehr schwere Zeiten durchmachen. Sie sind allein in Paris und ganz von der Hilfe abhängig, die ihnen die Delgados aus Spanien zukommen lassen, soweit ihnen das möglich ist. Wegen der schwierigen Verkehrsverbindungen bleiben deren Sendungen immer wieder an der Grenze liegen, ohne ihr Ziel zu erreichen.

Anita weiß, daß die Entbindung ihrer Schwester unmittelbar bevorsteht, daß sie nicht weiter allein bleiben darf und daß die Zeit drängt. Sie muß ihr schnell helfen und beschließt, von Amerika aus mit diplomatischen Mitteln einzugreifen, um einen guten Freund ausfindig zu machen, der Victoria unterstützen und ihr nach der Geburt des Kindes helfen kann, Frankreich zu verlassen.

Es handelt sich um Benigno Macías, ein rätselhafter argentinischer Magnat, jung und unverheiratet. Er zögert nicht, der ältesten Kamelienschwester zu Hilfe zu eilen und die Familie zu schützen. Macías hatte sich sieben Jahre zuvor in Paris niedergelassen, und ihn beschäftigte nur eine Leidenschaft: der Tango. Ihm gehörten mehrere argentinische Varietégruppen, und er wollte den neuen Tanz, der in den Salons und auf den privaten Festen der Aristokratie bereits Furore machte, in die europäischen Theater bringen. Er hatte sich mit dem Kreis aus Kapurthala angefreundet, und zusammen besuchten sie seit vielen Jahren die stimmungsvollsten Feste. Aus seinen Photos, die regelmäßig in den Zeitschriften erschienen, läßt sich schließen, daß Macías so etwas wie ein Dandy aus Buenos Aires war, der mit seiner Eleganz und Schönheit die Frauen verrückt machte.

Trotz seines Einflusses und seiner Hartnäckigkeit gelingt es ihm nicht, die Familie aus dem Land herauszubringen, doch er unterstützt und beschützt Victoria zwei Jahre lang mit seiner

Die Kamelienschwestern Anita und Victoria Delgado im Jahre 1906, Werbepostkarte / Veronés, Madrid

1906

*Anita kurz nach ihrer
Ankunft in Paris in einem
ihrer ersten langen
Kleider, September 1906*

1906

1907

*Anita während
ihrer Schwanger-
schaft, Ölgemälde
von E. Patry*

Jagatjit Singh von Kapurthala im Alter von fünfunddreißig Jahren; das Photo trägt die spanische Widmung: »Meiner lieben Anita«/Photo aus dem Londoner Atelier Langlier Ltd.

1907

*Im Kostüm
einer spanischen
Bäuerin*

1908

*Die Fürstin mit ihrem Sohn
Ajit in Paris*

1911

*Im Kostüm einer
Hirtin in Interlaken
(Schweiz)*

1912

1912

*Anita mit dem
halbmond-
rmigen Smaragd
uf einem Photo
im Stil der
Haremsbilder /
Photo Rita
Martin, London*

Anita in Paris in einem Abendkleid im Stil der zwanziger Jahre und mit ihrem Lieblingsschmuck

1913

Im Jagatjit-Palast von Kapurthala aus Anlaß der Verlobungsfeier des erstgeborenen Sohns des Maharadschas. Dritter von rechts in der ersten Reihe ist Jagatjit Singh, die Dame im Sari ist seine zukünftige Schwiegertochter, links von ihr Bräutigam Paramjit Singh. Anita trägt als einzige keinen Hut, »weil ich in meinem eigenen Haus war und es nicht üblich ist, daheim eine Kopfbedeckung zu tragen«. In der zweiten Reihe rechts drei weitere Söhne des Maharadschas.

Eines der berühmtesten Haremsfotos Anitas/ Photo Raja Deen Dayal, Hyderabad

1914

Anita im Abendkleid in Philadelphia

1915

Ölbild von Baena aus den dreißiger Jahren nach einem Photo Anitas

Anita mit einem Manilatuch / Photo Julia Rust

1920

Mit ihrem Hund und einem
gezähmten Bären in den Gärten
des Élysée von Kapurthala

1921

Anita in ihren
Privatgemächern
im Jagatjit-Palast,
bevor sie in
die Villa »Buona
Vista« zog

1923

*Anita mit ihrer Gesellschafterin
Madame Dijon am Eingang
des Biarritzer Hôtel du Palais*

1928

*Ajit Singh in
Uniform
in Neu-Delhi*

1927

Die Fürstin am
Lido in Venedig

1934

Ajit Singh von
Kapurthala als
Dreißigjähriger in
Buenos Aires

1937

Jubiläumsfeier des Maharadschas Jagatjit Singh von Kapurthala zum fünfzigsten Jahrestag seiner Thronbesteigung; der Maharadscha, seine Söhne sowie Offiziere des Kaiserlichen Regiments von Kapurthala. Erster von links vorne ist Ajit Singh, dritter ist der Generalgouverneur des Pandschabs.

1937

Ölbild von Beltrán Massés (1885–1949), entstanden in den dreißiger Jahren, heute Eigentum des Museums von Málaga

1941

Die Königsfamilie von Kapurthala. Von links nach rechts: Paramjit, Karamjit, der Maharadscha, Amarjit und Ajit Singh (der dritte Sohn Seiner Hoheit, Mahijit Singh, war 1935 verstorben). Vorne: die Enkel des Maharadschas, Prinzessin Asha und Sukhjit Singh, der heutige Maharadscha von Kapurthala

1940

*nita Delgado
nfang der vierziger
hre in Baden-Baden/
hoto Hugo Kühn*

Anita in Málaga,
im Garten ihres Hauses,
zehn Jahre vor ihrem Tod 1952

herzlichen Fürsorge und mit Geld, bis die junge Frau 1918 stirbt. Wegen der schwierigen Lage, in der die Kinder zurückbleiben, organisiert er die Übersiedlung der beiden jüngeren Waisen zu ihren Großeltern. Victorita, die älteste Tochter, war schon 1917 nach Spanien gereist. Das vierte Kind Victorias war in Paris zwei Wochen nach seiner Mutter an der Grippeepidemie gestorben.

Anita konnte niemals, wie es ihr Wunsch gewesen wäre, Macías persönlich für die ihr erwiesene, ungeheuer wertvolle Unterstützung danken. Die Fürstin und ihr Freund sollten sich nie wiedersehen, weil Benigno Macías wenig später verstarb.

Die Zeitschriften und Zeitungen bemühten sich zwar, die Person dieses jungen Mannes mit einem mythischen Nimbus zu versehen, und meldeten, er hätte sich wegen einer unmöglichen Liebe das Leben genommen, doch die wirkliche Todesursache war nichts anderes als eine bösartige Infektion, die an seinen Beinen begonnen hatte und die Folge eines Autounfalls war. Als die Notare den versiegelten Umschlag öffneten, der den Letzten Willen des Verstorbenen enthielt, lasen sie, daß das Testament als einzige Erben seines Eigentums, des Geldes, der Haziendas und der riesigen Besitzungen in Argentinien zwei minderjährige Kinder bezeichnete: die kleinen Kinder der Victoria Delgado Briones.

Die Nachricht über Victorias Tod machte die Fürstin wahnsinnig vor Schmerz. In den Nächten peinigte sie sich und weinte, während sie sich die entsetzliche Einsamkeit und Verlassenheit vorstellte, in denen ihre arme Schwester mit gebrochenem Herzen, weil ihr Mann sie verraten hatte, und inmitten eines derart grausamen Krieges ihre traurige letzte Lebenszeit verbringen mußte. Sie konnte sich selbst nicht verzeihen, daß sie sich nicht über ihre Verpflichtungen hinweggesetzt hatte und nach Paris geeilt war, um bei ihr zu sein und sie zu trösten ... oder um wenigstens gemeinsam mit ihr zu leiden.

In den Notizen ihrer Lebenserinnerungen, die sich auf diese Zeit beziehen, äußert sich Anita kategorisch:

… Meine Schwester hatte kein Glück. George war kein guter Mann, sondern ein Frauenheld, Wüstling, Säufer und Drogensüchtiger. 1915 verließ er sie kurzerhand für eine Frau von niederem Stand, mit der er sich in seiner eigenen Wohnung eingelassen hatte. Es war ein junges Mädchen, das wir als eine Gefälligkeit aus Málaga mitgenommen hatten, um es vom Hunger zu erlösen, und das im Haushalt dienen sollte. Dazu kam es, als Victoria ihr viertes Kind erwartete, das bald danach ebenso wie das dritte starb.

Der Kummer über die schimpfliche Behandlung durch ihren Mann, der Krieg und die spanische Grippe brachten sie um. Die Arme starb sehr jung, im Januar 1918 in Blois. Sie war achtundzwanzig Jahre alt.

Von ihren vier Kindern haben nur zwei überlebt: meine Patentochter Victoria, die beinahe ebenso alt wie mein Sohn Ajit ist, und der anderthalb Jahre jüngere Guillermo.

Die Kinder wurden mehrere Jahre lang von meinen Eltern aufgezogen – ich kümmerte mich persönlich um die Kosten –, bis Winans die Frau, die Victorias Unglück verschuldet hatte, ebenso wie meine Schwester behandelte, sie also ihrem Schicksal überließ, und danach sein gesetzlich anerkanntes Recht durchsetzen konnte, die Kinder zu sich zu nehmen.

Jetzt sind sie bei ihm, und ich bin sicher, daß sie gut behandelt werden. Die beiden besuchen Schweizer Schulen und verbringen den Sommer und die Ferien bei mir oder in Málaga.

Daß dieser schlechte Mann ein launischer und verschwenderischer Herumtreiber war, läßt sich an der bezeichnenden Geste erkennen, daß er dem Blumenmädchen, das ihm an der Tür des Theaters jeden Abend eine Blume ins Knopfloch steckte, einmal unversehens einen Scheck gab – über fünfhunderttausend Francs!

Nach Victorias Tod verschwand George Winans aus Paris. Ich hatte nie wieder mit ihm zu tun, denn um die Kinder für die Ferien zu mir zu holen oder zurückzubringen, beauftragte ich einen Sekretär, und so war ich nicht gezwungen, direkt mit ihm zu sprechen, doch aus den Modezeitschriften erfuhr ich, daß er wieder geheiratet hatte und in Lausanne ein herrliches Leben führte. So hat mir der Amerikaner die Gefälligkeiten vergolten, die ich ihm erwiesen hatte!

TRAURIGE ZEITEN IN KASCHMIR · DIE SCHÖNE
GESCHICHTE IST VORBEI · PORTUGAL UND ANDERE
LÄNDER · NACHRICHTEN ÜBER DIE UNABHÄNGIG-
KEIT · DIE MEMOIREN IN DER ZEITUNG *MADRID* · DAS
ENDE IN DER CALLE MARQUÉS DE URQUIJO

Einige Jahre später erfuhr man, daß jene Zeit für Anitas Ehe
der Anfang vom Ende war.

Eine tiefe Kluft von Zerwürfnissen brach nunmehr zwischen
dem Paar auf, was sich noch dadurch verschlimmerte, daß die
Maharani von einer schweren Erkrankung heimgesucht wurde,
die sie mehrere Monate vom Palastleben fernhielt.

»Schwangerschaftskomplikationen und Blutarmut« – wie im
ärztlichen Kommuniqué festgestellt wurde – führten zu einer
Fehlgeburt und einer tiefen Depression Anitas. Sie war blaß und
kränklich und fühlte sich einsam. Ihre Lippen hatten eine vio-
lette Farbe, was auf eine langwierige und komplizierte Gene-
sung hindeutete.

Ajit besuchte sie, um sie bei der von den Ärzten angeordne-
ten, kräftezehrenden Übersiedlung ins Hochland zu begleiten.
Die Fürstin sollte Ehrengast des Maharadschas von Kaschmir
sein, eines sehr hochherzigen, mit der Familie von Kapurthala
befreundeten Mannes. Er stellte der Maharani einen schönen
Palast zur Verfügung, der am Ufer des Dal-Sees unterhalb des
Himalajas lag. Niemand zweifelte daran, daß ihr der Aufenthalt
an jenem Ort guttun würde.

Bevor Ajit nach Europa zurückkehrte, sorgte er dafür, daß
sie sehr bequem untergebracht war und über allen Komfort
verfügte. Anita sollte ihre Rekonvaleszenz in der Gesellschaft
von etwa dreißig Dienern, sechs Kammermädchen, zwei Ge-
sellschafterinnen, ihrem Arzt und einem französischen Koch
verbringen. Ein kleiner Hofstaat, der über eine kranke Fürstin
wachte.

Mutter und Sohn verabschiedeten sich wehmütig: »*Ajit, mon amour, mais ça va durer longtemps!*« murmelte sie mit matter Stimme und bemühte sich um ein Lächeln. »Wenn ich gesund bin, amüsieren wir uns zusammen, *Kumar*[1]. Ich verspreche, dich in London zu besuchen, *n'est-ce pas, mon petit?*«

Zunächst vergingen die Tage langsam. Die gute und hingebungsvolle Behandlung und die große Ruhe des Ortes erreichten, daß sie sich allmählich besser fühlte. Doch die besorgniserregende Mattigkeit verschwand nicht.

Während der ersten Zeit wurde sie oft von einer derart übermächtigen, peinigenden Melancholie bedrückt, daß sie sich weigerte, Gäste in ihren Räumen zu empfangen. Die Rekonvaleszenz der Fürstin dauerte elf lange Monate, die sie wegen ihrer schlechten Gesundheit still, ja apathisch verbrachte, während sie von ihrem Mann überhaupt keine Nachrichten erhielt.

An dem Morgen, als Anita aufwachte, ihren grünen Sari verlangte und den besten Juwelier von Srinagar holen ließ, waren alle sicher, daß sie endlich geheilt war.

Nur eine Woche später übernahm es der kleine Hofstaat der Maharani, wieder Feste zu veranstalten, auf denen regelmäßig eine ganze Heerschar von »Anbetern« empfangen wurde: Sie ließen sich von den Dunstwolken des *Clover Club*, *Gin Fizz* und *Porto Flip* benebeln, die der königliche Cocktailmixer meisterhaft zubereitete[2], und wagten es, Prem Kaur Vergnügungsreisen in unbekannte Regionen oder prachtvolle Abenteuer in

---

1 Bezeichnung für die Söhne eines Königs; entspricht dem spanischen »Infanten«.

2 Das waren die Lieblingscocktails der englischen Aristokratie in Indien. Der *Clover Club*, das bevorzugte Londoner Getränk, besteht aus Gin, Grenadine, Zitronensaft und Eiweiß. Der *Gin Fizz* enthält Gin, Zitronensaft und Ginger-ale, er ist das am leichtesten bekömmliche Mixgetränk, das man in heißen Ländern zu jeder Tagesstunde genießen kann. Der *Porto Flip* wird als der »Cocktail der Liebe« geschätzt; man stellt ihn aus Portwein, Zucker und Eigelb her.

noch gar nicht errichteten Palästen vorzuschlagen. Anita wurde wieder die Fürstin, wie man sie von jeher kannte.

Eines Morgens wies die Maharani ihre Kammermädchen unversehens an: *»Dépêchez-vous vite, on rentre à Kapurthala.«*[3] Mehr sagte sie nicht. Und sie fuhren zurück.

Die lange Genesungszeit in Kaschmir führte dazu, daß die Fürstin die privilegierte Stellung als Favoritin ihres Gatten verlor. Das konnte ihr Stolz nicht ertragen. Anita fühlte sich in Indien immer weniger glücklich und wollte Reisen unternehmen. Vorübergehend zog sie nach Simla, ins Château Mussoorie, wenige Zugstunden vom Jagatjit Palace in Kapurthala entfernt. Sie vernachlässigte ihre Aufgaben und Pflichten als Maharani. In den folgenden Jahren kam es zum endgültigen Bruch zwischen dem Paar, das sein eheliches Zusammenleben beendete.

Die Untreue des einundfünfzigjährigen Jagatjit Singh, der eine blasse und ehrgeizige junge Engländerin in seinem Palast unterbrachte, veranlaßte die Maharani – eher aus Verzweiflung als aus Haß – zu dem Entschluß, sich unwiderruflich vom Maharadscha zu trennen. Um das Erbrecht ihres Sohns nicht zu beeinträchtigen, wartete sie, bis Ajit großjährig wurde.

Anita wohnte damals mit allem Komfort in der Villa Buona Vista, jenem kleinen italienischen Palast am Rande Kapurthalas, in dem sie ihre letzten Nächte als unverheiratetes Mädchen verbracht hatte. Doch ihre Jugend endete mit Langeweile und Eifersucht. Sie war dreiunddreißig Jahre alt und weiterhin bildschön. Sie vertrieb sich die Zeit mit der Beaufsichtigung ihrer Tiermenagerie – Bären, seltene Rassehunde und von ihr gezähmte Affen –, mit Jagdausflügen und Klatschgeschichten. Gern nahm sie an Tennisturnieren teil, lief Rollschuh auf der Bahn, die sie eigens hierfür im Palast bauen ließ, und sah sich in ihrem privaten Lichtspielsaal Filmvorführungen an. Regel-

3 »Beeilt euch. Wir fahren nach Kapurthala zurück.«

mäßig empfing sie europäische und aristokratische Besucher, und sie war ein häufiger Gast bei den Five o'clock teas, Festen und Cocktailparties der britischen Clubs. Außerdem unterhielt sie einen ständigen Briefwechsel mit Spanien und anderen europäischen Ländern, und in kurzen Zeitabständen fuhr sie in ihre Heimat, wenn sie hierfür den geringsten Vorwand fand.

Jemand behauptete, er hätte sie gesehen, wie sie abends zusammen mit einem Mann ausgeritten wäre, der nicht nach Kapurthala gehörte. Der Maharadscha geriet in Zorn. Sie ließ sich nicht einschüchtern.

Nach langen Aussprachen unterschrieben sie einen hochkomplizierten und großzügigen Trennungsvertrag. Anita bewahrte dieses Dokument zeitlebens auf und hütete es wie ihren Augapfel, denn es gab ihr die Freiheit und die Möglichkeit, Indien zu verlassen.

His Highness, Farzand-i-Dilband. Rashik-ul-itkad-i-inglishia Raja-Rajgan. Maharaja Sir Jagatjit Singh Bahadur, G.C.S.I., G.C.I.E., G.B.E. Ruler of Kapurthala State. Punjab. India.[4]

TEILT MIT,
daß Ihre Königliche Hoheit, die Maharani von Kapurthala, die Fürstin Prem Kaur, Ana Delgado Briones, wünscht, freiwillig für eine unbegrenzte Zeit nach Europa, in ihr Heimatland Spanien, zurückzukehren, nachdem sie achtzehn glückliche und liebevolle Jahre zusammen mit ihrem Gatten verbracht hat.

DARUM WURDE IHR
von Seiner Königlichen Hoheit, dem Maharadscha Jagatjit Singh Bahadur von Kapurthala, gestattet, unter dem Schutz der

---

4 Seine Königliche Hoheit, der Lieblingssohn. Der allertreueste Freund der Britischen Krone. Großkreuzträger des Sterns von Indien. Großkreuzträger des Viktoriaordens. Großkreuzträger des Indischen Reichs und Großkreuzträger des Britischen Reichs. König der Könige. Maharadscha Sir Jagatjit Singh Bahadur. Fürst und Herr des Staates Kapurthala. Pandschab. Indien.

Regierung des Pandschabs frei und mit dem größten Komfort durch indisches Territorium zu reisen.

HIERFÜR ORDNET ER AN:

1. Ihrer Königlichen Hoheit, der Maharani von Kapurthala, sollen alle Erleichterungen bei ihrem Gepäck, ihrem Gefolge und ihren Reisen gewährt werden, solange sie sich auf indischem Territorium befindet.

2. Außerhalb des indischen Territoriums soll die Maharani von Kapurthala den Status, die Nationalität und das Bürgerrecht eines Bewohners von Pandschab besitzen.

3. Die Maharani von Kapurthala soll durch die Botschaft oder das britische Generalkonsulat des Landes, in dem sie sich aufhält, pünktlich den Betrag in englischer Währung erhalten, den ihr Gatte, der Maharadscha, als angemessen für ihr Wohlergehen und den Unterhalt ihrer Familie ansieht, was Essen, Wohnen, Kleidung, Ausgaben und Reisen betrifft.

4. Seine Königliche Hoheit, der Maharadscha Jagatjit Singh Bahadur, gebietet seiner inniggeliebten Gattin, der Fürstin Prem Kaur, daß sie in einer Frist von höchstens drei Tagen das Land verläßt, in dem sie sich befindet, wenn es den geringsten Anhaltspunkt gibt, daß ein Bürgerkrieg, ein nationaler oder internationaler Konflikt in diesem Land ausbrechen kann. Das soll zu ihrer eigenen Sicherheit durch die Vermittlung der diplomatischen Vertretungen angesichts der Befürchtung oder Möglichkeit geschehen, daß Ihre Königliche Hoheit, die Maharani von Kapurthala, sonst Schaden an ihrer Person erleiden könnte.

5. Seine Hoheit, der Maharadscha Jagatjit Singh von Kapurthala, soll stets mit den Rechten und Ehren eines Gatten empfangen werden, wenn er den Ort besucht, in dem seine inniggeliebte Gattin, die Fürstin Prem Kaur, weilt.

6. In der ganzen Welt sollen die britischen Botschaften und Konsulate sorgfältig darüber wachen, daß es der Maharani von Kapurthala dort, wo sie sich befindet, zeitlebens an nichts fehlt. Nach ihrem Tod, von dem wir hoffen, daß er spät und leicht eintreten wird, soll das gleiche mit ihrem einzigen Sohn geschehen, *dem Maharadscha und Prinzen Ajit Singh von Kapurthala, dem fünften männlichen Thronerben nach der Erbfolge.*

7. Ana Delgado Briones darf, denn dies ist der Wunsch des Maharadschas Jagatjit Singh Bahadur, nach ihrem Belieben die Titel Fürstin und Maharani von Kapurthala benutzen, obwohl sie diese in einer morganatischen Ehe erhalten hat, sie ihr somit nicht von Rechts wegen zustehen und auch nicht erblich sind.

8. Alle zuvor dargelegten Bedingungen verlieren ihre Wirksamkeit, Gültigkeit und Rechtmäßigkeit, wenn Ihre Königliche Hoheit, die Maharani von Kapurthala, eine neue Ehe schließt, wie auch immer die Religion, der Stand oder die protokollarischen Bedingungen dieser Ehe sein mögen.

Denn dies sind Unsere Anordnungen, und Wir wünschen, daß ihnen gehorcht wird. Eigenhändig unterschreiben und unterzeichnen Wir dies am 25. Februar 1925 vor sechs Zeugen im Jagatjit-Palast von Kapurthala, in Gegenwart Ihrer Königlichen Hoheit, der Fürstin Prem Kaur, Ana Delgado Briones, der Maharani von Kapurthala, die ebenfalls unterzeichnet.

Der Maharadscha, ein gewählter Abgeordneter der Fürstenkammer, sah sich von 1927 an gezwungen, längere Zeiten in Paris und London zu verbringen, weil die Lage in Indien immer problematischer wurde. Und wenn sein turbulentes Leben in nichts hinter jenem der hohen europäischen Königsfamilien zurückstand, so erregten die Söhne Karamjit und Paramjit noch weitaus größeres Aufsehen: Sie traten als eindrucksvolle *Englishmen* und echte *Gentlemen* auf, die in Filmstars, Juwelen, Rennen, Kasinos und Feste der High Society vernarrt waren.

Obwohl Seine Hoheit und Anita seit beinahe zwei Jahren getrennt lebten, blieben sie in häufigem Kontakt. Die Engländerin, die er als Objekt seiner Liebesfreuden in Kapurthala untergebracht hatte, wurde des ruhigen Palastlebens früher überdrüssig, als vorauszusehen war, und verließ den Maharadscha.

Später nahm eine gewisse Germaine Pellegrino, eine kapriziöse Italofranzösin, die Jagatjit Singh in Nizza kennengelernt hatte, den Platz ein, den Anita freigegeben hatte. Während ihrer Anwesenheit machte der Palast so etwas wie ein »italienisches Fieber« durch, das Veränderungen im Speiseplan und der inneren Ordnung mit sich brachte, jedoch zum Glück nicht allzulange dauerte. Germaine verschwand – und mit ihr die größten Perlen des Schatzes –, und sie verlobte sich mit einem jungen Amerikaner.

Sein dramatischstes Liebesabenteuer hatte der Fürst mit seiner letzten Freundin, als er schon sechzig war. Es handelte sich um eine wunderschöne junge Tschechin, die er nötigte, zu seiner Religion überzutreten, und die er in den Harem aufnehmen ließ. Als die Frau sich in dieser ausweglosen Lage und einer solch unerbittlichen Gefangenschaft sah, verzweifelte sie so sehr, daß sie innerhalb von wenigen Monaten zweimal versuchte, sich das Leben zu nehmen. Da sie ihre Lage nicht länger ertragen konnte, äußerte sie eines Tages den Wunsch, die Stadt vom Minarett der mohammedanischen Moschee aus zu betrachten. Alle hielten das für eine harmlose Laune, und man erlaubte ihr, den Ort aufzusuchen. Sobald sie oben war, bedeckte sie ihr Gesicht mit dem Schleier und warf sich ins Leere. So gelang es ihr schließlich, ihr Leben zu beenden.

Es folgten viele weitere Frauen, aber Jagatjit Singh heiratete nie wieder. Die Spanierin war gewissermaßen die einzige Ausländerin, die seine Seele erobert hatte. Tatsächlich verstand es der Maharadscha nicht, seine Liebesverhältnisse zu bewahren. Er kaufte sie lediglich.

Die ersten Jahre nach der Trennung verbringt die Fürstin in Paris und Spanien. Außerdem stehen ihr Häuser in der Schweiz, in Madrid und Málaga zur Verfügung. Aus den Zeitschriften der späten zwanziger und frühen dreißiger Jahre erfahren wir, daß sie sich kaum eine Ruhepause gönnt. Photos zeigen uns, wie sie Urlaub in Deauville macht, den Winter am Lido von Venedig und die *Saison* in Nizza genießt. Selbstverständlich verpaßt sie auch die traditionellen Volksfeste in Sevilla und die besten Stierkämpfe des Jahres nicht. In Biarritz spielt sie Tennis mit den Rothschilds, in Monaco speist sie mit Sultan Amej Chad, sie begleitet Shiras Bey auf Maskenbälle und kommt mit Belmonte, Blasco Ibáñez oder Josephine Baker auf den phantastischsten Festen zusammen.

1931 stirbt Ángel Delgado und Ende 1935 Candelaria Briones. Europa spürt, daß es von einem neuen Krieg bedroht wird, und in Spanien spitzt sich die Lage so sehr zu, daß 1936 ein Bürgerkrieg ausbricht. Trotz der schlechten Zeiten lebt die Fürstin mit ihrer Nichte Victoria in einem diskreten bretonischen Strandhotel. Den Anfang des Spanienkriegs hatte sie relativ ruhig verbracht, doch als der europäische Konflikt ein ernsteres Ausmaß annimmt, legt der Maharadscha von Kapurthala durch die Vermittlung der britischen Botschaft beiden Frauen dringend nahe, sich vom französischen Konfliktherd zu entfernen, und veranlaßt ihre Übersiedlung nach Portugal. Die zwei kommen wohlbehalten in Estoril an und reihen sich in die Schlangen jener Europäer mit Diplomatenpaß ein, die darauf warten, Plätze auf einem Klipper zu bekommen, der Passagiere zu den großen, nach Amerika fahrenden Ozeandampfern hinüberbringt. Anita plant, zu Ajit nach Buenos Aires überzusiedeln, der dort seit zwei Jahren als Handelsattaché tätig ist.

Nach monatelangen vergeblichen Bemühungen beschließen Tante und Nichte, nicht nach Argentinien zu fahren, und richten sich in einem Landhaus ein, das sie in der Nähe von Lissabon gemietet haben. Dort bleiben sie bis zum Kriegsende.

Als sich die Maharani Anfang der vierziger Jahre endgültig wieder in Madrid niederläßt, veranlassen sie die politischen Sorgen, täglichen Kontakt mit ihrem Sohn zu halten: Die aus Indien eintreffenden Nachrichten machen deutlich, daß die Briten ihre am höchsten geschätzte Kolonie für immer aufgeben wollen. Es heißt, der riesige Subkontinent stehe kurz vor dem Zerfall in zwei große Nationen. Über die Grenzlinien und die territoriale Aufteilung wird in blutigen Religionskriegen entschieden, in denen Tausende ihr Leben verlieren.

Anita erklärt, dem Pandschab werde es übel ergehen, denn sie bezweifelt, daß ihr ehemaliger Gatte aufgrund seines vorgerückten Alters die besten Voraussetzungen besitzt, um den Anschluß seines Reichs an jenes neue Land auszuhandeln, das man »Indische Union« nennen wird. Er ist der älteste indische Monarch und einer der wenigen, die man nicht entthront hat.

Es überraschte sie sehr, als sie von ihrem Sohn erfährt, daß man Jagatjit Singh trotz seines Alters – zum drittenmal – gewählt hat, um die Fürstenkammer als Sprecher gegenüber der britischen Regierung zu vertreten, und daß er selbst die komplizierten Anschlußbestimmungen am gründlichsten und energischsten erörtert.

Jahre später schildert die Fürstin in ihren Memoiren ihre damaligen persönlichen Ansichten über Indiens Weg zur Unabhängigkeit.

Wie gut England diese Kleinkönige hinters Licht führt! Tatsächlich versetzt es sie in ständige Unruhe. Zuerst nimmt man ihnen die Privilegien – mit der Unterstützung von plebejischen Politikern wie Nehru und Ali Jinnah –, schafft den Großgrundbesitz der Herrscher ab und verteilt ihn an das Volk. Daraufhin verbünden sich die Monarchen und erklären, sie seien die natürlichen Führer von Hunderten Millionen Menschen. Sie organisieren sich, um die Macht zurückzuerobern, und kandidieren als Gouverneure oder Bürgermeister bei den Wahlen. Nun beruft sich England auf die Normen des demokratischen Zusammenlebens – die es in Indien nicht gibt und auch nie geben wird – und des Völkerrechts, um sie zu nötigen, sich nach Regionen zusammenzuschließen – die alte Geschichte von »Teile und Herrsche«. So bringt es frühere Feinde dazu, einander ins Gesicht zu blicken. Diese sehen sich zum eigenen Vorteil gezwungen, Vereinbarungen zu unterzeichnen, die das Volk nicht gutheißt. Wenn die ersten Konflikte ausbrechen, erklären dieselben Leute, die diese Bündnisse gefördert haben, sie für verfassungswidrig und ungesetzlich. Aber damit ist die Geschichte nicht zu Ende. Da die Fürsten und Könige weiter lästig fallen und den Entstehungsprozeß der neuen Nation stören – denn ob sie wollen oder nicht, sie müssen etwas sagen, nicht ohne Grund waren sie Staatsoberhäupter, und einige Familien übten jahrhundertelang eine absolute Macht aus –, beschließt die neue Regierung, sie zu Diplomaten zu ernennen, und verstreut sie über die ganze Welt, bringt die fähigsten Maharadschas und ihre Angehörigen in den Botschaften der verschiedensten Länder unter, weit entfernt vom demokratischen Prozeß und ohne die Möglichkeit einzugreifen. Da ist zum Beispiel die Königsfamilie von Jai Singh, dem Maharadscha von Jaipur, den man in der indischen Botschaft in Madrid beschäftigt, oder mein eigener Sohn, der weiter diplomatische Aufgaben in Argentinien wahrnimmt.

Diejenigen schließlich, die man nicht in Botschaften »exilieren« kann, überzeugt man, Unternehmer zu werden, wie etwa den Maharana von Udaipur, der seinen Palast am See zu einem Fünfsternehotel umgebaut hat, oder den Nizam von Hyderabad, der Aktionär von amerikanischen Schmuckwarenunternehmen ist. Wirklich, diese Engländer hätten es gar nicht besser anstellen können!

Von Madrid aus verfolgt Anita die Entwicklung der indischen Unabhängigkeitsbewegung mit Abneigung und Neugier. Als sie jedoch mit beinahe einjähriger Verspätung vom Tod der Tochter des Maharadschas von Kapurthala erfährt, die man in einem deutschen Konzentrationslager eingesperrt hatte, bekümmert sie das tief. Amrit Kaur war einst eine gute Freundin der Fürstin und hatte ein sehr mitfühlendes Herz. 1940 verkaufte sie ihren ganzen Schmuck, um eine beträchtliche Zahl von jüdischen Intellektuellen aus Frankreich herauszuholen. Die Gestapo nahm sie fest und verschleppte sie in ein Lager, in dem sie nur zwei Jahre überlebte. Ungeachtet aller politischen und diplomatischen Bemühungen gelang es nicht, ihr Leben zu retten.

Es betrübt Anita, als sie von dem Unglück hört, das einigen ihrer indischen Bekannten zustößt, wie etwa dem letzten König von Udh, einem engen Freund des Maharadschas, den die Briten absetzen.

Anita erinnerte sich, daß dieser Monarch eine Sammlung von vierundzwanzigtausend Tauben mit echten Seidenfedern zusammengetragen hatte, um mit ihnen seinen Harem auszuschmücken. Er hieß Wahid Ali Shah, und der Maharani waren seine Feste unvergeßlich, auf denen es Wachtel-, Elefanten- und Tigerkämpfe gegeben hatte. Er hatte sogar Kämpfe mit Taubeneiern veranstaltet! Nun besaß er kein Vermögen mehr, und seinen Harem hatte man freigelassen – was für einen schiitischen Mohammedaner die schlimmste Demütigung ist. Nachdem der arme Mann als König der Könige geherrscht hatte, war er nun ins Elend herabgesunken, und seine Gattin verdiente sich, bis sie an Tuberkulose starb, ihr Brot damit, Saris für sechs Rupien das Stück zu besticken.

Unglücklicherweise bestätigten sich die Prognosen der Fürstin im August 1947: An dem Tag, an dem Indien seine Geburt als Nation feierte, wurde das Pandschab zweigeteilt, und die Welt sah entsetzt dem Blutbad zu, das in jenem Land stattfand, dessen Herrscherin Anita früher gewesen war.

Wenig später, 1949, teilte die indische Botschaft in Madrid der Rani Sahiba Prem Kaur die traurige Nachricht mit, daß ihr geliebter ehemaliger Gatte, der Maharadscha Jagatjit Singh von Kapurthala, verstorben sei.

Die gesamte europäische Presse druckte diese Meldung und lobte die Persönlichkeit des Herrschers in überschwenglichen Tönen. Doch das Diplomatische Korps bat die Fürstin, nicht ins Pandschab zu reisen und an der Trauerfeier teilzunehmen, denn die Lage im Sikh-Territorium sei kritisch und äußerst alarmierend, und deshalb könne man nicht für ihre persönliche Sicherheit garantieren.

Ihr Sohn Ajit hingegen trat diese Reise an, denn als dritter in der Erbfolge des Throns – zwei von den fünf Söhnen Jagatjit Singhs waren inzwischen verstorben – hatte er die persönliche und heilige Pflicht, an den Begräbnisfeierlichkeiten des Maharadschas teilzunehmen und dabeizusein, wenn dessen sterbliche Überreste verbrannt und die Asche verstreut wurde.

Auf seiner Rückkehr aus Kapurthala blieb Ajit ein paar Tage in Madrid, bevor er nach Buenos Aires weiterreiste. Wie er berichtete, wurde das, was man als letzte Ehre, als feierliche Abschiedszeremonie für einen alten und verehrten Maharadscha vorgesehen hatte, durch den Volkswillen zu einer radikalen, schwer zu kontrollierenden patriotischen Kundgebung. Beinahe hatten die Ordnungskräfte und sogar die Armee eingreifen müssen, so groß waren die Erregung und die Inbrunst der dort versammelten Sikhs.

Anita erhielt Beileidsbekundungen aus aller Welt. Sogar General Francisco Franco beschloß, ihr eine Sonderaudienz im El-Pardo-Palast zu gewähren, um ihr in seinem Namen und in dem seiner Frau persönlich zu kondolieren.

Die Fürstin war von der Geste tief beeindruckt und wählte für diesen wichtigen Anlaß ihre Kleidung sehr sorgfältig aus. Nach langen Beratungen entschied sie, ohne Kopfbedeckung in einem ganz einfachen, schwarzen Seidenkreppkleid und einem Persianermantel von derselben Farbe zu erscheinen. Sie wollte keine Ohr- oder Fingerringe, keine Broschen oder Armbänder tragen. Eine ganz und gar würdige und ehrbare Witwe.

Doch über jener Trauerfarbe prangte auf ihrer Brust der riesige Smaragdhalbmond, den ihr der Maharadscha geschenkt hatte.

»Wenn die Smaragde, mit denen man die Elefanten geschmückt hat, schon so groß waren, dann kann ich mir überhaupt nicht vorstellen, wie die Steine in der Königskrone aussahen«, soll der General zu den Umstehenden gesagt haben, als Anita den Raum verließ.

Seitdem die Fürstin verwitwet war, dachte sie nur noch an eines: Sie wollte ihre Memoiren schreiben und veröffentlichen. Wohin sie auch reiste, immer nahm sie leere Notizbücher mit, die sie nach und nach beschrieb. Gewöhnlich verbrachte sie die Winterzeit in Málaga und den Sommer in Nizza oder Cannes, doch den größten Teil des Jahres lebte sie in Madrid, in ihrem Haus in der Calle Marqués de Urquijo. Den Salon beherrschten zwei riesige Bilder des Maharadschas und der Maharani. Der Raum war mit eindrucksvollen Objekten aus Indien und den anderen Ländern vollgestellt, die Anita auf ihren unzähligen Reisen besucht hatte. Sie weckten das Bedürfnis der Fürstin, zu erzählen und sich zu erinnern.

Aus Ajits Briefen wußte sie, daß es in nur zwei Jahrzehnten zu tatsächlich gewaltigen Veränderungen gekommen war. Im neuen Indien waren die Zeiten schlecht für die Aristokraten. Die sogenannte Demokratie hatte die Familie von Kapurthala in »den Ruin« getrieben. Von den zweiunddreißig Palästen, die der Maharadscha besessen hatte, waren nur noch zehn geöffnet und im Familienbesitz. Den Nachfahren fehlten die wirtschaftlichen Möglichkeiten, sein Vermächtnis würdig zu bewahren, und sie sahen sich gezwungen, einige Paläste zu schließen, andere an offizielle Institutionen abzutreten und die übrigen zu Spottpreisen zu verkaufen, um ihre eigene Existenz zu sichern. Die weniger wertvollen oder schlechter erhaltenen wurden der Verwahrlosung und dem Vergessen preisgegeben. Der Verfall hielt Einzug in Kapurthala, und Ajit bekümmerte es, mit ansehen zu müssen, wie die ererbten Denkmäler des Kriegergeschlechts nach und nach zusammenstürzten. Genau das, was Mountbatten befürchtet hatte: »... Eine Herrschaft von dreihundert Jahren und neunundzwanzig Vizekönigen, damit schließlich alles in die Hände von Eingeborenen gerät ...«

In einem 1955 geschriebenen Brief schildert Ajit der Fürstin, in welchem Zustand sich einige Paläste aus dem Besitz des Maharadschas befinden:

Mutter, es ist besser für Dich, daß Du nicht nach Kapurthala zurückkehrst, sondern die schönen Zeiten in Erinnerung bewahrst, die Du dort erlebt hast. Alles hat sich so sehr verändert ... Es ist ein trostloser Anblick.

Ich frage mich, was Du empfinden würdest, wenn Du sehen könntest, wie wenig von Deinem Reich übriggeblieben ist. Einen bedauernswerten Anblick bieten die wertvollen Gegenstände, die numeriert und archiviert sind, die leeren verstaubten Zim-

mer, die wenigen Möbel, die nicht verschleudert wurden und mit schmutzigen Tüchern bedeckt sind, die großen Nordfenster im mogulischen Stil, Mutter, an denen Du davon geträumt hast, frei wie ein Vogel zu sein, heute haben sie keine Scheiben mehr und lassen durch ihre Gitter (die ihnen ein Aussehen wie im Himalaja gaben – erinnerst Du Dich? –, ähnlich wie die Fenster im Shalimar-Palast in Kaschmir) im Winter die Kälte und den Schnee, im Sommer den Staub und die Insekten, die Regengüsse der Monsune eindringen ...

1960 beschließt Anita, ihre Memoiren herauszubringen. Sie spricht und verhandelt mit mehreren Verlagen, die sich nicht für das Manuskript interessieren. Durch die Vermittlung eines Verlags lernt sie jedoch einen Journalisten kennen, der ihr vorschlägt, ihre Erinnerungen kapitelweise in täglichen Fortsetzungen auf der zweiten Seite der Tageszeitung *Madrid* zu veröffentlichen – allerdings unter der Bedingung, daß sie mit stilistischen Korrekturen einverstanden sei. Ahnungslos nimmt die Fürstin an und erhält einen Vorschuß.

Die Wahrheit sieht ganz anders aus. Was veröffentlicht wird, stimmt wenig oder überhaupt nicht mit den Manuskripten überein, die Anita gewissenhaft und pünktlich abliefert:

Jeden Morgen bringt es mich mehr in Wut, wenn ich die Zeitung lese. Ich kann nicht glauben, daß der Text, den ich wahrheitsgemäß und sorgfältig ausgearbeitet habe, ein paar Wochen später völlig verstümmelt, verändert oder entstellt im Druck erscheint, womit man nichts anderes bezweckt, als eine rosarot gefärbte Liebeschronik herauszubringen oder die einfältigste und vulgärste Skandalgeschichte zu erfinden. Diese erbärmlichen Journalisten vertauschen nicht nur die Zeiträume, Daten und Personen, sondern bearbeiten auch alles auf ihre Weise, indem sie historische Tatsachen aus meinen Texten streichen und oberflächliche Kleinigkeiten besonders hervorheben. An manchen Tagen sind die Photos das einzig Wahre, was man veröffentlicht.

»Ich glaube, ich habe einen Fehler gemacht, als ich mit diesem schlimmen Sensationsblatt die Veröffentlichung meiner Biographie in Teillieferungen vereinbart habe«, schreibt Anita Delgado im Jahre 1962.

Ich glaube, ich habe einen Fehler gemacht, als ich mit diesem schlimmen Sensationsblatt die Veröffentlichung meiner Biographie in Teillieferungen vereinbart habe. Ganz abgesehen von der beträchtlichen Mühe, die mir die genaue Abschrift meiner Tagebücher bereitet, haben mir alle gesagt, daß Memoiren in Fortsetzungen heute, 1962, keinen Erfolg haben würden, und das noch viel weniger, wenn sie in einem Blatt von so zweifelhafter Moral wie der Zeitung Madrid *erscheinen. Aber was läßt sich da noch machen . . . jetzt ist das nicht mehr zu ändern.*

Im Frühjahr erkrankt Anita schwer. Mitte Mai spricht Doktor Casás, ihr Kardiologe, offen mit ihrer Nichte: Anita wird den Sommer nicht überleben.

Sie befinden sich im japanischen Salon. Victoria sagt nichts. Sie fühlt sich wie gelähmt. Schließlich beschließt sie, in die Calle Marqués de Urquijo zu ziehen, um ihre Tante bis zum Ende zu pflegen. Victoria richtet sich in dem Zimmer neben der Fürstin ein. Sie übernnimmt es auch, dem Prinzen eine dringende Nachricht zu schicken. Zwei Tage später teilt die indische Botschaft mit, der Maharadscha Kumar Ajit Singh, der Sohn der Rani Sahiba Prem Kaur von Kapurthala, werde in weniger als einer Woche in Madrid eintreffen.

Der Juli beginnt mit extremen Temperaturen. Die Hitze ist unerträglich, und die Kranke ringt mühevoll nach Luft. Da die nervöse Anspannung und das Schwitzen ihren Zustand verschlimmern, schwinden die ohnehin geringen Chancen allmählich immer mehr, daß sie ein ruhiges Ende finden könne. Ab Mai kann Anita das Bett überhaupt nicht mehr verlassen. Victoria läßt Ventilatoren im Schlafzimmer aufstellen, doch die erstickenden vierzig Grad verschlimmern ihr Leiden unaufhaltsam.

Die Nichte verbringt die Nächte an Anitas Bett und beobachtet, wie sich deren Brust hebt und senkt. Sie wacht über das erschöpfte Atmen, das Keuchen und die Erstickungsanfälle.

Am Morgen stürmt ein Kammermädchen in Victorias Zimmer.

»Die Señora sagt, ich soll ihr Musik anstellen, und sie hat Durst.«

Die beiden rennen ins Schlafzimmer. Anita sitzt aufrecht im Bett: »Legst du mir *Doña Luz* auf? Das habe ich so lange nicht gehört ...«[5]

»Aber selbstverständlich«, antwortet die Nichte. »Anscheinend geht es dir heute etwas besser, sogar Lust auf Musik hast du! Gleich suche ich die Platte heraus.«

Die Musik erklingt. Der Text des Liedes macht die Fürstin nachdenklich:

> ... und nun im Palast fühlt sie sich alt,
> von Luxus umgeben, doch ohne Sonne,
> und immer weint sie hinter dem Gitter,
> wo nur eine Nacht die Liebe rief ...

»Was ist mit den Kapiteln in der Zeitung?« fragt sie, als das Lied endet. »Geht der Abdruck weiter?«

»Natürlich.« Victoria läßt sich nichts anmerken. Sie weiß, daß sich ihre Tante aufregen würde, wenn sie von dem Unsinn erführe, den man über ihr Leben veröffentlicht. »Sie erscheinen jeden Tag. Soll ich die Platte umdrehen?«

»Das spielt keine Rolle«, erwidert die Fürstin. »Wo sowieso alles Lüge ist ...«

Den letzten Satz sagt sie in einem eigentümlichen Ton, und Victoria blickt vom Plattenspieler auf. Anitas Gesicht zeigt ein sonderbares, erstarrtes Lächeln, und ihre Augen sind unverwandt zum Nachttisch gerichtet: Sie ist ins Koma gefallen.

Die Nichte schreit. Kammerfrauen und Dienstmädchen hasten herbei. Das Haus gerät in Aufruhr, alle eilen kopflos hin und her. Victoria weint, telefoniert, weist die Wirtschafterin an:

---

5 Ein Lied der spanischen Sängerin Estrellita Castro, das in den fünfziger und sechziger Jahren sehr berühmt war.

»Die Señora liegt im Sterben. Meine arme Tante ist ins Koma gefallen.«

»O Gott, o Gott, ein schlimmer Verlust«, ruft die Frau.

»Sie müssen mir helfen. Passen Sie auf, daß die Kammermädchen ihre Dienstkleidung und weiße Handschuhe tragen und tadellos sauber sind, vergessen Sie das nicht. Es werden viele Leute kommen, und Sie wissen, die Fürstin verlangt, daß die Angestellten immer Handschuhe tragen. Halten Sie ein paar Getränke bereit und machen Sie alles in der Küche fertig, falls man etwas braucht. Ich benachrichtige die Familie und rufe die Botschaft an … Was für ein Unglück.«

»Das Bestattungsinstitut weiß schon Bescheid, Doña Victoria.«

»Haben Sie ihnen gesagt, daß wir keine Todesanzeigen wollen? Der Prinz lehnt so etwas ab, obwohl ich glaube, daß er damit nicht recht hat. Und die Zeitung? Wissen Sie, ob man sie benachrichtigt hat? Man muß mit diesen Fortsetzungen Schluß machen!«

Victoria kommt ins Schlafzimmer zurück und betrachtet verzweifelt das Gesicht ihrer Tante. Sie ist nicht mehr schön, denkt sie: Große, dicke Tränensäcke entstellen zwei Augen, deren Blick früher einmal die Liebe eines Königs erweckt hatte. Ihr Mund hat einen überdrüssigen und leiderfüllten Ausdruck angenommen, und die Runzeln verraten nichts mehr von der früheren Schönheit … Trotzdem wird Victoria darum bitten, daß man sie kämmt und ein bißchen schminkt. Die Nichte weiß, der Fürstin würde es nicht gefallen, wenn sie die Welt mit ungeschminktem Gesicht verließe.

Am Nachmittag räumt man das Schlafzimmer auf, wechselt die Bettwäsche und zieht auch Anita frische Kleider an. Victoria sieht allem wie abwesend zu, sie denkt an die zahlreichen, aus allen möglichen Orten stammenden Gegenstände, die sich in der Wohnung häufen – Bilder, Souvenirs, Bücher, Photos, Möbel. Während ihrer Krankheit hatte die Fürstin sie zu sich bringen lassen, um sie in der Nähe zu haben. All diese Dinge bewirken, daß das Zimmer wie eine buntscheckige Basarkollektion aussieht ... und Anita mittendrin, in diesem Bett, umgeben von so vielen Klöppelarbeiten, Stickereien und Spitzentüchern, im gelblichen Lichtkreis der Nachttischlampe, als befände sie sich auf einem amerikanischen Filmset.

Nun hört Victoria das Geflüster der beiden jungen Kammermädchen: »Heilige Jungfrau! Aber fällt es denn niemandem in diesem Haus ein, einen Pfarrer zu rufen? Will man sie ohne Beichte sterben lassen?«

»Ach was, Mädchen! Weißt du nicht, daß sie eine halbe Maurin war und daß ihr Sohn Jude sein muß oder so etwas? Wofür würde ihr ein Pfarrer nützen?«

Victoria greift ein und unterbricht übelgelaunt diese Kommentare: »Was sind das für Gerüchte? Schämt ihr euch nicht, und das in so einem Augenblick? Dort im Zimmer liegt meine Tante im Sterben, und ihr zerreißt euch den Mund!« Es klingelt an der Tür. »Und jemand soll sich um die Tür kümmern, mein Gott, jemand soll aufmachen!«

Die beiden Mädchen stürzen zum Eingang. Als Victoria allein ist, kann sie es nicht länger ertragen und bricht in Tränen aus: »Meine arme Tante! Wer wird dir die Augen schließen?«

Die Fürstin rang nun wirklich mit dem Tod, und ihre Agonie begann am 6. Juli. Sie sollte nur zwanzig Stunden dauern.

Am Morgen des 7. Juli klingelte es stürmisch an der Tür. Energische, eilige Schritte und aufgeregte Stimmen waren am Eingang zu hören. Vor der Zimmertür verstummten sie. Dann trat der Sohn ein. Er riß die rotgeweinten Augen weit auf, stürzte zum Bett und ergriff die Hände seiner Mutter.

»Maharani, Maharani, *ne me quittez pas comme ça!* Prem Kaur, *Darling, ma mère! Oh, mon Dieu, ma princesse ... Dites-moi quelque chose, s'il vous plaît! C'est moi, votre fils, Ajit! Est-ce que vous pouvez m'entendre, mère?«*[6]

6 »Maharani, Maharani, so dürfen Sie mich nicht verlassen! Prem Kaur, mein Liebling, Mutter! O Gott, meine Fürstin ... Sagen Sie doch bitte etwas! Ich bin es, Ihr Sohn Ajit! Können Sie mich verstehen, Mutter?«

Victoria hinter ihm weinte auch. Sie trug Trauerkleidung.

Dann geschah das Unvermeidliche. Anita schlug die Augen halb auf und betrachtete lange, als verstünde sie nichts, den knienden Mann, der flehte, schluchzte und ihre Hand mit der seinen drückte. Es schien, als sähe Anita ihren Sohn zum erstenmal – wie sehr kann man einen Sohn lieben? –, als entdeckte sie ihn plötzlich und merkte erst jetzt, daß er da war.

Alle beobachteten, wie sie eine letzte und verzweifelte Anstrengung machte, ihm etwas zu sagen, aber ein heftiger Schmerz zerriß mit einemmal ihre Seele.

Ihre Hand verkrampfte sich, und nach einer kurzen Zuckung erstarrten ihre Augen.

Diese Augen, die betört, geweint und gelacht hatten, Augen, die verschmäht und geliebt hatten, sollten sich mit einemmal und endgültig, für die ganze Zeit ihres Todes, auf ihren Sohn richten.

Es war sechs Uhr nachmittags. In Madrid war soeben eine Fürstin gestorben.

Anita starb am 7. Juli des Jahres 1962. Eine Woche später wurde
sie auf dem San-Isidro-Friedhof beerdigt.

Das Grab mit ihren sterblichen Resten ist aus weißem Marmor und hellgrauem Granit. An seinem Kopfende steht ein
großes Kreuz, und darunter befindet sich ein kleines Kruzifix in
Reliefform. Auf dem Grabstein selbst erscheinen auch das
Wappen Kapurthalas und eine Krone, um darauf hinzuweisen,
daß die hier ruhende Tote zu einer Königsfamilie gehört. Etwas
weiter unten kann man den folgenden Text lesen:

IHRE HOHEIT, DIE MAHARANI

PREM KAUR VON KAPURTHALA

GEBORENE

ANA MARÍA DELGADO BRIONES

VERSTARB AM 7. JULI 1962

IM ALTER VON 72 JAHREN

IHR SOHN VERGISST SIE NICHT

R.I.P.

Die Memoiren, die die Fürstin in Fortsetzungen veröffent-
lichte, führten zu einigen Problemen: Als Victoria die Zeitung
telefonisch informierte, ihre Tante sei verstorben und der
Abdruck müsse eingestellt werden, weigerten sich die Verant-
wortlichen und erklärten, sie hätten im voraus bezahlt und
sogar das Recht auf einen Exklusivbericht über ihren Tod. Es
gab keine Möglichkeit, sie auf gütlichem Wege zur Vernunft zu

Das Grab Anita Delgados in Madrid

bringen. Ajit erstattete Anzeige bei den Behörden. Außerdem verlangte er auf diplomatischem Wege ein dringendes Gespräch mit dem Minister für Information und Tourismus – ein junger Mann, den man erst vor kurzem ernannt hatte und den das Problem eines Konflikts mit der indischen Botschaft wegen der Memoiren einer spanischen Maharani überforderte. Ajit ersuchte ihn nachdrücklich, unverzüglich alles zu tun, um die Verbreitung von Nachrichten über Anita zu verbieten und so die traurige Lage der Familie und das Recht auf die Intimsphäre in einem derart schweren Augenblick zu respektieren.

Schließlich gelang es, dieser Geschichte ein Ende zu machen, und der Sohn des Maharadschas verfaßte eine Pressenotiz, die an alle Zeitungen geschickt wurde. Sie teilte den Tod seiner

Mutter mit und bat darum, aus Rücksichtnahme auf die Verstorbene und ihre Verwandten keine weiteren Meldungen über ihre Person und ihr Leben zu bringen.

Aus Anlaß des Begräbnisses gab es einen weiteren Skandal, bei dem ebenfalls Journalisten ihre Finger im Spiel hatten. In einer Zeitschrift hatte offenbar jemand die Behauptung lanciert, Anita habe ihren christlichen Glauben verleugnen und die Religion ihres Gatten annehmen müssen, um den Maharadscha heiraten zu können. Nichts weiter als eine von Sensationsgier veranlaßte Lüge, doch als man Anita in geweihter Erde bestatten wollte, wurden nicht wenige erbitterte Gegenstimmen laut. Man wandte sich an Pfarrer und Bischöfe mit der Frage, ob die katholische Lehre erlaube, daß eine Heidin auf dem Friedhof beigesetzt werde.

Kurzum, die Kirche befaßte sich mit der Angelegenheit, und man mußte Dokumente und Bescheinigungen vorlegen. Es kam zu Befragungen von Verwandten und Bekannten, es gab einiges Hin und Her. Am Ende fügten sich die Geistlichen und erkannten an, daß Anita eine römisch-apostolische Katholikin geblieben war, obwohl sie so lange in Indien gelebt hatte.

Die Kirche stellte nur eine einschränkende Bedingung: auf dem Grabstein der Fürstin durfte kein Symbol erscheinen, das sich mit Gebeten oder Riten einer nichtkatholischen Religion in Zusammenhang bringen ließ. Und daran hielt man sich.

Nach Anitas Tod blieb ihr Sohn mehrere Monate in Madrid. Da er der einzige Erbe war, mußte er einen gewaltigen Papierkrieg bewältigen. Das Haus in der Calle Marqués de Urquijo wurde geräumt und verkauft, ebenso geschah es mit dem in Málaga und den übrigen Besitzungen der Fürstin. Victoria zog wieder zu ihrer Familie. Von den beiden imposanten Bildern, die den Salon des Hauses beherrscht hatten, behielt Victoria das des Maharadschas, und das der Maharani wurde auf Anitas persönlichen Wunsch dem Museum in Málaga geschenkt. Die Möbel und Gegenstände, von denen die meisten einen hohen

Wert hatten und Einzelstücke waren, wurden an Madrider Antiquitätenhändler verkauft.

Victoria erhielt einige persönliche Gegenstände der Fürstin: ihre Saris, mehrere Bilder und Fächer, außerdem alle Briefe, Photos und Dokumente, die die Nichte eher als persönliche Erinnerungsstücke als wegen ihres Werts aufbewahren wollte.

Den Schmuck, den Anita in der Zentralbank deponiert hatte, nahm ihr Sohn nach Indien mit, abgesehen von den berühmten Smaragden, die er in Spanien verkaufen wollte und die von einer bekannten galicischen Familie erworben wurden.

Ajit kehrte im November 1962 nach Indien zurück. Er war schon ein älterer Herr von beinahe sechsundfünfzig Jahren und hatte sich in Neu-Delhi niedergelassen. Er führte ein bequemes Leben als Maharadscha und hielt sich oft in Europa auf; auf seinen Reisen versuchte er es immer so einzurichten, ein- oder zweimal jährlich in Madrid und Málaga vorbeizukommen, denn er schwärmte für Stierkämpfe und Fußball.

Stets fühlte er sich wie ein Bruder seiner Cousine Victoria. Die beiden waren zusammen aufgewachsen und blieben Freunde und Vertraute.

1981 schrieb Ajit an Victoria und bat sie, Plätze für die 1982 in Spanien stattfindende Fußballweltmeisterschaft zu reservieren. Im Februar erhielt sie einen weiteren Brief ihres Cousins. Er teilte ihr mit, er wolle sie in Madrid besuchen, wenn er im Sommer nach Spanien komme, weil er »Appetit auf Spiegeleier mit Paprikawurst« habe, »wie die Fürstin sie braten konnte ...« Der Brief ist auf einem Papier geschrieben, das Victoria merkwürdig vorkommt, denn oben trägt es die Anschrift einer Klinik in Neu-Delhi. Victoria erkundigt sich, und man teilt ihr mit, der Fürst könne nicht nach Spanien fahren, denn eine Krebserkrankung habe ihn drei Monate zuvor gezwungen, ins Krankenhaus zu gehen.

In diesem Frühling erscheint die Meldung in der Presse, daß der Maharadscha Kumar Ajit Singh von Kapurthala im Alter von vierundsiebzig Jahren nach einer schweren und schmerzhaften Krankheit am 4. Mai 1982 in Neu-Delhi verstorben ist.

Der einzige Sohn, den der Maharadscha Jagatjit Singh von Kapurthala mit seiner spanischen Gattin Anita Delgado hatte, war unverheiratet geblieben und hatte keine Nachkommen hinterlassen.

EPILOG

Wenn man die Schicksalsstationen einer Frau verfolgen will, die vor einem Jahrhundert in einem fernen Land gelebt hat, so sieht man sich zwangsläufig veranlaßt, jene Orte aufzusuchen, an denen sie ihr Leben verbracht hatte. Um den Nachhall eines Seufzers, einen vergessenen Gegenstand oder ein paar Spuren wiederzuentdecken, hat man größere Schwierigkeiten zu bewältigen, als wenn man lediglich erklärt, was man intuitiv erfaßt. In dem Fall, daß diese Orte nicht mehr zu ein und derselben Nation gehören, daß selbst ihre geographische Einheit zerstört ist und spätere Generationen alle Spuren gründlich getilgt haben, wird so etwas jedoch zu einem abenteuerlichen Unternehmen.

Es ist schwierig, ein Einreisevisum zu erhalten. Im Pandschab herrscht weiter der Ausnahmezustand: Soldaten sind mit dem Gewehr in der Hand hinter Sandsäcken postiert. Die Armee hält Straßen und Wege besetzt. Am Abend beginnt das Ausgangsverbot.

Das heutige indische Pandschab ist winzig im Vergleich mit dem, das Anita kennenlernte und dessen Hauptstadt Lahore war. Nach der Unabhängigkeit der Kolonie und der Teilung von 1947 sind auf seinem Territorium nur zwei wichtige Orte übriggeblieben: das religiöse Zentrum Amritsar, die heilige Stadt der Sikhs, in der sich der Goldene Tempel befindet, und Chandigarh, die von Le Corbusier entworfene und 1970 erbaute Verwaltungshauptstadt.

Kapurthala ist heute ein Ort, der selten auf den Landkarten vorkommt. Es hat sechshundertfünfzigtausend Einwohner und ist nicht mehr Hauptstadt eines Fürstentums, doch seine Anlage, seine Architektur und die noch erhaltenen Paläste verleihen ihm das herrschaftliche Gepräge jener Zentren, die im Glanz der Königswürde erblüht sind.

Der heutige Maharadscha Sukhjit Singh ist ein Sohn des Erstgeborenen des großen Maharadschas Jagatjit Singh von Kapurthala, des Gatten Anita Delgados. Als Paramjit Singh, dieser erste Sohn, die Prinzessin Brinda Mati heiratete, nahm Prem Kaur, die damalige Favoritin Seiner Königlichen Hoheit, mit ihrem noch sehr kleinen Sohn an der Hochzeit teil.

Nachdem die Privilegien der indischen Monarchen abgeschafft worden sind, behält Sukhjit Singh, der heutige Maharadscha von Kapurthala, seinen Titel nur noch aus symbolischen Gründen. Wie die meisten bedeutenden Sikh-Persönlichkeiten hat er sein Leben einer militärischen Laufbahn gewidmet und ist im Rang eines Brigadegenerals aus der indischen Armee ausgeschieden. Gegenwärtig ist er beinahe achtzig Jahre alt.

Seit seiner Versetzung in den Ruhestand züchtet er Rassepferde auf seinen Gütern in Kapurthala und wohnt meistens in der Villa Buona Vista, jenem italienischen Palast, den sein Großvater hatte errichten lassen und in dem Anita in ihren ersten Nächten in Kapurthala schlief und den sie verließ, um die Hochzeitszeremonie mit dem Maharadscha zu feiern. Die Mauern dieses Palastes waren auch die Zeugen der letzten Lebensperiode, die die Fürstin in Indien verbrachte, denn dorthin zog sie sich zurück, als die ehelichen Beziehungen schwierig wurden.

1961 machte der Maharadscha Sukhjit Singh aus der prächtigen französischen Residenz seines Großvaters – dem Jagatjit Palace, den die Familie *L'Élysée* genannt hatte – eine angesehene Militärakademie für junge Sikhs.

Bei meinen Besuchen in dem Palast, in dem die Maharani gelebt hat, konnte ich feststellen, daß alle alten Gegenstände und Möbel sorgfältig inventarisiert und numeriert worden sind. Der prächtige Thronsaal – Durbar Hall – ist vollständig erhalten, ebenso die Bibliothek und der japanische Salon. Die Gärten, die Eisengitter am Eingang und die Spazierwege sind tatsächlich eine Kopie derjenigen in Versailles, und außen ist der ganze Palast blaßrosa angestrichen. Wegen seines Aussehens ist er ein in Indien einzigartiges Monument.

Seit 1982, als Anita Delgados Sohn, der Prinz Ajit Singh von Kapurthala, in Neu-Delhi starb, gibt es keinen direkten Nachkommen von ihr auf dem asiatischen Kontinent.

Die Persönlichkeiten Anita Delgados und ihres Gatten, des Maharadschas, sind jedoch weiterhin ein wichtiger Bezugspunkt für Historiker, Kenner und Liebhaber der Geschichte der indischen Monarchien in der ersten Hälfte des 20. Jahrhunderts. Zahlreiche Bücher zitieren mehr oder weniger ausführlich und wahrheitsgetreu die Abenteuer, Reisen und Taten der »spanischen Maharani«. Noch heute findet man Reproduktionen von Anitas Photos – insbesondere der Haremsbilder – in Publikationen, die das exotische und rätselhafte Indien der Maharadschas kommentieren.

Auch die Nachkommen der spanischen Familie Anitas sind nicht sehr zahlreich. Von den vier Kindern, die Victoria Delgado 1918 als Waisen hinterließ, überlebten nur zwei. Der jüngste Sohn, der als Kind in Málaga bei seinen Großeltern und später mit seinem Vater in der Schweiz und Amerika lebte, heißt Guillermo Winans Delgado. Heute ist er sechsundachtzig Jahre alt und ein bedeutender nordamerikanischer Geschäftsmann. Die Tochter Victoria Ana María Winans Delgado war seit ihrer Geburt die Lieblingsnichte Anitas. Die beiden lebten viele Jahre zusammen, und Victoria blieb bis zum letzten Moment bei der Fürstin und pflegte sie. Heute ist sie eine elegante und charmante neunzigjährige Dame, die mit ihrem Sohn, ihrer Schwiegertochter und ihren Enkeln in Madrid lebt.

Ihren Erinnerungen an die Fürstin, mit der sie nicht wenige Abenteuer geteilt hat, den Briefen, Tagebüchern, Photos und Dokumenten Anitas, die Doña Victoria Winans in dieser ganzen Zeit mit liebevollem Eifer aufbewahrt hat, und der Zuneigung, mit der sie der Maharani gedenkt, verdanke ich die meisten Informationen und Anekdoten, die in diesem Buch enthalten sind.

IMPRESSIONS DE MES VOYAGES AUX INDES

Par

PRINCESSE PREM KAUR DE
KAPURTHALA

ILLUSTRÉ

New York
STURGIS & WALTON
COMPANY
1915

Prem Kaur lebt seit 1907 in Kapurthala und ist gerade dreiund-zwanzig Jahre alt geworden, als sie mit der Niederschrift ihrer »Reiseeindrücke« beginnt. Das Land, das sie uns schildert und das sie »Indien« nennt, gibt es heute nicht mehr, zumindest nicht mehr in denselben Grenzen: Die Territorien des großen Pandschabs, Radschputanas und des Dekkans wurden nach der Unabhängigkeit verkleinert, und Birma gehörte seit 1937 nicht mehr zum Kaiserreich Indien.

Anita schrieb das Buch auf französisch, »die Sprache, die man im Familienleben am Hof meines Mannes benutzte«.

Die Maharani schrieb regelmäßig Tagebücher, Briefe und Memoiren. Ihrer Ansicht nach war das Erinnerungsvermögen wenig zuverlässig, und sie griff gern zu ihren Notizen, wenn sie durch Europa reiste oder die Familie besuchte und von ihren Erlebnissen berichten wollte. Ihr Gatte, der Maharadscha von Kapurthala, schwärmte für Reisebücher – er selbst hatte in sei-ner Jugend einige über seine Fahrten durch Kleinasien und Afrika diktiert –, und ihn faszinierte die Neigung seiner Gattin, alles aufzuschreiben, was es Neues gab. Von Anfang an wollte der Maharadscha Anitas »Reiseeindrücke aus Indien« unbe-dingt veröffentlichen, obwohl Anita selbst erklärte, sie habe nicht den geringsten schriftstellerischen Ehrgeiz, und wenn sie zur Feder greife, bezwecke sie nur, »meinem Mann eine Freude zu machen, der gern die Betrachtungen liest, die ich in meinen Heften über die von uns besuchten Orte notiere«.

Ursprünglich hatte der Maharadscha von Kapurthala beab-sichtigt, das Manuskript in Frankreich zu veröffentlichen. Doch

Europa ging 1914 schweren Zeiten entgegen, und der Erste Weltkrieg machte eine derartige Veröffentlichung unmöglich. Aus diesem Grund beschloß er ein Jahr später, die New Yorker Verlagsgesellschaft Sturgis & Walton mit der Herausgabe des Werks zu beauftragen.

Das Buch ist in elf Berichte unterteilt und mit sechzehn Photos illustriert. Es umfaßt einen achtzehnmonatigen Zeitraum und beschreibt drei wichtige diplomatische Reisen, die das Fürstenpaar von Kapurthala in Britisch-Indien unternahm: Die erste führte 1913 in mehrere Königreiche Radschputanas, die zweite zum Jahreswechsel 1913/1914 nach Kalkutta und Birma, die dritte schließlich im Sommer 1914 nach Dekkan und Hyderabad.

Auf den Reisen benutzen sie die Eisenbahn, den Privatwaggon der Königsfamilie von Kapurthala, und in den meisten Bahnhöfen werden sie mit Ehrenbezeigungen begrüßt.

Der Maharadscha und seine junge Gattin reisen »fast ganz allein«, das heißt mit einem sehr beschränkten Gefolge. Ihre kleine Begleiterschar besteht aus achtzehn Leuten – Offizieren, Adjutanten, Vertrauten und der privaten Eskorte des Maharadschas, dazu zwei Damen, die als Ayahs im Dienst der Maharani stehen, und insgesamt sieben weiteren Personen, den Knechten, Dienern, dem Koch und den Kammermädchen.

Die Fürstin ist keine Schriftstellerin, die Sprache, in der sie schreibt, beherrscht sie nur unvollkommen. Nicht weiter erstaunlich, wenn man berücksichtigt, daß Anita – ein junges sechzehnjähriges Mädchen mit mangelhafter Bildung – innerhalb weniger Monate dazu übergehen mußte, das Französische für alle Aufgaben ihres Privatlebens und Englisch, Urdu und Hindi bei offiziellen, ihrem Rang als Maharani entsprechenden Gelegenheiten zu benutzen.

Wenn man von Anitas recht ungeübtem und unorthodoxem Sprachgebrauch absieht, wird dieses kleine Buch zu einem Juwel von unschätzbarem Wert. Es erlaubt uns zu verstehen, wie sich eine Spanierin im Jahre 1913 die Wirklichkeit eines fernen Landes geistig ancignet, die sich so grundlegend von ihrer bisherigen Welt unterscheidet.

An den Augen dieser Fremden ziehen Landschaften, Völker, Könige und Paläste vorüber, die sie mit aufmerksamem und scharfem Blick betrachtet. So schildert sie die Frauen, die Sitten und Geisteshaltungen der Völker und Herrscher, die sie als privilegierter Gast in den Traumpalästen kennenlernt.

Wenn Anita von der Routine ihres Alltagslebens berichtet, offenbart sich uns das Indien der ersten Jahre des 20. Jahrhunderts in einem einzigartigen Dokument, das die widersprüchlichen Empfindungen verrät, die ein solch exotisches und unbekanntes Land im Geist einer jungen Spanierin auslöst.

MEINE REISEEINDRÜCKE AUS INDIEN
Fürstin Prem Kaur von Kapurthala

VORWORT

Dieses kleine Manuskript, das ich soeben fertiggestellt habe, gibt die Eindrücke wieder, die ich bei einigen meiner interessantesten Reisen durch Indien gewonnen habe. In diesem Land lebe ich seit acht Jahren.

Es ist ja etwas beinahe Einmaliges, daß ein indischer Fürst eine Spanierin heiratet, die Leute halten es für äußerst merkwürdig und machen sich eine völlig falsche Vorstellung vom Leben und von den Sitten der Einheimischen; nun können sie mein angenehmes Dasein richtig beurteilen.

Seitdem ich Seine Hoheit in Kapurthala geheiratet habe, lebe ich zusammen mit ihm in dem neuen Palast, umgeben vom größten europäischen Luxus und Komfort.

Dieser Palast, den zwei französische Architekten erbaut haben – für seine endgültige Fertigstellung brauchten sie sieben Jahre –, ist ein Versailles im kleinen. Er wurde 1908 mit großartigen Festen eingeweiht, und dazu lud man mehrere indische Fürsten, außerdem Franzosen, Engländer und Hindus ein.[1]

Von allen Zerstreuungen, die es in Indien geben kann, sind mir Reisen am liebsten, und wir sind oft unterwegs. Sie haben mir andererseits eine Gelegenheit geboten, diese Seiten über das entzückende Land des Orients zu schreiben, in dem ich jetzt die glücklichsten Jahre meines Lebens verbringe.

---

1 Die Autorin benutzt Begriffe wie »Hindu«, »Mohammedaner« oder »Sikh«, wenn sie sich auf die Religion bezieht, hingegen spricht sie von »Indern«, wenn sie die Nationalität meint.

Donnerstag, den 6. Februar 1913

Heute sind wir zu einer Reise aufgebrochen, um die verschiedenen Staaten Radschputanas zu besuchen.[1] Wir fuhren in unserem privaten Eisenbahnwaggon, der uns um halb sieben in Jullundur erwartete.

Die ganze Nacht und den nächsten Tag fuhren wir weiter, und es war schon sechs Uhr nachmittags, als wir nach Rutlam kamen, wo wir in die Schmalspurbahn nach Udaipur umstiegen. Seine Hoheit, der Maharadscha von Baroda,[2] war so liebenswürdig, uns seinen Salonwagen anzubieten. So erreichten

1 Ein Territorium, das 1913 aus einundzwanzig Staaten gebildet wurde, in denen Maharadschas, Radschas oder Nawabs regierten. Der wichtigste von ihnen war der Maharana, der in der Stadt Udaipur herrschte. Die Staaten Radschputanas wurden von den Nachkommen des Radschputengeschlechts bewohnt. Es ist ein sehr trockenes und unfruchtbares Gebiet mit riesigen Treibsandwüsten und alten, ummauerten Festungen, das zwischen Indus und Ganges liegt. Das heutige Rajasthan ist ein Teil des ehemaligen Radschputanas.

2 Gemeint ist der legendäre Maharadscha Sayajirao III. von Baroda, der märchenhafte Reichtümer besaß. Zum Schatz von Baroda gehören noch heute eine außergewöhnliche Halskette, deren größter Stein der einhundertachtundzwanzigkarätige, »Stern des Südens« genannte Diamant ist (er wurde berühmt, weil er Eigentum Napoleon Bonapartes war), sowie ein unglaublicher Teppich aus Perlen, Rubinen, Diamanten und Smaragden, mit dem der älteste Elefant des Reichs herausgeputzt wurde.

Der Maharadscha Sayajirao III. bemühte sich energisch, die gesetzliche Lage der Frauen zu verbessern. Er befürwortete sogar Gesetze, die es ihnen erlauben sollten, ihre Ehen aufzulösen und den Harem zu verlassen.

wir die Stadt Udaipur in einem Sonderzug am nächsten Tag um zehn Uhr früh. Der Staub war außerordentlich unangenehm, und die ausgedörrte Landschaft kam uns sonderbar vor, da wir nun einmal an unsere üppige Vegetation des Pandschabs gewöhnt sind.

Ein Offizier Seiner Hoheit, des Maharanas von Udaipur, erwartete uns auf dem Bahnhof, und nachdem er uns willkommen geheißen hatte, fuhr er im Auto mit uns zum Gästehaus, das uns für die Dauer unseres Aufenthalts zur Verfügung stand. Das Haus machte auf uns einen sehr behaglichen Eindruck, obwohl es recht einfach eingerichtet war. Unseren Blicken bot sich ein malerisches und zugleich äußerst erstaunliches Panorama wegen der grauen, trockenen, von der Sonne ausgeblichenen Berge.

In der Nähe unseres Hauses befand sich ein hübscher künstlicher See, der Satch-Sagar heißt. In seinem grünlichen Wasser spiegelten sich die Berge, und es brachte etwas Frische in diese überaus rauhe Natur.

Unsere erste Nacht verlief sehr unruhig. Die Mücken waren unerträglich, und als wir gerade eingeschlafen waren, weckten uns auf einmal die durchdringenden Schreie der Schakale. Konnte es mitten in der Nacht etwas Widerwärtigeres und Unheimlicheres geben, als diesem schauderhaften Geheul zuzuhören, das bis zum frühen Morgen nicht verstummte?

Eine alte Sage erzählt, eines Nachts hätten einen Mogulkaiser von Delhi die wilden Schreie der Schakale geweckt. Erschrocken und ohne überhaupt zu begreifen, was vor sich ging, ließ er unverzüglich einen seiner Minister rufen und fragte ihn, wer es wagte, seinen friedlichen Schlaf zu einer derart unangemessenen Nachtzeit zu stören. »Majestät«, antwortete der Minister, »das sind die Schakale. Sie haben nichts zu fressen und nichts anzuziehen. Darum flehen sie Euer gutes Herz an und bitten Eure Majestät, daß Ihr ihnen helft und ihr elendes Leben erleichtert.« »Nun gut«, antwortete der Kaiser. »Morgen ordne ich an, daß man Euch fünftausend Rupien aushändigt, damit Ihr selbst ihnen Kleidung und Nahrung gebt. Ich hoffe, das wird sie zufriedenstellen.«

Der Minister freute sich außerordentlich, als er begriff, daß seine improvisierte Antwort einen solchen Erfolg hatte und daß er einen großen Gewinn aus ihr ziehen würde.

In der folgenden Nacht erwachte Seine Majestät abermals durch das Geheul, und er ließ wieder seinen Minister rufen. »Wie kann das sein«, rief der Kaiser wütend, »daß Ihr meine Befehle nicht ausgeführt habt, selbst nachdem Ihr das nötige Geld erhalten hattet, um diesen armen Tieren zu helfen, die Euch gestern so leid getan haben?« Doch der Minister, der schon zuvor gründlich nachgedacht hatte, was er dem leichtgläubigen Kaiser antworten sollte, erklärte sehr nachdrücklich: »Herr, Euer Zorn schmerzt mich über alle Maßen, denn Ihr dürft mir nichts vorwerfen. Ihre Majestät wird das sogleich erkennen, wenn Ihr erfahrt, daß diese Schakale sich über Eure Gunstbeweise freuen und lediglich gekommen sind, um Euch ihre ungeheure Dankbarkeit und ihre tiefste Ehrerbietung zu bekunden.«

Der Kaiser, den so viele und so aufrichtige Dankesbezeigungen tief bewegten und rührten, erteilte seinem Minister die Erlaubnis, sich zu entfernen, und dieser ging voller Freude, weil er es verstanden hatte, sich so gut und ungefährdet aus der Affäre zu ziehen.

Die Stadt Udaipur ist sehr bedeutend und vor allem deshalb in ganz Indien einzigartig, weil sie eine der ältesten ist, weil sie so schöne und prachtvolle künstliche Seen hat und ihre Bewohner rassereine Radschputen sind. Sie gehören zur ersten Kaste Indiens nach den Brahmanen, das ist die Priesterkaste. Das ist also die höchste Kaste, und auf sie ist das Volk sehr stolz – Radschpute bedeutet »Fürstensohn«. Seine Hoheit, der Maharana, wird als direkter Nachkomme der Sonne angesehen und wie ein Gott verehrt. Seine Untertanen lieben ihn sehr, und seinen Adel erkennt man als den höchsten von ganz Indien an.[1]

Der Maharana ist ein großer Sportsmann. Den größten Teil seiner Zeit verbringt er mit der Jagd, und gegenwärtig hält er den speziellen Rekord bei der Tigerjagd.

Wir haben eine herrliche Spazierfahrt auf dem schönen Pichola-See gemacht, der einer der größten des Landes ist; er hat einen Umfang von vier Kilometern, und auf der einen Seite wird er von steilen Bergen umgeben, auf der anderen liegen die Stadt und der Palast des Maharanas. Die Architektur des

---

1 Gemeint ist der Maharana Fateh Singh von Mewar (Udaipur), der 1885 den Thron bestieg und fünfundvierzig Jahre herrschte. Er gilt als der letzte wahre Monarch Indiens. Der Maharana verstand sich als »Das Licht der Hindus«, weil er vom Gott Rama abstammte und das herausfordernde Gesicht der Sonne im Wappen führte. Darum verpflichtete er sich selbst zu einem mönchischen und disziplinierten Leben, das ihm den großen Respekt aller übrigen indischen Monarchen einbrachte. Er hatte einen überaus hochherzigen Charakter, und seiner Unterstützung der britischen Sache kam im Ersten Weltkrieg entscheidende Bedeutung zu.

Palastes gehört zu den eindrucksvollsten hinduistischen Bauwerken. Seine weiße Farbe und seine glänzenden Marmorkuppeln spiegeln sich wie ein zauberhafter Traum im Wasser.

Neben dem Palast ragen zahlreiche Tempel empor, die alle den gleichen Stil haben, sehr kunstvoll in Handarbeit errichtet und immer strahlend weiß sind. Die Einwohner kommen zu Hunderten her, sie beten dort früh und nachmittags, nachdem sie am Seeufer gebadet haben; die Farbenvielfalt ihrer Trachten und Turbane läßt sie wie menschliche Blumen aussehen und offenbart die tiefe Harmonie, die hier zwischen Mensch und Natur herrscht.

Die Frauen aus dem Volk treten sehr stolz auf; meistens schleppen sie alles auf dem Kopf und bieten ein höchst anmutiges Bild, wenn sie zum Seeufer kommen, um ihre Kupferkrüge zu füllen.

Im allgemeinen tragen sie unzählig viele Juwelen und schmücken ihre hübschen Arme mit gläsernen, in überaus prächtigen Farben leuchtenden Armbändern, die ihnen bis zum Ellbogen reichen. Sie sind kokett und schelmisch; immer finden sie eine Gelegenheit, sich die Zeit zu vertreiben, indem sie sich über ihre Kleidung unterhalten; und weil sie tatsächlich keine anderen Sorgen haben, wissen sie nicht, was das häusliche Leben bedeutet, ganz im Gegensatz zu uns, die wir nur für unser Heim und unseren Wohlstand leben.

Mitten im See erheben sich zwei schöne Paläste, die ganz aus einheimischem Marmor und im reinsten Hindu-Stil erbaut sind. Den ersten nennt man Jag-Nanas. Sein Inneres ist mit riesigen Spiegeln geschmückt, die die Wände von oben bis unten verkleiden. Der Fußboden und das Paneel, das die Spiegel einrahmt, bestehen aus einem Mosaik, und das bringt große Kühle während der starken Sommerhitze. Ein kleiner, sehr hübscher Garten mit vertieften und von niedrigen Mauern umgebenen Spazierwegen, die sich mit Wasser füllen, macht die Temperatur frischer und angenehmer. Wir entdeckten dort kräftig duftende Pflanzen in vielfältigen Farben, die man sonst, selbst in diesem Land, ganz selten zu sehen bekommt.

Der zweite Palast ist noch größer. Er wird von riesigen Marmorelefanten gekrönt, ist alt und hat historischen Wert. Wir besuchten den einzigen Seitenflügel, der aus nur einem ziemlich ausgedehnten Raum besteht und eine sehr hohe Decke hat: Das war die Zufluchtsstätte des Kronprinzen Shah Jahan,[2] des Sohns des Kaisers Jahangir aus Delhi, solange die Streitigkeiten zwischen ihm und seinem Vater andauerten. Diese Intrigen wurden von den Adligen des Hofes geschürt, die sich in kleine Parteien aufgespalten hatten. Der Prinz kehrte erst nach dem Tod des Kaisers in seine Staaten zurück. Nun machte er seine Rechte als Souverän geltend, bestieg den Thron und wurde von seinen Anhängern zum Kaiser ausgerufen. Das Gebäude ist so gut erhalten, daß es unglaublich scheint, wie viele Jahrhunderte seitdem vergangen sind, und daß in ihm so viele unvergeßliche historische Ereignisse stattgefunden haben, die für immer in die Geschichte Udaipurs eingegangen sind: Diese Stadt war stets der Mittelpunkt von Kämpfen und kriegerischen oder religiösen Auseinandersetzungen.

Hierauf tranken wir genüßlich einen sehr kräftigen Tee, den man eigens für uns zubereitet und auf einer der prächtigen Terrassen serviert hatte. Von dort aus boten der See und die Stadt einen zauberhaft schönen Anblick. Die Sonne ging mit einem so prächtigen roten Glanz unter, daß sie die weiße Stadt Udaipur in Rosa tauchte.

Später bestiegen wir ein Ruderboot, und man brachte uns zum Fuß eines kleinen Berges. Als wir hinaufgeklettert waren, entdeckten wir ein entzückendes Häuschen, in dem man für uns ein sehr sehenswertes Schauspiel vorbereitet hatte.

Von der Terrasse, die ein trockenes und wüstes Gelände

2 Diese Persönlichkeit ging in die Geschichte als einer der großen Kaiser von Agra ein. Shah Jahan war der Enkel Akbars des Großen und bestieg 1627 den Thron. Er errichtete pompöse Bauwerke, wie etwa das Rote Fort in Delhi oder die Perl-Moschee in der Festung von Agra. Er heiratete die wunderschöne Mumtaz Mahal, die im Juni 1631 bei ihrer vierzehnten Entbindung starb. Der tiefbetrübte Gatte ließ das Taj Mahal als Erinnerungsstätte für die von ihm geliebte Frau errichten.

überragt, sahen wir, wie Hunderte von Wildschweinen aus allen Richtungen herbeirannten, nachdem ein Mann sie gerufen hatte, der ihnen Maiskörner hinwarf, das ist ihr Lieblingsfressen. Sie grunzten und balgten miteinander um die besten Bissen. Dann fraßen sie mit großer Gier, gemeinsam mit Schakalen, Pfauen, Tauben und Turteltäubchen. Da sie so nahe waren, nahmen wir an, sie müßten zahm sein, doch zu unserem unsagbaren Erstaunen hörten wir, daß man mit diesen Wildschweinen die berühmten *Pigstickings*[3] veranstaltet, einen Sport, für den die Engländer schwärmen, der in Indien sehr gern ausgeübt wird und in dem es die Inder oft zur Meisterschaft bringen, weil es ihr wahrer Nationalsport ist. Tatsächlich sind das sehr furchterregende Tiere, und es kostet große Mühe, sie unschädlich zu machen. Seine Hoheit, der Maharana, kommt zweimal in der Woche her, um sich zu zerstreuen und der Fütterung beizuwohnen.

Alle Berge, die wir entdecken konnten, waren mit wilden Tieren bevölkert, wie etwa Tigern, Leoparden, Panthern oder Hyänen. Unser Chauffeur erzählte, eines Nachts, nachdem er uns verabschiedet hatte, habe eine Hyäne das Auto verfolgt, und er konnte sie nur loswerden, indem er eine lange Strecke rasend schnell fuhr.

Wir erblickten kleine Ziegeltürme, die überall in den Bergen errichtet worden waren und für die Jagd bestimmt waren. In ihnen schützen sich die Jäger, wenn gefährliche Tiere gejagt werden, und dort warten sie stundenlang, bis eines dieser Tiere nahe vorbeikommt.

Die Treiber setzen dem Wild nach und scheuchen es zu den Jägern, und wenn die Tiere in Schußweite kommen, können die Jäger aus den Türmen auf sie zielen, ohne gesehen zu werden. Die Treiber müssen sehr kaltblütig sein, denn man kann nie voraussahnen, wo das Tier aus dem Dickicht hervorbricht, und darum droht ihnen immer Gefahr.

3 Eine besondere Art der Jagd: Der Jäger reitet und schleudert Wurfspieße auf die Wildschweine ab.

Um zehn Uhr besuchten wir den Palast, in dem Seine Hoheit, der Maharana, residiert. Er liegt im Zentrum der Eingeborenenstadt und ist von gewaltigen Mauern umgeben. Der neue Teil, der erst vor kurzem erbaut wurde, ist ganz europäisch und ausschließlich für die bedeutenden offiziellen Empfänge bestimmt. Diesen Bereich sucht der Maharana sehr selten auf, er kommt lediglich nach einem großen Bankett hierher, um auf das Wohl des Königs[1] zu trinken. Sein Geschmack und seine Sitten unterscheiden sich nämlich ganz und gar von den unsrigen. In den oberen Sälen hängen einige alte Porträts seiner Vorfahren, die man für sehr wertvoll hält. Die dargestellten Persönlichkeiten sind äußerst prächtig und malerisch gekleidet, und in der Hand halten sie immer eine Lotosblüte, ihr Wahrzeichen.

Man wies uns ganz besonders auf das Bild Pratap Singhs hin, eines Mannes von gewaltiger Statur, mit einem Tatkraft verratenden Gesicht und regelmäßigen und harten Zügen. Er hatte ruhmreich über seinen schlimmsten Feind gesiegt: den Kaiser Akbar von Delhi. In der Zeit der Mogulinvasionen führten diese beiden großen Kämpfer mehrere Kriege miteinander. Damit verfolgte er das Ziel, Bündnisse zwischen Hindus und Mohammedanern zu verhindern, weil er so seine Rasse rein und seine Kaste ungefährdet bewahren wollte.

Der andere Teil des Palastes wird vom Maharana und seinem

---

1 Es handelt sich um Georg V., der seit 1910 König von Großbritannien war.

ganzen Gefolge bewohnt. Dieses besteht aus Militärs und Adligen, und deshalb herrscht in diesem Bereich ein sehr vertraulicher Umgang, und jeder hat seine Privatgemächer. Gewöhnlich nehmen sie sich die Zeit, vor dem Haupteingang des Palastes zusammenzukommen und Staatsangelegenheiten zu besprechen, um die sie sich stets große Sorgen machen. Bei ihnen befindet sich meistens ein kleiner Dickwanst, der den Hofnarren spielt und improvisierte, einfallsreiche und lustige Geschichten erzählt.

Die Turteltäubchen und Tauben fliegen zu Hunderten herbei und fressen ihnen aus der Hand, so erfolgreich hat man sie gezähmt: Sie beschwören in mir das trügerische Bild des Markusplatzes in Venedig herauf, wenn hier auch alles einen viel wilderen Eindruck macht.

Als erstes besuchten wir die Rüstkammern, in denen es sehr sehenswerte und kostbare Stücke gibt. Der diensthabende Offizier beeindruckte uns mit seinem schönen weißen Bart und seinem kriegerischen Aussehen; überaus stolz und bereitwillig zeigte er uns die berühmtesten Waffen, die zur Verteidigung der Stadt Udaipur gegen die Angreifer gedient hatten.

Als wir aus den Rüstkammern kamen, liefen wir über einen riesigen Hof, um zu den Privatgemächern des Maharanas zu gelangen. Alle in unserem Gefolge mußten die Schuhe ausziehen. Diese Sitte befolgt man in ganz Indien, um seine Ehrerbietung zu bekunden. Den Eingang bewachten Soldaten mit stets entblößten Schwertern. Einige Hindupriester kommen jeden Tag her und beten vor dem Gott Ganesha, der einen Ehrenplatz am Treppenaufgang hat. Er hat einen Elefantenkopf und einen Menschenleib, ist scharlachrot bemalt und mit weißen, stark duftenden Blüten geschmückt. Die Hindus glauben, dieser Gott bringe ihnen Glück, und meistens stellen sie ihn über den Eingangstüren auf. Sie sind überzeugt, daß er sie vor jedem Übel schützt und sie alles vorhersehen läßt, was ihnen in Zukunft geschehen wird. Wir stiegen die ganz im Finstern liegende Marmortreppe hinauf. Sie hatte äußerst hohe Stufen, die so schmal waren, daß immer nur einer Platz hatte, vorausgesetzt, er war nicht allzu dick.

Wir amüsierten uns sehr über das Mißgeschick Monsieur Balbir Singhs, eines unserer Freunde, der stets mit uns zusammen reiste. Da er etwas breiter als die Treppe war, gelangte er unter großen Mühen bis zur Mitte, und dort blieb er stecken, ohne daß er vorwärts- oder zurückkonnte; unser Gefolge mußte sich sehr anstrengen und ihn tatkräftig unterstützen, um ihn aus dieser mißlichen Lage zu befreien, so daß er zu seiner großen Erleichterung endlich hinaufgelangte. Leider wurden seine Befürchtungen noch größer, als er erfuhr, daß es keinen anderen Ausgang für den Abstieg gab und daß ihn auf dem Rückweg eine zweite tödliche Bedrängnis erwartete.

Schließlich erreichten wir eine prächtige Marmorterrasse, in deren Mitte ein kleiner Garten lag; riesige Bäume und exotische, intensiv duftende Pflanzen tauchten ihn in tiefen Schatten.

Seine Hoheit, der Maharana, sitzt gewöhnlich auf dem Boden der weiträumigen Terrasse, wenn er speist, und einige seiner Adligen sowie etwa dreißig Offiziere leisten ihm dabei Gesellschaft. Seine Hoheit nimmt gewöhnlich den Mittelpunkt ein, und alle sind barfuß, wie es ihre Religion als Zeichen der Reinheit verlangt. Das Essen ist reichlich und schmackhaft. Der Maharana ißt als einziger von einer ungeheuren Silberplatte, auf der ein knappes Dutzend Näpfe mit Reis, Fleisch und Gemüse steht. Seine Gäste bekommen das gleiche wie er, aber man serviert es ihnen in Schalen aus Bananenblättern, die man nach dem Ende der Mahlzeit fortwirft. Sie essen mit den Fingern und sind bei weitem geschickter als wir mit all unseren Hilfsmitteln. Das Fleisch ist bereits in so kleine Stücke zerschnitten und so lange gebraten, daß Messer wirklich unnötig sind.

In den Zeiten der großen Mogulkaiser waren die Mahlzeiten sehr aufwendig und prunkvoll. Um den Wert und die Kostbarkeit der Speisen zu erhöhen, zerstampfte man gewöhnlich auserlesene Perlen und machte aus ihnen einen Brei, den man dann mit Reis vermischte. Man behauptete, derartige, ganz und gar exzentrische Speisen seien außerdem ein Stärkungsmittel.

Vom Palast aus hatte man einen schönen Ausblick über die Seen und die ganze Stadt: Wir entdeckten auch ein paar sehr hohe Mauern mit äußerst kleinen Öffnungen und langen und schmalen Fenstern. Der uns im offiziellen Auftrag begleitende Offizier erläuterte diskret, das sei der Hofstaat des Palastes[2], wo die göttliche Maharani lebe, die ihr ganzes Dasein gemeinsam mit anderen Hofdamen innerhalb dieser Mauern verbringt. Sie verschönern ihre Mußestunden, indem sie Harmonium spielen, das Lieblingsinstrument dieser Damen. Sie erzählen ihr auch improvisierte Geschichten, abwechselnd tragen sie ihr eine traurige und eine lustige vor, und so geht ihr Leben dahin, das jeden Morgen mehr oder weniger gleichförmig aufs neue beginnt.

Durch unsere Beobachtungen lernen wir allmählich das traditionelle Leben in Indien kennen und sind imstande, uns eine genaue Vorstellung von ihm zu machen; die Sitten haben sich seit Jahrhunderten nicht geändert, und auch die Trachten hat das Volk immer noch bewahrt, vor allem die Männer: Sie bestehen aus einer einfachen, sehr engen Hose, einem sehr vorteilhaften Obergewand, das mit dicken Goldknöpfen geschlossen wird, und einem Halstuch in lebhafter Farbe aus einheimischem Kretonnestoff. Als Kopfbedeckung benutzt man einen kleinen, gefältelten Turban, der mit einer goldenen Borte verziert ist; meistens tragen sie Ohrringe aus Perlen und Diamanten und massive goldene oder silberne Armreifen an den Handgelenken.

Im Volk gibt es den weitverbreiteten Brauch, alle Ersparnisse für den Kauf von Schmuck auszugeben, weil man überzeugt ist, daß man so sein ganzes Geld bei sich trägt, und das befriedigt ihre Koketterie und flößt ihnen Vertrauen ein. Vor den Banken haben sie Angst, denn sie bilden sich ein, wenn sie

---

2 Das heißt der Harem.

erst einmal ihr Geld abgeliefert hätten, werde man es nie wieder herausrücken.

All das bewirkt, daß Udaipur weiter die interessanteste Stadt Indiens bleibt, weil es so getreulich den Zauber seiner alten Schönheit bewahren konnte.

Am Abend besuchten wir den Maha Satti, einen Garten, in dem sich die großartigen königlichen Mausoleen der Vorfahren und der Familie Seiner Hoheit, des Maharanas, sowie seiner Adligen befinden. Alle bestehen aus Marmor und haben annähernd die gleiche Größe, sie sind sehr hoch und tragen gewaltige Kuppeln im Hindustil. Die vollkommene Ruhe und die kümmerliche Pflanzendecke, und dazu die kalte, weiße Marmorfarbe an diesem traurigen und abgelegenen Ort, verleihen ihm das eindrucksvolle und überwältigende Aussehen einer Andachtsstätte. Der uns begleitende Offizier zeigte uns die wichtigsten Gräber, in denen die sterblichen Überreste der Vorfahren des Maharanas ruhen. Voller Wißbegierde stellten wir fest, daß es rechteckige Inkrustationen an den Grabsteinen gab. Der Offizier sagte uns sehr leise, daß sich darin die Asche ihrer Frauen befinde. Am ersten Grab zählten wir siebenundzwanzig Inkrustationen und zwölf am zweiten.

Der Sitte gemäß opferten sich die Frauen, die allein für ihren Herrn leben, freiwillig und schicksalsergeben beim Tod des Gatten, gleichgültig, ob sie alt oder jung waren, indem sie sich zusammen mit der Leiche ihres früheren Mannes lebendig verbrannten. Die Existenzbedingungen der Witwen sind wirklich äußerst hart und traurig, denn sie dürfen nicht wieder heiraten, welches Alter oder welche Stellung sie auch haben mögen. Sie haben auch nicht das Recht, bunte Kleider oder Juwelen zu tragen, lediglich Goldschmuck ohne Edelsteine. Die Witwen dürfen zeitlebens nicht mehr die geringste Freude genießen, sie müssen Vegetarierinnen werden und für den Rest ihrer Tage weiße Musselinschleier tragen, denn Weiß ist ihre Trauerfarbe.

Es geschieht sehr häufig, daß zwei Familien ihre Kinder als Fünfjährige verloben, um sie mit zwölf Jahren zu verheiraten, und daß der Junge in der Zwischenzeit unglücklicherweise stirbt. Das Mädchen verwitwet, bevor es geheiratet hat, und für die Kleine ist nun alles zu Ende, denn sie darf keinen anderen mehr heiraten. Die Familie des Jungen hält sie für eine Botin des Unheils, und deshalb besteht ihr Schicksal allein darin, zu ihrer Familie zurückzukehren, wo sie die härtesten Hausarbeiten erledigen muß. Niemand wird sich um sie kümmern, denn alle wissen, daß ihr Leben dem Unglück geweiht ist. Ihrer Unbildung wegen wird sie sich damit abfinden, all diese Nöte zu ertragen, und im Innern denken, was ihr geschehe, sei gerecht.

Aus diesem Grund zieht man in Indien die Söhne den Töchtern vor, vor allem bei den Leuten des Volks, die arm sind und eine überaus zahlreiche Familie haben. Seitdem Indien von den Engländern besetzt wurde, hat man viel geleistet, um diese unangemessenen Bräuche zu überwinden, und das Land macht Jahr für Jahr größere Fortschritte.

Um vier Uhr nachmittags stattete Seine Hoheit, der Maharadscha von Kapurthala, Seiner Hoheit, dem Maharana, einen offiziellen Besuch im alten Palast ab. Wir fühlten uns hochgeehrt, als wir erfuhren, daß der Maharana unseren Besuch eine halbe Stunde später erwidern würde, denn das ist etwas, was er gewöhnlich für keinen Hinduherrscher tut. Das beeindruckte den Maharadscha von Kapurthala sehr, und er schätzte diese feinfühlige Geste ungemein hoch.

Der Maharana kam im Auto, er hatte keine Eskorte bei sich und wurde nur von seinem Adjutanten begleitet. Seine Hoheit, der Maharadscha, empfing ihn am Verandaeingang, und beide umarmten sich, wie es die europäischen Herrscher tun, und klopften einander auf die Schulter. Dann gingen sie in den Salon, der für diese Gelegenheit hergerichtet war: Für Ihre Hoheiten hatte man zwei Sessel in die Mitte gestellt, dazu an jeder Seite eine Stuhlreihe für die Offiziere, die sich ihren Titeln oder ihrem Grad entsprechend placieren sollten.

Ich stand hinter einem Vorhang und konnte es mir nicht versagen, die distinguierte Erscheinung des Maharanas zu bewundern, der ganz reine und regelmäßige Züge hatte. Das makellose Weiß seines schönen Barts hob die strenge Schlichtheit seiner Kleidung noch mehr hervor. Er trug ein sehr enges Obergewand aus schwarzem Tuch und einen kleinen, indigoblauen gefältelten Turban, der mit einem prächtigen Diamantensolitär festgesteckt war. In der Hand hielt er einen herrlichen alten Säbel, der in einer Scheide aus blauem Samt steckte und einen mit Diamanten, Rubinen und Smaragden besetzten Griff hatte. Wegen seiner Einzigartigkeit war er sehr kostbar.

Zuerst unterhielten sie sich über die Jagd, dann stellte Seine Hoheit, der Maharana, Fragen über Europa und hörte aufmerksam und erstaunt zu, wie Seine Hoheit, der Maharadscha von Kapurthala, die Reisen schilderte, die er in verschiedenen Weltgegenden unternommen hatte. Er hielt das Vorhaben des Maharadschas, die ganze Welt bereisen zu wollen, für etwas Außerordentliches. Es überraschte ihn noch mehr, als er erfuhr, daß der Maharadscha außer dem Englischen auch andere Sprachen beherrscht, vor allem Französisch, eine Sprache, in der er sich ganz mühelos ausdrückt.

Dem Maharana kommt das alles sonderbar und gefährlich vor, weil er sein Land niemals verlassen hat, abgesehen von den zwei Reisen nach Delhi, die er anläßlich der großen königlichen Durbars unternommen hatte. Diese Feiern fanden aus Anlaß der Krönung der englischen Könige zu Kaisern von Britisch-Indien statt. Immer wenn der Maharana eine Reise unternehmen will, muß er Priester und Astronomen befragen, um den geeigneten Tag zu erfahren, an dem ihm die Sterne günstig sind, eine Vorsichtsmaßnahme, damit ihm während der Fahrt kein Unglück zustößt. Außerdem reist er nur am Tag; sobald die Sonne untergeht, hält sein Zug an und wartet mit der Weiterfahrt bis zum Morgengrauen.

Die Religion gestattet ihm nicht, eine Mahlzeit zu sich zu nehmen, ohne daß er zuvor im Freien gebadet hat. Dieses eigentümliche Bad ist ganz einfach: Man schüttet ihm Krüge mit kaltem Wasser über den Körper, vom Kopf bis zu den Füßen. Gemeinsam mit den Priestern beginnt er um sechs Uhr früh zu beten, und das geht bis zur Zeit des Mittagessens weiter. Für die Fahrt nach Delhi, das nur achtundvierzig Stunden von Udaipur entfernt ist, braucht der Maharana mit seinem Sonderzug ungefähr eine Woche.

Nach der halbstündigen Unterredung erhob sich Seine Hoheit, der Maharana, und verabschiedete sich von seinem Gastgeber, dem Maharadscha von Kapurthala, der ihm herzlich für den Empfang und die liebenswürdige Gastfreundschaft dankte. Zu meinem großen Mißfallen konnte ich ihm nicht vorgestellt werden, weil es strenge Vorschriften gibt und er die Frau eines anderen indischen Fürsten nicht ansehen darf, denn das wäre ihren Sitten zufolge eine Respektlosigkeit. Ihre Hoheit, die Maharani, darf auch niemanden sehen, der nicht zu ihrer Kaste oder Religion gehört, und das gilt selbst für die Hindudamen.

Am Abend besuchten wir den Lieblingsgarten des Maharanas, in dem er sich regelmäßig jeden Montag ergeht; er heißt Saheliyon-ki-Bari und ist von hohen weißen Mauern umgeben. Schon am Eingang konnten wir inmitten eines Beckens mit einem Marmorrand einen schönen, sehr kunstvoll gestalteten und stilvollen Kiosk entdecken, aus dem Tausende diamantklarer und köstlich kühler Wasserstrahlen hervorsprudelten. Daneben gab es einen zweiten, kleineren, ausschließlich für die Maharani bestimmten Garten, der mit seinen Springbrunnen und seinen mannigfaltigen, kräftig duftenden Blumenbeeten ein entzückender Ort war. Diese friedliche Stätte ist ein zauberhafter, wonniger und reizvoller Ruheplatz: Hier fühlt man sich wie im Paradies.

Nach dem Abendessen kam der Maharana auf den liebenswerten Einfall, uns seine Musiker, seine Tänzer und seinen Sänger zu schicken. Dieser steht in dem Ruf, der größte Künstler von ganz Indien zu sein. Er hat eine beeindruckende Stimme, und seine Lieder brachten mich dazu, voller Lust und Erstaunen an die in Südspanien zu denken, weil sie ebenso wehmütige Melodien und sanfte, zärtliche und ausdrucksstarke Worte haben.

Die Tänzerinnen bewegen sich sehr anmutig, und ihre Körper sind außerordentlich gelenkig, sie schwingen die Arme und Hände sehr schön und langsam. Sie tragen viele Kleider übereinander, und ihre Gewänder sind von aufsehenerregender und abwechslungsreicher Farbenpracht. Auf dem Kopf tragen sie geheimnisvolle, bestickte Schleier mit goldenen Säumen. Während des Tanzes halten sie gern das Gesicht versteckt, und anmutig und gewandt entblößen sie es dann allmählich, wobei sie glänzende Juwelen sehen lassen, die diesem harmonischen Tanz eine gewisse fröhliche Stimmung geben. Wenn sie den Pfauenschwanz nachahmen, sehen sie mitunter wie Feen aus.

Ungeheuer gern kauen sie Betel, während sie tanzen, denn sie schwärmen für diese Gewohnheit, die sie schon in ihrer Kindheit annehmen und die man ihnen unmöglich verbieten könnte. Sie schätzen die scharlachrote Farbe, die Betel den Lippen gibt, denn das halten sie für überaus reizvoll.

Am lustigsten war es, die vier Musiker anzusehen, die die Tänzerinnen begleiteten. Jede Bewegung, die der Tamtamspieler machte, um seinem Instrument einen Ton zu entlocken, war ein kleines Schauspiel. Bei den Geigern fiel uns auf, daß sie ihr Instrument hielten, als wäre es ein Kontrabaß und als könnten sie so dem Rhythmus ihres Sterns folgen. Sie brachten es sogar fertig, für uns als Abschluß der Vorführung die *Marseillaise* zu spielen.

Am nächsten Tag stiegen wir um zehn Uhr dreißig in den Zug, der uns nach Chittorgarh bringen sollte. Wir waren traurig, weil wir Udaipur verlassen mußten, diese alte Stadt, die es vermocht hat, unauslöschliche Spuren zu hinterlassen, die uns für immer in Erinnerung bleiben werden.

Um halb eins trafen wir in Chittorgarh ein, nachdem wir erst zwei Stunden zuvor in Udaipur abgefahren waren. Seine Hoheit, der Maharadscha, schickte Offiziere voraus, die alle notwendigen Vorbereitungen treffen und für unsere bequeme Unterkunft in einem Bungalow für Reisende sorgen sollten.

Nachdem wir uns ein paar Stunden ausgeruht hatten, beschlossen wir, zu der berühmten Festung hinaufzusteigen, die zu den historisch bedeutsamsten in ganz Indien gehört. Trotz der immer noch glühend heißen Sonne fuhren wir in einer vierspännigen Kutsche hinauf, und die Pferde sahen genauso alt wie das Fort aus. Doch die Kutsche setzte sich schnell in Bewegung, und ihr folgten andere, nicht weniger malerische Wagen für unser Gefolge. Unsere Karawane erregte gewaltiges Aufsehen, als sie durch das erste Festungstor fuhr, wo sich das Eingeborenenstädtchen befindet. Eine ganze Menschenmenge mit fröhlichen und lächelnden Gesichtern stürzte sich uns entgegen, um uns mit ihren »Salams« oder Willkommensgrüßen zu empfangen.

Hinter dem zweiten Tor erblickten wir zwei berühmte Gräber, in denen die sterblichen Reste zweier Brüder ruhen: die der Generäle Fatch und Yamal. Die Namen dieser Helden sind wegen ihrer Tapferkeit in ganz Indien bekannt. Sie kämpften lange Jahre gegen die Mohammedaner und konnten immer wieder ruhmreiche Siege erringen.

Wir fuhren durch insgesamt sieben Tore. Man hat sie vor kurzem restauriert, und ständig halten Posten an ihnen Wache. Das letzte Tor bestand ebenso wie die übrigen aus kostbar behauenen Steinen, durch seine filigrane Bildhauerkunst war es jedoch von noch bemerkenswerterer Schönheit: Es zeigte Köpfe von Elefanten, Tigern und Affen in einem Stil und mit einem Geschmack, die in unseren Tagen vollständig verlorengegangen sind.

Es schien, als seien unsere armen Pferde von den Strapazen völlig erschöpft, nachdem sie zwei Stunden in erstickenden Staubwolken und bei entsetzlicher Hitze gelaufen waren, die während des ganzen beschwerlichen Aufstiegs anhielt. Wir fühlten uns glücklich, daß wir uns endlich in dieser Stadt befanden, die nach und nach zerfällt. Einige Palastruinen vermitteln uns eine Vorstellung von glorreichen und glanzvollen früheren Zeiten, die heute unter den Trümmern begraben liegen. Die Tempel sind durch ihre anspruchsvollen Skulpturen besonders schön, und trotz des seit mehreren Jahrhunderten andauernden Zerfalls haben sie nichts von ihrem stolzen und imposanten Aussehen verloren, denn noch heute kann man alle religiösen Objekte und Fetische deutlich erkennen. Inmitten dieser Reste ragen zwei prachtvolle, ganz unbeschädigte Steintürme empor: Der erste ist sieben und der andere neun Fuß hoch. Sie heißen »Siegestürme«, und beide sind gleichermaßen kostbar und sorgfältig gestaltet. Wir bestiegen den zweiten, und dafür brauchten wir eine halbe Stunde. Das Innere besteht wie das Äußere aus sehr fein bearbeitetem Marmor, und an jeder Ecke sind andere Motive aus der hinduistischen Mythologie dargestellt. Der Turm hat zweihundertachtzig Marmorstufen, sie sind sehr schmal und unglaublich hoch, ohne daß man irgendwo eine Stütze oder einen Halt findet. Es fiel uns ziemlich schwer, bis nach oben zu gelangen.

Doch welch großartiges Panorama bot sich nun unseren Blicken dar! Die Ebene dehnte sich aus, so weit das Auge reichte, und wir versenkten uns in die Betrachtung dieser unermeßlichen Natur. Allerdings mußten wir auch voller Schwermut an dieses Ruinenfeld denken, wo jeder Stein seine eigene Geschichte hat. In früheren Zeiten hatten sie eine überaus mächtige und starke Stadt gebildet, die wichtigste Radschputanas. Heute hat sich von all jener Pracht und Größe nur der traurige Überrest einer Stadt erhalten. In ihr wohnen ein paar arme Leute, die ihren eigenen Ursprung nicht kennen. Für uns war das alles nichts weiter als ein beklagenswerter Anblick.

Seine Hoheit, der Maharana von Udaipur, ließ einen dieser historischen Paläste wiederherstellen, in dem früher der Maharana Udai Singh mit seinem Harem und seiner einzigen Tochter gelebt hatte. Diese war außergewöhnlich schön, und man nannte sie »Parmavati«, das bedeutet »Göttin der Schönheit«. Die junge Prinzessin wurde von Kaiser Akbar aus Delhi inbrünstig bewundert. Er hatte soviel von ihrer Schönheit gehört, daß er sehr bald um ihre Hand anhielt und glaubte, sein Antrag werde auf der Stelle angenommen. Er geriet in unsagbar großen Zorn, als er erfuhr, daß die junge, auf ihre radschputische Rasse stolze Prinzessin seinen Vorschlag kategorisch ablehnte; für sie war er eine Beleidigung, und es erschien ihr überhaupt nicht als eine reizvolle Aussicht, die Kaiserin Indiens zu werden, wenn sie sich hierfür zur mohammedanischen Religion bekehren müßte.

Nach dieser Demütigung erklärte ihnen Kaiser Akbar den Krieg und erwartete, die Prinzessin werde in die Heirat einwilligen, wenn er zur Gewalt greife. Der Krieg dauerte mehrere Monate, und als Parmavati sah, daß die Niederlage bevorstand, war sie so kaltblütig, ihr eigenes Leben zu opfern: Sie verbrannte sich bei lebendigem Leibe, und durch ihren Mut und ihre Kühnheit bewog sie den ganzen Harem ihres Vaters und die Gattinnen der Hofadligen, ungefähr eintausendsechshundert Frauen, ihrem Beispiel zu folgen.

An sie erinnert heute nur das Grabmal mit ihren sterblichen Resten. Inmitten all der Trümmer ist es der einzige Hinweis, der uns an jenen Krieg erinnert, in dem sich die Frauen so heldenhaft verhalten haben.

Rings um ihre letzte Ruhestätte wachsen Tausende von häßlichen kleinen Wildblumen in den verschiedensten Farben.

Ihr düsteres Aussehen spiegelt die Traurigkeit dieser Todes-
stätte.

Nach einer mühevollen Exkursion, bei der wir die Kunst des
unsterblichen menschlichen Geistes bewundert hatten und die
Zeit für uns wie im Flug verging, begannen wir um sieben Uhr
den Abstieg.

Nach einem guten Abendessen fuhren wir um Mitternacht
mit dem Zug weiter. Diesmal ging es nach Kotah.

Mit einer Stunde Verspätung kamen wir am Nachmittag in Kotah an. Im Bahnhof empfing uns Seine Hoheit, der Maharadscha, der sich sehr liebenswürdig und zuvorkommend verhielt.

Wir richteten uns im Club ein, einem Ort, der von einem prächtigen Garten umgeben ist, mit einem samtweichen Rasen, der sehr kunstvolle, ganz dem französischen Geschmack entsprechende Figuren bildet und eigens für uns angelegt war.

Es bereitete uns ungeheure Freude, daß wir uns inmitten von soviel Grün befanden. Wir erfuhren, daß der Gartengestalter ein Franzose im Dienst des Maharadschas war. Noch an diesem Nachmittag machten wir im Auto eine Spazierfahrt bis zu dem künstlichen See, der recht hübsch, indes klein ist. Er liegt in einem schönen Wald, in dem man Leoparden jagen kann. All diese Länder Radschputanas ähneln einander weitgehend wegen ihrer Trockenheit und Dürre.

Wir besuchten den Palast Seiner Hoheit, des Maharadschas, der in modernen und hinduistischen Gebäuden residiert. Er zeigte uns seine prächtigen Tigerfelle, diese Tiere hatte er selbst in seinen Ländern gejagt. Die Jagd ist sein Lieblingssport, und er hält einen der höchsten Rekorde von ganz Indien. Der Maharadscha ist ein sehr kluger Mann mit ziemlich liberalen Vorstellungen, doch vertritt er andererseits noch zu orthodoxe Ansichten, als daß er sich mit Leuten an einen Tisch gesetzt hätte, die nicht seiner Kaste angehören.

Am nächsten Tag besichtigten wir die Eingeborenenstadt,

die vorbildlich sauber ist. Der alte Palast liegt im historischen Stadtzentrum. In diesem Palast finden die prachtvollen Hoffeste und die großen Durbars statt. Er enthält herrliche uralte Gemälde und sehr wertvolle Elfenbeinminiaturen. Die Wände sind reichverziert. Dort residiert der Maharadscha in gewissen Abständen. Er hat seine Privatgemächer in einem ganz und gar europäischen Stil bauen lassen, der sich weitgehend von allen übrigen historischen Gebäudeteilen unterscheidet. Zu unserem großen Erstaunen entdeckten wir am Ende der Galerie einen sehr hübschen, mit bunten Scheiben verglasten Fahrstuhl, mit dem wir fünf Etagen nach unten fahren konnten. Der Maharadscha bemüht sich, seine alten Paläste bequemer einzurichten, indem er sie mit dem Komfort des modernen Lebens ausstattet, aber das von seinen Vorfahren Geschaffene achtet und erhält er gewissenhaft. Kein Europäer oder irgendein anderer Ausländer durfte bisher diesen alten Palast betreten, und wir fühlten uns hochgeehrt, daß uns Seine Hoheit das Vorrecht gewährte, uns persönlich bei diesem besonderen, ganz intimen Besuch zu begleiten.

Der Maharadscha hatte in seinem Garten mehrere riesige, sehr massive Käfige, in denen er einige Raubtiere hielt. Seine Lieblinge waren ein Tiger und ein Löwe, deren Gebrüll uns erschreckte, als wir ankamen, weil wir nicht darauf gefaßt waren. Für den Nachmittag hatte er einen ganz eigentümlichen Zweikampf zwischen einem Wildschwein und einem Panther vorgesehen, der wenige Kilometer außerhalb der Stadt stattfinden sollte.

Wir genossen dieses Schauspiel vom Rand eines Grabens aus. Zu unserem Erstaunen konnten wir feststellen, daß das Wildschwein weitaus stärker als der Panther war. Er packte das Wildschwein an der Kehle, und es grunzte so entsetzlich, daß wir alle es für so gut wie tot hielten und darum baten, die beiden zu trennen, doch sobald sich das Wildschwein losgerissen hatte, ging es mit außerordentlicher Kraft zum Angriff über, und dabei hatte der Panther eine stattliche Größe und ein furchterregendes Aussehen. Ich wollte das Ende des Kampfes nicht miterleben, das für mich eher schmerzlich als interessant gewesen wäre.

Seiner Hoheit, dem Maharadscha, und seinem Vertrautenkreis gefallen derartige Schauspiele sehr, und sie schlagen sie derart in ihren Bann, daß die Offiziere dabei oft hohe Summen verwetten.

Man hatte uns gesagt, wir würden später an der Jagd auf wilde Tiere teilnehmen. Der Jagdausflug war bereits im voraus zu unseren Ehren organisiert worden, doch besonders für mich, denn Seine Hoheit, der Maharadscha, hatte unserem Gespräch entnommen, daß ich in all den Jahren, die ich schon in Indien lebe, noch nie die Gelegenheit hatte, an einer Jagd auf wilde Tiere teilzunehmen.

Meine Ungeduld und Vorfreude waren unbeschreiblich, obwohl es mich ängstigte und nervös machte, daß ich die Gefahr so nahe wußte; meine Begeisterung steigerte sich noch, als man uns sagte, wir sollten zum Ufer eines wunderschönen Flusses hinuntergehen. Dann bat man uns, auf einen hübschen Dampfer zu steigen. Ich hatte noch gar nicht richtig begriffen, daß man von unserem Schiff aus schießen konnte. Dann wurde mir klar, daß es nichts zu befürchten gab und daß die Tiere uns nicht angreifen könnten, falls wir danebenschossen.

Die Bestien kommen an jedem Morgen um eine bestimmte Zeit zur Tränke hinab, genau an der Stelle, wo wir hielten, weil es in der Umgebung keinen anderen Zugang zum Wasser gibt, an dem sie ihren Durst stillen können.

Dort lassen sich auch Tiger blicken, aber das majestätischste Tier ist der Panther. Der für die Jagd ausgewählte Ort machte einen ganz wilden Eindruck, weil er ringsum von schroffen Felswänden umgeben war. Unser Schiff fuhr langsam, und trotz der vielen Menschen herrschte tiefes Schweigen, denn das geringste Geräusch würde die Tiere verscheuchen. Einige Augenblicke lang vernahmen wir nur Vogelgezwitscher in der lauen Luft, die durch die morgendliche Brise angenehm kühl war.

Alles schien uns so still und ruhig, daß man sich fragen konnte, ob es in jenem einsamen und friedlichen Raum wirklich Lebewesen gab. Wir bewegten uns nicht und blickten unverwandt in ein und dieselbe Richtung; das geringste Blätterrascheln ließ uns zusammenzucken, und eine einfache Geste genügte, um uns gegenseitig mitzuteilen, was wir sahen und welche Befürchtungen uns quälten.

Der breite und tiefe Fluß glitt zwischen zwei natürlichen, mit Moos und wilden Pflanzen bedeckten Schutzwällen dahin; er verlief in zahlreichen Windungen und bot uns an jeder Krümmung den Anblick neuer Landschaften von überraschender Schönheit dar, deren Farben die herrlichsten Nuancen vom hellsten bis zum dunkelsten Grün zeigten, während das Wasser im Widerschein der Sonnenstrahlen einen Smaragdton annahm.

Nach einer viertelstündigen, fieberhaften Wartezeit hörten wir endlich den Lärm der Treiber, die sich näherten und erreichen wollten, daß ein Tier zum Ufer hinabkam. Auf einmal, nach einem stummen Signal der Treiber, die wortlos eine kleine gelbe Fahne hochreckten, hielt das Schiff an.

Plötzlich bemerkten wir die glänzenden Augen eines Panthers, der langsam von einem Felsen hinabkletterte; ganz ruhig und stolz lief er mit sicheren Schritten, während er aufmerksam lauschte. Er blieb stehen und beobachtete uns ohne die geringste Furcht. Dann setzte er entschlossen seinen Weg fort und kümmerte sich nicht weiter um uns.

Als sich die Schützen schnell bewegten, machte er mehrere Sprünge und verschwand im Dickicht. Genau in diesem Augenblick gab Seine Hoheit, der Maharadscha von Kapurthala, zwei Schüsse auf ihn ab, und danach waren mehrere weitere Schüsse zu hören. Wir wußten alle nicht, wie der Ausgang der Geschichte sein würde, denn die Bestie war aus unserem Blickfeld verschwunden, ohne zu brüllen oder zu stöhnen, so daß die Jäger annehmen mußten, sie hätten das Tier nicht getroffen.

Die Treiber, die von den Felsen aus seine Spur verfolgten, sahen es verschwinden und verständigten das Schiff mit Zeichen, es solle in derselben Richtung weiterfahren und so dem Panther nachsetzen, obwohl sie befürchteten, daß er wieder nach oben geklettert war.

Höchst beunruhigt warteten wir ein paar Minuten. Wir hielten die Waffen stets schußbereit, um sie abzufeuern, wenn wir den Panther auftauchen sähen, denn das würde die letzte Gelegenheit für unsere Jäger sein, dessen Fell zu erbeuten.

Wir ängstigten uns sehr, als wir von überall unerwartete Schreie hörten, und wir dachten, vielleicht habe der Panther einen der Männer angegriffen, denn so etwas geschieht bei derartigen großen Jagdpartien recht häufig. Doch zu unserer Freude erfuhren wir, daß sie das Tier soeben leblos entdeckt hatten; es war tot hingestürzt, als es im Gestrüpp verschwinden wollte. Ein Schuß – die zweite Kugel des Maharadschas – hatte es genau ins Herz getroffen. Die Erregung Seiner Hoheit war unbeschreiblich, und die Treiber bekundeten solche Freude, daß sie sogar herbeieilten, um ihm die Füße zu küssen.

Dreißig Leute mußten anpacken, um den Panther wegzuschleppen und auf unser Schiff zu bringen, und dabei machten sie einen Höllenlärm. Er war eine herrliche Jagdbeute, und es wäre schade gewesen, wenn wir ihn verloren oder einem anderen die Chance gelassen hätten, ihn zu erlegen. Wir alle freuten uns sehr über den Erfolg Seiner Hoheit, und wir sangen, als wir den Fluß hinauffuhren, dessen Anblick immer schöner wurde. Wir kehrten in den Club zurück und nahmen das Mittagessen ein.

Noch am Nachmittag verabschiedeten wir uns gerührt von jenem faszinierenden Ort, wo uns der Maharadscha einen solch herzlichen Empfang bereitet hatte. Außerdem war er so liebenswürdig, zum Bahnhof zu kommen, uns auf Wiedersehen zu sagen und uns der Sitte entsprechend mit entzückenden, wohlriechenden Blumengirlanden zu beschenken. Unsere nächste Station sollte Bikaner sein.

Um zehn Uhr abends erreichten wir den Eisenbahnknotenpunkt von Bhatinda im Staat Patiala. Diese bedeutende Stadt liegt an der Grenze der zwei Provinzen Pandschab und Radschputana. Hier stiegen wir in eine Schmalspurbahn um. Sie gehört dem Maharadscha und würde uns direkt nach Bikaner bringen; von diesem Bahnhof, wo uns die Zeit sehr lang wurde, fuhren wir also in einem Sonderzug ab.

Am Morgen hatte sich die Landschaft vollständig verändert. Sie war nun insgesamt eine Wüstenebene, die sich bis zum Horizont erstreckte. Der Wind blies hier so kräftig, daß er den Sand emporwirbelte und wellenförmige Hügel bildete, die man Dünen nennt.

Der Staub war auf der ganzen Strecke entsetzlich. Die Fahrt dauerte bis sechs Uhr abends, und wir waren sehr glücklich, als wir endlich unser Ziel erreichten, nachdem wir so lange eingesperrt gewesen waren, weil es keine Möglichkeit gab, die Tür zu öffnen. Die Stadt Bikaner erschien wie eine Oase im warmen Licht der untergehenden Sonne, die den Horizont rot färbte. Vereinzelte Palmen und die Kamelkarawanen gaben uns das Gefühl, in Ägypten zu sein.

Seine Hoheit, der Maharadscha von Bikaner[1], ein großer

---

1 Gemeint ist Ganga Singh, der letzte Maharadscha von Bikaner, der sein rückständiges Reich in die wichtigste Kornkammer Radschputanas verwandelte, indem er einen Kanal bauen ließ, der das trockene Wüstenland fruchtbar machte. Er gründete auch eine der berühmtesten Militäreinheiten Indiens, das sogenannte Camel Corps, dessen Soldaten auf Kamelen reiten.

Freund unseres Maharadschas, empfing uns auf dem Bahnhof. Nachdem wir die üblichen Grußformeln und Höflichkeitsbekundungen ausgetauscht hatten, fuhr er uns in seinem Auto zu seinem neuen und prächtigen Palast, in dem er residiert. Dieser erst vor kurzem im hinduistischen Stil errichtete Palast besteht aus roten, sehr fein bearbeiteten Steinen und besitzt an allen Seiten mehrere Kuppeln, die auf Säulen ruhen und das Gebäude verschönern. Der Eingang des Palastes ist geräumig, und ihn umgibt ein trotz der Trockenheit des Landes üppiger Garten.

Ich war sehr zufrieden, als ich mich in schönen, europäisch ausgestatteten Zimmern wiederfand, die selbst in den geringsten Kleinigkeiten großen Luxus und Komfort boten. Ich war so erschöpft, daß ich mein Zimmer nicht verlassen konnte, bis ich mich ausgiebig erholt hatte. Die Ruhepause dauerte bis zum nächsten Tag, und erst dann war ich imstande, die einzelnen Säle und die Einrichtung des Palastes zu besichtigen.

Von allen modernen Palästen, die wir besucht haben, hat der von Bikaner am getreuesten das orientalische Gepräge bewahrt, und trotz seiner Stilvermischungen bleibt er einzigartig. Der ganz aus Marmor bestehende Haupthof ist ein Meisterwerk, das mich sehr an den Hof der Alhambra in Granada erinnerte, wenn er auch viel größere Ausmaße hat. Der obere Teil wird von einer roten, mit der Hand gemeißelten Steinmauer eingefaßt, die wie ein Spitzenbesatz wirkt – eine so fein ausgeführte Arbeit, daß Ihre Hoheit, die Maharani, und die Hofdamen alles betrachten können, was im Hof geschieht, ohne daß sie befürchten müssen, von jemandem gesehen zu werden.

Seine Hoheit, der Maharadscha, verbringt die Nachmittage und Nächte gewöhnlich in diesem Marmorhof, wo angenehme Kühle herrscht, was während der tropischen Sommermonate ein großer Genuß ist, denn die Gluthitze zwingt dazu, an der frischen Luft zu leben. Seine Hoheit genießt die warme Jahreszeit und schwärmt für die poetische nächtliche Stille, wenn der Glanz des Mondes einen magischen Reiz ausübt und er zwischen den riesigen und majestätischen Säulen oder durch das Gewölbe der Galerie hervorleuchtet. Die Festsäle haben keinen besonderen Stil, doch man hat sie mit Geschmack und Kunstverstand eingerichtet. Sie sind allerdings nicht übermäßig geräumig, denn die offiziellen Versammlungen und Zeremonien, wie etwa der Durbar, finden meistens im alten Palast statt, der im Zentrum der Eingeborenenstadt liegt.

Den merkwürdigsten Eindruck macht der Billardsaal, der vom Boden bis zur Decke mit den Köpfen von Tieren ausgeschmückt ist, die der Maharadscha persönlich gejagt hat. Der Raum beeindruckt ungemein, weil all diese sehr geschickt angebrachten Köpfe so lebendig wirken, daß es scheint, als forderten sie den Betrachter heraus und belauerten ihn.

Ich selbst brachte es erst über mich, den nur halb erleuchteten Raum zu betreten, um diese herrliche Sammlung aus größerer Nähe zu bewundern, als ich meinen anfänglichen Schrecken überwunden hatte. Einige der dort ausgestellten Tiere sind höchst selten und schwer aufzuspüren; es waren überaus viel Geduld und ungeheure Kühnheit erforderlich, um diese Beute zu erlegen.

Seiner Hoheit, einem hervorragenden Sportsmann, gefällt nicht nur die Jagd; ihn begeistert auch Polo, das ist sein Lieblingssport. Er ist ein erstklassiger Spieler und wird für einen der besten in ganz Indien gehalten, zusammen mit seiner Mannschaft, die zu den berühmtesten gehört. Er ist ein Mann mit fortschrittlichen Ideen, spricht glänzend englisch und wird von den Engländern und der Regierung hochgeschätzt, die viel von seiner Intelligenz und seinem Auftreten halten. Er hat mehrere Europareisen unternommen, und sein ältester, erst zehnjähriger Sohn ist außerordentlich frühreif, er schießt sehr geschickt und spielt wunderbar Billard.

Unseren ersten Tag verbrachten wir in der Familie. Wir machten einen sehr angenehmen Rundgang durch den Palast, spielten eine Partie Billard und sprachen nach dem Abendessen über alles mögliche.

Am nächsten Tag gingen wir aus und besuchten die Stadt, die sehr sehenswert ist. Sie wird ringsum vom Sand eingeschlossen und liegt mitten in einer Wüste, alle Augenblicke ist sie in Staubwolken gehüllt, die unvermittelt auftauchen und wieder verschwinden. Es machte auf uns einen sonderbaren Eindruck, diese Naturerscheinung mitzuerleben, die für die Einheimischen so alltäglich wirkt und sie vollständig gleichgültig läßt. Ein paar schöne und alte Häuser gibt es, die ihr ursprüngliches Aussehen bewahrt haben; in ihnen wohnen die *Marwary*, das sind reiche Bankiers und Kaufleute.

Der Staat Bikaner gilt als einer der wichtigsten in Radschputana; wenn man sich jedoch dieses trockene und unfruchtbare Land ansieht, fragt man sich, was die Einwohner dort eigentlich produzieren oder welche Art von Gewerbe sie schaffen konnten, um davon zu leben. Ihr wichtigstes Handelsgut sind alle möglichen Stoffe, außerdem stellen sie Teppiche her, die vielleicht besser als in Europa angefertigt werden. Seine Hoheit ist an der Entwicklung dieses Gewerbes stark interessiert, das man zunächst im Gefängnis eingeführt hatte und das gegenwärtig überaus hohe Gewinne abwirft, denn man erhält wichtige Aufträge aus ganz Indien. Es interessierte uns sehr, den Häftlingen zuzusehen. Sie arbeiten schicksalsergeben und unter primitiven Bedingungen, zeigen indes großes Geschick. Die Aufgaben dieser Häftlinge unterscheiden sich nach der Härte des Urteils; die besten fertigen Teppiche an und weben Stoffe, die Kriminellen mahlen Weizen nach alter Art mit Mahlsteinen; jene, die eine mittelschwere Strafe haben, bearbeiten Kupfer und stellen sehr geschmackvolle Kunstgegenstände her. Man kann sie alle an der Kleidung und an einer kleinen Mütze unterscheiden: Dieses Erkennungszeichen trägt eine bestimmte Nummer, der man die Höhe der Strafe entnehmen kann.

Es gibt sehr viele Häftlinge, und sie sorgen für den Fortschritt dieses aufblühenden Gewerbes. Doch einige dieser Leute muß man fürchten. Man hatte uns viel von einer hübschen Gefangenen erzählt, die man »die schöne Mathilde« nannte und die jung und strahlend schön sein sollte. Wir und besonders unsere

Offiziere, von denen einer neugieriger als der andere war, wollten unbedingt diese Mathilde sehen. Wir alle erwarteten, daß irgendwo die berühmte Mathilde auftauchte, und merkten nicht, daß sie von Anfang an bei uns war. Wir kamen erst dahinter, daß es sich um einen Scherz handelte, als der Doktor in unserer Begleitung die Sache begriff und bei der Betrachtung einer wahren Menschenfresserin zu lachen begann. Sie war dort seit langer Zeit wegen der Lappalie eingesperrt, ihre gesamte Familie vergiftet zu haben.

Diese ungefähr sechzigjährige Frau ist jedoch, wie man uns erzählte, die ganze Freude der übrigen Häftlinge, weil sie stets guter Laune ist und von früh bis spät Geschichten erzählt, während sie Wolle spinnt, denn trotz ihrer großen Fehler ist sie eine ausgezeichnete Arbeiterin und wird von allen sehr geschätzt.

Die Stadt Bikaner hat vierzigtausend Einwohner, die mit ihren frohen und heiteren Gesichtern einen weitaus geruhsameren Eindruck als unsere Pandschabis machen. Ihre Rasse ist stark gemischt, aber alle arbeiten an einem eigenen Platz, ohne jemals ein böses Wort zu wechseln. Es ist ein lebenslustiges Volk, das auf die Straße stürmt, uns entgegenläuft und uns seine *Salams* als Willkommensgruß zuruft, während wir im Auto sehr schnell alle Ecken und Winkel der Stadt besuchen. Wie in ganz Indien sind die meisten Häuser aus Lehm gebaut und bieten einen malerischen Anblick mit ihren Bewohnern, die auf die Dächer klettern, ohne sich im mindesten vor einem Schwindelanfall zu fürchten, denn diese Gebäude erreichen nicht einmal eine Höhe von zwei Metern, und darum ist die Gefahr nicht allzugroß.

Nach dieser Spazierfahrt, die eine Stunde dauerte, besuchten wir die bedeutende Festung. Das war nämlich die frühere Residenz des Maharadschas. Sie ist sehr sehenswert wegen ihrer mit fröhlichen und originellen Fresken geschmückten Räume, die trotz des unbarmherzigen Klimas weiter vollständig erhalten und herrlich anzusehen sind. Die Durbar Hall besteht ganz aus dem Stein, den man in diesem Staat findet, und aus Holzschnitzereien, die einheimische Handwerker angefertigt haben, und das schafft einen vollkommen orientalischen Gesamteindruck. Es ist eine historische Stätte, die mehrere Generationen erlebt hat und viele weitere erleben wird.

Ein paar Gebäude sind gerade im Entstehen, denn der Maharadscha läßt gern moderne Häuser in der Umgebung errichten, damit die Stadt wächst.

An demselben Tag verließen wir Bikaner um drei Uhr nachmittags, um in einer etwa fünfunddreißig Kilometer entfernten Gegend auf die Jagd zu gehen. Wir legten die Strecke im Auto zurück; die Straßen waren ausgezeichnet, der Maharadscha saß persönlich am Steuer und fuhr schwindelerregend schnell. Das Jagdgebiet heißt Gajner und ist wegen seiner Lage und Art in Indien ganz und gar einzigartig; die Pfade waren ein einziges Sandmeer, und wir stießen auf eine große Menge von Antilopen und Wildschweinen. Die Herberge Gajner liegt in einer entzückenden, grünen und fruchtbaren Gegend, die ein üppiges und prächtiges Pflanzenkleid trägt; es läßt sich tatsächlich schwer glauben, daß es so nahe der Hauptstadt derart fruchtbares Land geben kann. Am typischsten für diesen Ort ist die Jagd auf den *Sandgrouse* oder Auerhahn, denn in bestimmten Zeiten des Jahres kommen sie zu Tausenden her, und so etwas läßt sich nur in Indien finden.

In diese Gegenden sind der Vizekönig und zahlreiche andere Persönlichkeiten gekommen, um sich zu unterhalten und nebenbei ein wahrhaftiges Blutbad unter diesen köstlichen Jagdvögeln anzurichten, denn die Jäger fühlen sich erst befriedigt, wenn sie mehrere hundert abgeschossen haben. Die Residenz ist äußerst bequem und hübsch, doch nach dem Abendessen und ganz gegen unseren Willen mußten sich alle in ihre Gemächer zurückziehen, um lange zu schlafen und am Morgen des nächsten Tages ausgeruht zu sein. Um fünf Uhr morgens mußten wir uns alle im Hof einfinden, weil diese Jagd besondere Vorbereitungen verlangt und man trotz der schneidenden Morgenkälte sehr früh aufbrechen muß. In der Nähe des Hauses lief gemächlich ein kleiner und schöner Fluß vorbei, den wir überqueren mußten, um uns an der ausgewählten Stelle einzurichten und uns auf die Lauer zu legen.

Wir machten es uns auf Strohschemeln bequem und waren von kleinen Hecken umgeben, damit uns die Vögel nicht sehen konnten, die zu einer bestimmten Zeit in Schwärmen aus der Wüste kommen würden, um ihren Durst zu löschen. Wir sahen sie von weitem wie eine Sturmwolke nahen, sie stürzten sich zu Tausenden aufs Wasser und machten einen Höllenlärm. In diesem Augenblick lassen sie sich am leichtesten abschießen, weil sie sonst so hoch fliegen und man sie in den Wolken aus den Augen verliert. In diesem Moment stehen alle Jäger auf und geben so schnell eine Salve ab, daß kaum Zeit bleibt, ihnen die Patronen zu reichen, weil die verschreckten Vögel in die entgegengesetzte Richtung fliegen. Aus diesem Grund dauert die Jagd nur zwei Tage; die armen Tiere erinnern sich an den schlechten Empfang, den man ihnen bereitet hat, sie fliegen weiter und kehren erst im nächsten Winter zurück.

Ich habe niemals eine solch aufregende Jagd erlebt, die zugleich tief enttäuscht, wenn man sieht, wie die Vögel auffliegen und am Horizont verschwinden. Der Sohn des Maharadschas, sehr jung und ein ungewöhnlich guter Schütze, schoß mit einem Gewehr, das größer als er selber war. Er zielte auf jeden Vogel, der an ihm vorüberflog, und er verfehlte nicht einen. Als ich ihn beglückwünschte, weil er fünfzig in zwei Stunden getroffen hatte, antwortete er höflich, sein persönlicher Rekord liege bei achtzig, und möglicherweise werde er diese Zahl am nächsten Tag erreichen.

Wir beschlossen den Tag mit Billard und Tennis; gegen zweiundzwanzig Uhr zog sich dann jeder in sein Zimmer zurück, um die wohlverdiente Ruhe zu genießen.

Am Morgen des nächsten Tages waren wir ebenso erfolgreich wie zuvor: Wir hatten insgesamt ungefähr fünfhundert *Sand-*

grouses getötet, die wir in Bikaner essen wollten. Am Nachmittag kehrten wir in höchst angeregter Stimmung in den Palast zurück, wir freuten uns über die große Treffsicherheit unserer Schützen und sahen erwartungsvoll dem großen Bankett entgegen.

Einen Tag später, bevor wir abreisten, besuchte ich Ihre Hoheit, die Maharani. Sie empfing mich ohne großes Protokoll und zeigte mir alle ihre Gemächer, die auf europäische Art eingerichtet und sehr luxuriös sind. Die Terrassen sind sehr geräumig, und dort verbringt sie ihre Tage zusammen mit den Damen ihres Gefolges und den Kindern. Der Ort ist recht freundlich, denn sie können alles beobachten, selbst das, was in großer Entfernung geschieht, auch das Himmelsgewölbe, dessen Blau immer so rein ist und diese jungen und munteren Damen in einen zauberhaften Lichtkreis taucht, die in prächtige Saris in vielfältigen und glänzenden Farben gekleidet und mit wunderbaren Juwelen von unschätzbarem Wert geschmückt sind.

Traurig und gerührt verabschiedeten wir uns vom Maharadscha und dankten ihm herzlich für seine große und unvergeßliche Gastfreundschaft, die uns Stunden erleben ließ, an die wir uns stets erinnern werden.

Wieder einmal saßen wir im Zug und ließen so vieles hinter uns, was wir genossen hatten und was uns in diesem Augenblick nur noch wie eine Wunschvorstellung erschien.

Das Bild der Stadt verschwand mit einemmal, als der Wind den Sand aufwirbelte und sie in einen dichten Vorhang hüllte, der uns vollständig von der Wirklichkeit trennte und uns in einen wunderbaren Traum versenkte.

Nach unserer Heimkehr führte ich das gewohnte ruhige Leben in Kapurthala weiter, ich ritt und spielte Tennis, denn das sind meine Lieblingszerstreuungen.

Heute sind wir abgefahren. Wir wollen die Weihnachtszeit in Kalkutta verbringen, denn dort gibt es Zerstreuungen, die das Leben reizvoller machen, wie etwa die berühmtesten Pferderennen Indiens. Die Tribünen sind genauso wie die in Longchamps angelegt, doch das Klima ist viel günstiger, und immer strahlt die Sonne.

Die 48stündige Fahrt erschöpfte mich nicht allzusehr. Tatsächlich bin ich inzwischen an solche Reisen gewöhnt, und unser Eisenbahnwaggon bietet allen erdenklichen Komfort.

Nach einem kurzen, sehr fröhlichen und unterhaltsamen Aufenthalt beschlossen wir, eine Reise nach Birma zu unternehmen.

Wir gingen an Bord der *Angora*, die zwar kein sehr großes Schiff, aber sorgfältig gepflegt war, und dort fühlten wir uns wie zu Hause.

Nach einer Fahrt von nur zwei Tagen kamen wir in Rangun an. Das Wetter war herrlich, und darum machte das neue Land, das wir besuchen wollten, zunächst den besten Eindruck auf uns.

Doch mich traf ein schlimmes Mißgeschick, denn ich wurde kurz nach unserer Ankunft krank. Beinahe zwei Wochen lang lag ich im Bett, und es war keine Freude, im Zimmer dieses Hotels Minto-Mansions bleiben zu müssen, wo ich nur die Wände ansehen konnte, die hoch wie die eines Gefängnisses waren. Ich war maßlos glücklich, als mir der Arzt nach zwei Wochen erlaubte, die erste Ausfahrt im Auto zu machen. Das neue Land entzückte und faszinierte mich. Ich empfand das

Klima als ideal, und zwei Tage später beschloß ich am Morgen, die wichtigsten Sehenswürdigkeiten zu besuchen, denn unser Reiseplan zwang uns, kurze Zeit danach weiterzufahren.

Ich begann mit der größten und bedeutendsten Pagode, die Shwedagon heißt, ein Meisterwerk des buddhistischen Stils. Um sie zu betreten, muß man eine riesige, endlose Treppe hinaufsteigen, die von Ziegelbogen überspannt wird. An beiden Seiten der Kolonnaden hat man alle möglichen Läden eingerichtet; in den meisten verkauft man Blumen und Kerzen an die Gläubigen, die sie ins Buddha-Heiligtum mitnehmen. Alle, vom Reichsten bis zum Ärmsten, bringen jeden Morgen ihr Opfer dar, und jeder fühlt sich nach dieser frommen Handlung offenbar beruhigt und zufrieden, weil er sicher ist, daß ihm für den Rest des Tages nicht passieren kann.

Die anderen Läden sind vollgestopft mit Bildern, sakralen Gegenständen, Artikeln des täglichen Bedarfs und Stoffen. Das Ganze wirkt derart malerisch und reizvoll, daß man sich damit zahllose Stunden unterhalten könnte, ohne zu merken, wie die Zeit vergeht. Das Stimmengewirr der Leute, die Maler, die sich hier und da mit ihren Paletten aufgestellt haben, die Photographen, die ihre Kameras auf alle richten, die Bauern, die mit ihren Holzsandalen wie mit kleinen Hämmern an die Steine schlagen und einen Höllenlärm machen … Alles hat eine magnetische Anziehungskraft und läßt vergessen, an welchem Ort man sich befindet.

Besonders fielen mir die birmanischen Mädchen auf, die an den Verkaufsständen bedienen. Sie sind außerordentlich kokett und haben etwas Herausforderndes, das einen zwingt, sich nach ihnen umzudrehen, selbst wenn man es gar nicht will. Sie machen sich mit größter Koketterie zurecht und putzen sich vor aller Augen, ohne sich gestört zu fühlen, wenn man ihnen zusieht. Größte Sorgfalt verwenden sie auf ihre Frisur; sie haben tiefschwarze Haare, die sie gründlich einölen und mit einem Kamm hochstecken und elegant mit der traditionellen Blume schmücken. Sie pudern sich auch das Gesicht mit einem ganz weißen und dicken Puder und schminken sich ein wenig.

Kurz und gut, ihr einziger Wunsch ist, sich denen zu zeigen, die sie ansehen, und ihnen zu gefallen. Wegen ihres Gesichts und ihrer kleinen Statur haben sie eine gewisse Ähnlichkeit mit Japanerinnen. Ihr Gang ist anmutig, und ihr geschmeidiger Körper bewegt sich so entzückend, daß man ihnen wirklich nicht widerstehen kann und sich genötigt fühlt, ihnen etwas abzukaufen, selbst wenn man gar nichts haben möchte. Ihre Kleidung ist sehenswert: Der Rock besteht aus einem ganz geraden, nur zwei Meter breiten Stoff, und er liegt so eng am Körper an, daß er dessen Formen nachbildet. Die Bluse ist ein einfaches, lose fallendes Hemd aus Seide oder Musselin. Sie alle sind makellos sauber, eine der Besonderheiten, die ihren kleinen Gestalten ein ungemein typisches und bezeichnendes Aussehen geben.

Die birmanische Frau ist so geschäftstüchtig, daß sich der Mann nicht die geringsten Sorgen um den Handel macht: Er kümmert sich um überhaupt nichts. Oft ist er dabei, doch er verhält sich ruhig, geduldig und gleichmütig. Tatsächlich glaube ich, daß er die Fähigkeiten seiner Gefährtin anerkennt und sich deshalb nicht beteiligt, weil er meint, daß er selber gewiß nicht so großen Erfolg haben würde.

Ein beim weiblichen Geschlecht weitverbreiteter und origineller Brauch ist es, weiße, lange und dicke Zigarren zu rauchen, die auf den ersten Blick wie ein Stück Zuckerrohr aussehen. Alle Frauen rauchen, während sie spazierengehen oder arbeiten, und den ganzen Tag haben sie die Zigarre im Mund, was sowohl das einfache Volk als auch die Aristokratie für hochelegant hält. Diese Zigarre wird aus einer Mischung von getrockneten Pflanzen hergestellt, die man in große, überaus lieblich duftende Blätter einrollt. In der Öffentlichkeit rauchen sie unaufhörlich, und das so natürlich und unbefangen, daß man sich schließlich an den Anblick gewöhnt und an diesem männlichen Verhalten nichts Sonderbares oder Abstoßendes mehr findet, denn schließlich paßt es wunderbar zu ihnen.

Sie haben einen sanften und umgänglichen Charakter und einen intelligenten Gesichtsausdruck, und sie lächeln alle an.

Durch ihr mütterliches Verhalten ist das Familienleben sicherlich sehr angenehm und gemütlich.

Nachdem wir die endlose Geschäftspassage hinter uns gelassen hatten, gelangten wir endlich zum oberen Teil eines riesigen Platzes, auf dem sich die Pagode befindet. Sie hat eine große, vergoldete Kuppel im chinesischen Stil, die in einer Spitze endet. Im Inneren, das von jedem betreten werden darf, erhebt sich eine gewaltige Statue, die Buddha und an beiden Seiten seine Jünger darstellt. Dieses Standbild ist ganz vergoldet und an der Basis sehr stark beschädigt, weil die Gläubigen dort Kerzen in allen Farben aufstellen und frische oder verwelkte Blumen als Opfergaben hinlegen. Von den vielen schönen Sträußen steigt ein ekelerregender Geruch auf, der dazu zwingt, dort so wenig Zeit wie möglich zu verweilen.

Die Frömmigkeit, die diese Gläubigen bekunden, ist beeindruckend. Sie werfen sich mit solcher Inbrunst vor den Götzenbildern nieder, daß es aussieht, als ließen sie sich von einem aufs höchste gesteigerten Fanatismus verleiten, den Idolen alle erdenklichen Opfer darzubringen.

Die meisten Statuen sind scharlachrot angemalt und mit Blumengirlanden aus Talg bedeckt, und deshalb bieten sie einen blutrünstigen Anblick. Ringsum gibt es zahlreiche weitere Pagoden, in denen ebenfalls Buddha-Figuren in unterschiedlichen Haltungen stehen. Einige Pagoden haben gewaltige Kolossalstatuen, deren Arme und Beine im Verhältnis zum Körper riesengroß sind, und um sie in ihrem ganzen Umfang zu betrachten, muß man den Kopf weit nach hinten beugen, als wollte man sich den Hals brechen. Sie sind aus Marmor, Holz oder Gips: eine amüsante und buntscheckige Kollektion.

Die Architektur der Pagoden ist chinesisch; viele wurden aus Holz errichtet, das man geduldig bearbeitet hat, bis es wie ein Spitzengewebe wirkt. Das ist eine ganz eigentümliche und von Kennern hochangesehene Arbeit. Die zahlreichen buddhistischen Priester hüten besonders sorgfältig eine Vitrine, in der die Schmuckgegenstände ihrer Idole aufbewahrt werden. Manche haben großen Wert, ebenso wie andere Beigaben, so etwa

Kleidungsstücke und Waffen: Diese Schätze werden meistens öffentlich ausgestellt und nur bei den religiösen Zeremonien benutzt.

In diesem Tempel spürt man eine übermächtige andächtige Stimmung, und das trotz des lauten Menschengewühls, denn man fühlt sich ein bißchen von all diesen Leuten mitgerissen, die mit solch inbrünstigem Glauben beten. Die Frommen müssen ihre Schuhe ausziehen, wenn sie die heiligen Räume betreten wollen, doch die Priester zwingen Ausländer nicht, das gleiche zu tun, sondern erlauben ihnen weitgehend, sich frei zu bewegen, ganz im Gegensatz zu dem, was in den indischen Tempeln und Moscheen geschieht, wo sich die Priester sehr selbstsicher benehmen.

Nachdem ich einen großen Teil des Tages in der Shwedagon-Pagode verbracht hatte, die auf mich eine wachsende Anziehungskraft ausübte, beschloß ich endlich, mich in der Stadt umzusehen. Sie machte auf mich einen recht heiteren und lebhaften Eindruck, und sie wird von sehr vielen unterschiedlichen Rassen bewohnt, deren Wesenszüge freimütig und faszinierend wirken. Der chinesische Einfluß überwiegt bei weitem; die Chinesen bewohnen ganze Stadtviertel nur für sich, und diese bieten ein höchst erstaunliches Bild.

Ich traf mit mehreren chinesischen Damen zusammen, die sehr fortschrittliche Ansichten vertreten. Immer wieder mußte ich ihre Füße betrachten, die so winzig wie bei einem dreijährigen Kind sind. Sie tragen bunte, unvorstellbar eng zusammengeschnürte Seidenschuhe ohne Sohlen und stützen sich nur auf einen hohen Holzabsatz, der sich unter der Fußmitte befindet. Sie können laufen, es fällt ihnen jedoch ungeheuer schwer; allerdings glaube ich, daß jene, die ihnen zusehen, ihretwegen weitaus mehr leiden.

All diese asiatischen Rassen haben vielfältige und sehr kleidsame Trachten. Wir konnten beobachten, daß die Einwohner keine Kopfbedeckung benutzen, sich aber mit einem Sonnenschirm aus Seide oder Papier schützen, der ihre ohnehin schon liebenswürdige und charmante Erscheinung noch sympathischer macht.

Rings um die Stadt gibt es prächtige grüne Pflanzen, denn dieses Gebiet hat eine sehr üppige Vegetation, doch am eindrucksvollsten sind sicher die beiden herrlichen Seen mit ihrem klaren und reinen Wasser, in dessen Mitte zwei reizende Inselchen emporragen. Die Leute besuchen diese Gegend, um Spazierfahrten in Ruderbooten zu unternehmen. Am Seeufer hat man einen hübschen Club gebaut, zu dem im Sommer sehr viele Ausflügler kommen, denen die einladenden, dichtbewachsenen und schattenreichen Gegenden ringsum gefallen. Die beiden Seen sind von einem prächtigen Garten umgeben, den nur Fußgänger betreten dürfen. Allerdings hat man vor kurzem genehmigt, daß Kutschen in einem Teil des Gartens fahren dürfen, das gilt aber nicht für Autos.

Wenn man die großen, leuchtend grünen und glatten Rasenflächen betrachtet, hat man den Eindruck, als hätte jemand riesige Seidenteppiche ausgerollt. Täglich gegen fünf oder sechs Uhr nachmittags nimmt der Spazierweg ein mondänes, das heißt von der vornehmen Gesellschaft geprägtes Aussehen an, weil sich dann die schönsten Wagen dort treffen. Dieser Anblick erinnert mich angenehm an die Seen im Bois de Boulogne. Natürlich ist dies der allgemeine Lieblingsort, weil man hier die Seen auf einer Strecke von mehreren Kilometern umrunden kann, und so etwas haben nur ganz wenige Städte zu bieten.

Am Nachmittag des nächsten Tages lud uns der Hochkommissar zur Weihnachtsbaumfeier ein. Es war ein entzückendes Gartenfest mit zahlreichen Zerstreuungen, wie etwa den für dieses Land sehr typischen Marionettenvorführungen und birmanischen Tänzen, die sehr interessant und unterhaltsam waren. Um sieben Uhr wurde der Weihnachtsbaum mitten auf dem Rasen erleuchtet, und das wirkte großartig. Danach tauchte ein geschickt konstruiertes Flugzeug auf, das mehrere

Runden in der Luft drehte, vor unseren Füßen landete und uns einen prächtig gekleideten Weihnachtsmann brachte. Diese neue und geistreiche Idee erregte die Bewunderung aller Anwesenden und entzückte die Kinder maßlos: Zuerst machten sie Freudensprünge und klatschten in die Hände, und dann starrten sie diesen Himmelsboten neugierig und verdutzt an.

Ich bekam Gelegenheit, mehrere birmanische Damen kennenzulernen: Sie sind überaus faszinierend und sprechen ein tadelloses Englisch. Sie haben ein gewisses Etwas, das anziehend wirkt, und darum sind sie in der englischen Gesellschaft sehr beliebt.

Der Nachmittag hatte mich begeistert, und nun kehrte ich zum Abendessen schnell zurück, denn wir sollten den Abend im Haus eines Bekannten verbringen, der eigens aus diesem Anlaß eine Gruppe von Tänzerinnen engagiert hatte, um uns eine Vorstellung zu geben.

Welch ein sehenswertes und ungewohntes Schauspiel erwartete uns! Die Vorstellung begann in einem riesigen Saal und vor einem sehr distinguierten Publikum; es traten zwanzig Tänzerinnen auf, die alle die gleiche Größe und schlanke, zierliche Körper hatten; sie waren weiß gekleidet, trugen sehr enge Röcke und Blusen, ihre Rockschöße öffneten sich auf beiden Seiten, und deren Spitzen zeigten nach oben. Der Stil war ganz chinesisch. Sie hatten sich außerordentlich stark geschminkt, was ihnen eine entsetzlich blasse Farbe gab, während ihre tiefschwarzen Äuglein einen durchbohrenden Blick bekamen. Sie trugen äußerst originellen Schmuck: eine große Menge glänzender und falscher Edelsteine, die insgesamt einen wirklich einzigartigen Anblick boten.

Sie hatten sich symmetrisch aufgestellt und rührten sich nicht von der Stelle, doch die rhythmischen Bewegungen ihres Körpers und vor allem ihrer Arme und Finger hatten offenbar viel zu bedeuten, wenn man diese Ausdrucksform versteht. Zum Tanz sangen sie mit kreischenden und dröhnenden Stimmen; eine gab den Ton an, und dann setzte der Chor derart laut ein, daß man nach ein paar Minuten vollständig betäubt war. Da es uns schwerfiel, herauszufinden, ob diese Tänzerinnen jung oder alt waren, erklärte man uns, wir sollten auf ein sonderbares Zeichen achten, das andererseits etwas ganz Eigentümliches für die Frauen der birmanischen Gesellschaft ist: Das Geheimnis werde uns von ihrer jeweiligen Frisur offenbart; so etwa seien Mädchen mit kurzem Haar jünger als fünfzehn Jahre; die anderen, die in der Mitte einen Knoten tragen und das übrige Haar rund um den Kopf abgeschnitten haben, seien zwischen fünfzehn und zwanzig Jahren alt und die mit langem Haar älter als zwanzig. Es ist durchaus wichtig, diese Feinheiten zu kennen, vor allem, wenn man weiß, daß die Frisur, die sie so sorgfältig und kokett pflegen, für die Birmaninnen eine entscheidende Bedeutung hat. Mit Erstaunen stellten wir fest, daß die ältesten Frauen in der ersten Reihe und die jüngsten hinten waren, da sie sich jedoch so gut pflegen und sich so geschickt zurechtmachen können, bemerkt man den Unterschied beinahe gar nicht.

Als die Lieder verstummten, hörten wir lautes Gemurmel, das aus dem Zimmer nebenan kam. Wir fragten, was da vor sich gehe, und man sagte uns, jede Tänzerin erscheine in Begleitung ihrer Mutter, die draußen auf sie warte, um mit ihr heimzugehen, sobald die Vorstellung zu Ende sei.

Hochzufrieden, daß wir an einem für uns ganz neuen und unbekannten Schauspiel teilgenommen hatten, verabschiedeten wir uns spät in der Nacht von unserem Gastgeber.

Zwei Tage danach, kurz vor unserer Abreise aus Rangun, besuchte ich den Club, der wenige Schritte vom Hotel entfernt lag: Es herrschte eine angenehme, gesellige Stimmung, und der Ort war recht gut besucht, weil das wöchentliche Tanzfest stattfand, bei dem sich jeder an die neuen Modetänze – wie etwa *Onestep*, Tango und Machiche – heranwagte, und diese Attraktion amüsierte die Schaulustigen sehr. Anschließend machte ich einen Bummel, um ein paar notwendige Einkäufe zu erledigen.

Dabei konnte ich einen letzten Blick auf diese Großstadt mit zweihundertfünfzigtausend Einwohnern werfen. In der Bevölkerung sind Reiche und Arme stark miteinander vermischt, und es gibt auch ein paar versteckte schlimme Elendsviertel. In den schmalen und schmutzigen Gassen wimmelt es von halbnackten Kindern: Sie hängen sich an dich und bieten dir ihre Dienste als Paketträger an oder betteln um Almosen. Es ist schwer, sie loszuwerden, aber mit ein paar Münzen macht man sie glücklich.

Traurig verließen wir diese hübsche Stadt. Wir nahmen den Mittagszug nach Mandalay, weil wir einen kurzen Ausflug in das nördliche Birma machen wollten. Die Fahrt dauerte nur einen Tag, und wir waren angenehm überrascht, als wir feststellten, daß wir auf allen wichtigeren Bahnhöfen, in denen der Zug hielt, eine große Zahl von Pandschabis vorfanden, die uns mit freundlichem Gesicht auf dem Bahnsteig erwarteten. Alle waren zum Bahnhof gekommen, um Seine Hoheit zu begrüßen. Ohne unser Wissen hatte sich irgendwie die Nachricht verbreitet, ein Maharadscha aus dem Pandschab reise durchs Land. Sofort erkundigten sie sich nach Tag und Stunde, zu denen wir an den einzelnen Orten durchkommen würden, damit sie ihm ihre Aufwartung machen konnten.

Am Morgen kamen wir in Mandalay an. Wir waren etwas enttäuscht, als wir diese ganz andere, völlig vertrocknete Landschaft sahen, in der es nicht das kleinste bißchen Grün gab. Man brachte uns in einem Haus unter, das man zu einem mehr als bescheidenen Hotel umgebaut hatte. Es war das erste Mal, daß wir uns unbehaglich fühlten. Schließlich mußten wir uns mit den schlechten Bedingungen abfinden und gute Miene dazu machen, und deshalb unternahmen wir alles mögliche, um uns einzurichten und uns einigermaßen wohl zu fühlen.

Nach einem mittelmäßigen Mittagessen besuchten wir die große Festung, in der sich der Palast des Königs Thibault, des berüchtigten Tyrannen, befindet. Er besteht ganz aus Holz; einige Teile sind lackiert, und der Rest ist rot bemalt, um den Lack nachzuahmen. In ihm gab es nichts Bedeutendes oder künstlerisch Wertvolles; einige Zimmer waren mit großen Glasfenstern geschmückt, die so grell und geschmacklos wirkten, daß sie eher als Kuriosum auffielen und kein wirkliches Interesse verdienten. Die Türöffnungen zwischen den Zimmern waren so schmal und niedrig, daß man seitlich hindurchschlüpfen und dabei den Kopf einziehen mußte. Das Innere der Festung wirkte insgesamt verwahrlost und jämmerlich. Ich empfand Erleichterung, als ich diesen düsteren und unheimlichen Ort verließ, wo man uns mit Geschichten über die Grausamkeiten des Königs Thibault zum Zittern gebracht hatte. Seitdem Birma im Jahre 1885 annektiert wurde, lebt dieser Mann im indischen Exil und wird von den Engländern in Poona gefangengehalten.

Ich wollte Rubine kaufen, und deshalb gab man mir den Rat, den Edelsteinmarkt aufzusuchen, dort hätte ich die beste Auswahl, und die Preise seien am erschwinglichsten, weil man feilschen könne. Ich bat darum, daß mich ein Fachmann begleite, denn in all diesen Schaufenstern mit Musterkollektionen von herrlich bunten Steinen gibt es gewöhnlich mehr falsche als echte. Bewundernd betrachtete ich Berge von Rubinen in allen Größen, doch war ich sehr enttäuscht, als ich erfuhr, daß sie in Paris hergestellt worden waren. All diese Steine sind ebenso wie die Saphire so gute Imitationen, daß sie in diesem Land riesigen Absatz finden, wo es doch paradoxerweise die besten und schönsten echten Steine zu bieten hat.

Die Frauen, gleich ob reich oder arm, sind kokett und putzen sich prächtig heraus; ihren Mitteln entsprechend kaufen sie, ohne sich darüber den Kopf zu zerbrechen, falsche oder echte Steine, wenn sie nur die gewünschte Wirkung erzielen. Ihr Lieblingsstein ist der spitz geschliffene gelbe Diamant, der sehr auffällt. Sie tragen diese Steine als Lockmittel an den Ohren und bieten sie zum Verkauf an. Sie sehen kostbar aus und glänzen so hell, daß man sehr versucht ist, sie zu kaufen.

An den Ladentischen bedienen bezaubernde Frauen, sie können geschickt handeln und sind meistens nicht allzu hartnäckig oder aufdringlich. Von ihrem Mann beaufsichtigt, der fast immer dabei ist und nichts sagt, machen sie mit Taktgefühl und Geduld einträgliche Geschäfte.

Ich kaufte auch einige Lackgegenstände, die große handwerkliche Spezialität des Landes. Sie sind überaus zart und kunstvoll ausgeführt und ähneln sehr den chinesischen Arbeiten. So vergingen beinahe unbemerkt ein paar Stunden.

Am späten Nachmittag liefen wir zu einem großen buddhistischen Tempel, der auf einem Hügel lag. Wir mußten dreihundert überdachte Stufen hinaufsteigen, die ungeheuer hoch waren. Für diese mühevolle Leistung wurden wir mit einem wunderschönen Ausblick belohnt, der sich unseren Augen bot und bis weit zum Horizont reichte. An jeder hundertsten Stufe erhob sich eine Buddha-Statue in einer besonderen Haltung, die der Tradition nach eine eigene Bedeutung hat. Von oben konnte man die ganze Stadt betrachten, ein eindrucksvolles Bild, während die Sonne langsam unterging und alle weißen Pagoden hervortreten ließ, als wären sie Kostbarkeiten, die niemand erreichen könnte.

In diesen Anblick waren wir lange Zeit versunken, und schließlich blieben uns nur noch ein paar Minuten Sonnenlicht, um das Innere des Tempels zu besichtigen, in dem es andererseits nicht viel zu entdecken gab, außer einer vergoldeten Kolossalstatue Buddhas, der mit seiner Haltung die Menschheit auf den Weg und die Größe des Universums hinwies.

Der Abstieg ging schneller als der Aufstieg, wir waren erschöpft und sehr froh, zum Abendessen heimkehren und nach einem ausgefüllten Tag gründlich ausruhen zu können.

Obwohl Mandalay kein von der Natur begünstigter Ort ist, sind all die hochinteressanten Tempel und Pagoden reizvoll. Davon abgesehen ist das Leben hier sehr eintönig, und die Stunden, in denen wir nichts zu tun hatten, erschienen uns endlos. Die Stadt wird zum größten Teil von Chinesen bewohnt, die zahlreicher als die Birmanen sind. Auf den Straßen liegt viel Schmutz, und die Holzhäuser sind so wenig stabil, daß man glaubt, sie könnten den Passanten auf den Kopf fallen.

Da wir noch an diesem Tag abreisen wollten, bestand der Kommissar darauf, uns nach dem Abendessen zu einem Jahrmarkt in der Umgebung der Stadt zu bringen. Wir fuhren ein Stück im Auto und liefen dann auf einem Sandweg weiter, während ringsum völlige Dunkelheit herrschte, was mich beunruhigte. Wir glaubten schon, dieser Weg werde nie enden, als wir schließlich zu einem großen Platz kamen. Er wurde mit sonderbaren Lichtern in bunt durcheinandergemischten Farben erhellt, die sich wie durch Zauberkunst auf einer unbeschreiblichen Menge von Menschen aller Art spiegelten. Von den Jüngsten bis zu den Ältesten waren dort alle mit ihrem Essen und ihren Decken versammelt, weil sie die Nacht im Freien verbringen wollten. Da gab es schlafende Kinder im zartesten Alter und ältere Personen, die es vor Müdigkeit nicht mehr aushielten, abwechselnd schlummerten und sich gegenseitig weckten, um keinen Augenblick die gebotenen Attraktionen zu verpassen. Man brachte uns auf einer Art Tribüne aus Holzbrettern unter, die erbebte, wenn wir einen Schritt machten, und ich bekam eine Gänsehaut, als ich den Belag knarren hörte, obwohl man den Boden eher schlecht als recht mit Teppichen ausgelegt hatte, damit das im Freien aufgerichtete einfache Gerüst einen luxuriöseren und komfortableren Eindruck machte.

Vor uns hob sich ein riesengroßer Vorhang. Ehe ich überhaupt verstehen konnte, worum es ging, erklärte man mir, daß ich an der größten Marionettenvorstellung teilnehmen würde, die ich jemals gesehen hätte. Tatsächlich waren die Figuren beinahe lebensgroß, sie machten sehr gut abgestimmte Bewegungen, und einige Tiere, wie etwa der Tiger oder das Pferd, waren so hervorragend dargestellt, daß man sie beinahe für lebendig halten konnte.

Es wurde ein ganzes Theaterstück gegeben, das vom Leben der alten Könige in ihrer Glanzzeit und von ihren Jagden auf alle möglichen Tiere erzählte. Ich fand großes Vergnügen an ihren Gebärden und konnte kaum glauben, daß all diese Figuren aus einfachen Stoffstücken hergestellt waren. Ich beobachtete auch, wie begeistert die Zuschauer reagierten. Sie folgten interessiert dem Spiel, saßen nachlässig und mehr oder weniger bequem auf der Erde und gaben sich der von den Puppen vorgespielten Illusion hin. Das Publikum hatte sich mit seinen besten Kleidern und Schmuckstücken herausgeputzt, es wirkte sauber und sehr malerisch, was uns gefiel und den besten Eindruck auf uns machte.

Wir konnten nicht so lange bleiben, wie wir gedacht hatten, weil wir noch in dieser Nacht um vierundzwanzig Uhr an Bord der *Glasgow* gehen mußten, die auf dem Fluß Irrawaddy den Liniendienst von Mandalay nach Prome übernimmt.

Wir gingen in größter Eile an Bord, denn beinahe hätten wir das Schiff verpaßt. Im matten Licht jener stillen und ruhigen Nacht kam uns der Fluß unermeßlich und großartig vor. Den Himmel erhellten wunderschöne Sterne, die leuchteten, als wären sie Diamanten.

Die Kabinen waren äußerst bequem, und in der ersten Klasse reisten wenig Passagiere, deshalb konnten wir die vertrauliche Atmosphäre genießen. In der dritten Klasse dagegen war das Deck mit allen möglichen Leuten vollgestopft, die sich dort ohne jede Ordnung niedergelassen hatten, Essen kochten und an ein und derselben Stelle auch schliefen. Viele hatten Verkaufsstände für Gemüse und Kleinkram, sie nutzten die Fahrt für ihre Geschäfte.

Das Schiff machte in kurzen Abständen mehrstündige Zwischenstopps, um Waren wie Getreide oder Öl zu laden und sich mit Kohle zu versorgen. Der Viehtransport gehörte zu den wichtigsten Geschäften. Der Fluß war breit, hatte fruchtbare und mitunter malerische Ufer. Der Zahl der hier oder da auftauchenden Pagoden konnten wir entnehmen, ob sich eine kleine Stadt oder eine Ortschaft in der Nähe befanden.

Das Leben an Bord verlief so ruhig, als wären wir zu Hause; da wir niemanden kannten, hatten wir nichts Besonderes zu tun, außer zu lesen, Karten zu spielen oder die Natur zu betrachten. Eines Abends jedoch wurde die Monotonie musikalisch unterbrochen: Der Kapitän der *Glasgow*, der ein älterer und sehr lebenslustiger Mann war, trommelte für uns und ließ die Schellen ertönen, wobei er sich von seinem Grammophon begleiten ließ, was ein ungeheuer lächerliches Katzenkonzert ergab.

Am Morgen des nächsten Tages waren wir schon sehr nahe bei Prome; der Fluß sah herrlich aus und zog uns magnetisch an mit seinem ruhigen Wasser, das so blau war, daß ich kurze Zeit glaubte, es könne nichts Schöneres zwischen Himmel und Erde geben. Ungefähr um fünf Uhr begann ein wildes Durcheinander: Wir waren in Prome eingetroffen, und alle bereiteten sich darauf vor, an Land zu gehen. In dem nicht weit entfernten

Bahnhof erwartete uns derselbe Eisenbahnwaggon, mit dem wir gekommen waren. Dort bereitete der Koch für uns schon etwas vor, was man auf Eisenbahnfahrten gewöhnlich als frugales Mahl bezeichnet.

Als wir wieder in Rangun waren, nutzte ich meinen Aufenthalt, um die Mädchenschule zu besuchen. Sie war von beispielhafter Sauberkeit und nach modernsten Gesichtspunkten eingerichtet. Durch die Klassenzimmer führte mich bereitwillig eine birmanische Dame, die es sich zur persönlichen Aufgabe gemacht hat, all diese jungen Mädchen zu erziehen, denen sie den größten Teil ihrer Zeit widmet.

Am nächsten Tag fuhren wir endgültig aus Birma ab und nahmen tiefgerührt Abschied von Rangun. Die Rückreise war ebenso angenehm wie die Hinfahrt; wir machten sie wieder an Bord der *Angora* und konnten dieselben Kabinen benutzen. Das Meer war zu unserer Freude so glatt und schön, daß es wie ein See wirkte. Nach dreitägiger Fahrt landeten wir in Kalkutta. Wir fanden alle vollkommen gesund wieder, die wir dort für die drei Wochen unserer Reise zurückgelassen hatten.

Diesmal dauerte unser Aufenthalt in Kalkutta nur drei Tage, in denen wir ganz mit Besuchen und Diners beschäftigt waren, zu denen uns die zahlreichen und treuen Freunde einluden. Ich verabschiedete mich tiefgerührt von ihnen, als ich mich auf den Weg nach Kapurthala machte. Ich sehnte mich danach, dort lange von allen Strapazen und Anstrengungen der Reise auszuruhen.

UNSERE REISE NACH SÜDINDIEN
(HYDERABAD, DEKKAN)

Wir beschlossen, eine Reise nach Südindien zu unternehmen, nachdem wir drei Monate in Mussoorie[1] verbracht hatten, wo wir uns den Wolkenbrüchen und der Hitze in den Sommermonaten entzogen.

Die Fahrt nach Hyderabad und dem Dekkan war nicht unangenehm, allerdings sehr lang. Nur zwischen Gwalior und Bhopal war die Hitze tatsächlich unerträglich. Während der restlichen Fahrt kamen uns die großen Monsunregen zugute.

Zwischen Gwalior und Bhopal mußten wir einige Schwierigkeiten bewältigen; man weckte uns um sechs Uhr morgens und bat uns, aufzustehen und umzusteigen, weil die Überschwemmungen nach den starken Regenfällen eine Brücke zerstört hätten. Man hatte sie zwar schon provisorisch repariert, doch sie konnte nur Waggons bis zu einem bestimmten Gewicht aushalten. Deshalb wurde unser Wagen, der viel schwerer als die anderen war, abgekuppelt. Die Reisenden boten einen sehr komischen Anblick, als sie halbwach aus dem Zug stiegen und so einem Alptraum entkamen, um nun

1 Das war der Sommerpalast in den Bergen von Simla. Die Familie aus Kapurthala verbrachte jedes Jahr drei oder vier Monate an diesem Ort, wo man Rollschuh lief, Tennis spielte, Filmvorführungen beiwohnte und Persönlichkeiten besuchte oder empfing, die in der Nähe ihre Sommerfrische verlebten. Um nach Mussoorie zu kommen, mußte man von Jullundur aus den Zug bis Simla und dann einen zweiten nach Dehra benutzen; schließlich mußte man einen zweistündigen Aufstieg im *Dandy* (einem Tragstuhl) bewältigen, bis man den Palast erreichte.

auf freiem Feld und von einem kräftigen Wolkenbruch durchnäßt einen anderen, ganz und gar wirklichen Alptraum zu erleben.

Ein paar hatten Mäntel an. Die Frauen trugen das Haar offen, und es fiel ihnen auf den Rücken hinab; sie wurden von ihren Männern begleitet, die notgedrungen das Gepäck schleppen mußten und abscheuliche Laune bekamen.

Unser Gefolge war schon in einen anderen Waggon gestiegen und bereitete gerade alles Notwendige vor, während der Koch und die Diener sämtliche Geräte auf das Gleis hinunterschafften, als wäre es ein Nomadenlager. Doch Seine Hoheit entschied trotz alledem, daß es zu früh wäre und es sehr unbequem sein würde, in einem anderen Abteil zu reisen. Nun mußte man, was entsetzlich war, wieder alles umladen und, nachdem wir in unserem Zug gewartet hatten, den Weg zurückfahren, um nach Itarsi zu kommen. In diesem Ort wurde uns das entzückende Vergnügen zuteil, einen ganzen Tag im Bahnhof herumzusitzen, während man unseren Waggon an einen anderen Zug ankuppelte, der erst um Mitternacht abfuhr. Es war sehr heiß, und die Stunden kamen uns auf diesem entsetzlichen Bahnhof endlos vor.

Den Rest der Strecke legten wir ohne größere Zwischenfälle zurück, denn obwohl die Hitze in diesem Gebiet meistens unerträglich ist, hatten wir Glück, daß es weiter kräftig regnete, bis wir Hyderabad erreichten.

Um fünf Uhr morgens trafen wir nach einer viertägigen Fahrt in Hyderabad ein, doch wir stiegen erst um neun aus dem Zug, das war der Zeitpunkt des offiziellen Empfangs. Dort standen das ganze Korps der Ehrenwache, ein Abgeordneter der Adligen, der Privatsekretär Seiner Hoheit und der Adjutant von Mister Fraser, dem Hochkommissar oder Residenten.

Seine Hoheit schritt die Ehrenwache ab, und nachdem die offiziellen Begrüßungszeremonien beendet waren, fuhren wir im Auto nach Bashir Bagh, dem »Garten der Blumen«, einem Palast, den man uns für die Dauer unseres Aufenthalts zur Verfügung stellte. Dort konnten wir uns zu unserer Freude ein wenig ausruhen.

Dieser luxuriöse Palast ist sehr komfortabel. Wohin man auch blickt, überall gibt es Spiegel, Kristallampen und venezianische Vasen. So etwas wählen die Eigentümer aus, um ihre Häuser auszuschmücken.

Als wir am nächsten Tag aufwachten, hatten wir uns von den Strapazen nur halb erholt. Wegen der vielen rundum funkelnden Lichter, die unsere Augen blendeten, glaubten wir, in einem Märchenschloß zu sein. Am stärksten beeindruckte uns ein scharlachroter Salon, dessen Möbel alle aus Glas und rotem Samt waren und eine ganz besondere Form hatten, die sich keinem Stil zuordnen ließ. Dort gab es mehrere Porzellanvasen und einige alte französische Möbel; sie bildeten ein harmonisches und geschmackvolles Ganzes inmitten einer Kombination aus lebhaften Farben, bei denen die Phantasie über den Stil herrschte: Das wurde unser Lieblingssalon.

Der Premierminister Salar Jung lud uns an diesem Nachmittag zum Tee zu sich nach Hause. Er ist ein junger fünfundzwanzigjähriger Mann, der als der dritthöchste Adlige von Hyderabad angesehen wird. Seine persönlichen Besitzungen bringen ihm jährliche Einkünfte von zweieinhalb Millionen Francs ein. Er lebt wie ein Herrscher und unterhält eine Privatarmee für seine Territorien.

Der Palast, in dem wir Tee tranken, ist sehr alt und in hinduistischem Stil, jedoch ein wenig an europäischen Komfort angepaßt. Mitten in der Vorhalle gibt es einen Innenhof mit einigen Brunnen und schönen Pflanzen, die von großen Spiegeln umgeben sind. Der Premierminister verhielt sich uns gegenüber sehr liebenswürdig, und es war uns eine große Freude, ihm zu seiner soeben, genau einen Tag vor unserer Ankunft, erfolgten Ernennung zum Premierminister des Staates Hyderabad herzlich zu gratulieren. In seinem Haus trafen wir auch mit etwa hundert Offizieren und Freunden zusammen, die ihn aus demselben Grund beglückwünschen wollten.

Er macht den Eindruck eines hochintelligenten Mannes mit

recht europäischen Vorstellungen; ihm gefallen moderne Dinge, und er möchte nach Europa reisen. Er spricht sehr korrekt englisch. Seine Vorfahren sind sowohl wegen ihrer Zuneigung und Treue zum Nizam als auch durch die Hilfe bekannt, die sie ihm leisteten, um an der Entwicklung und dem Fortschritt des Staates mitzuwirken.

Später fuhren wir zu einem fünf Kilometer von der Stadt entfernten Ort, wo wir den Palast besuchten, den man im Auftrag des verstorbenen Nizams errichtet hatte. Er ist neu und liegt auf einem Berg. Man nennt ihn »Himmelsblick«, denn er überragt die ganze Ebene und die riesige Stadt Hyderabad. Der Stil der Fassade ist italienisch, und er hat einen Eingang aus Marmor – in dieser Gegend gibt es ziemlich viel Marmor und Quadersteine. Die Wände sind höchst kunstvoll bemalt, dargestellt werden Landschaften und Vögel. Hindus und Mohammedaner haben den Palast errichtet. Seine Inneneinrichtung stellt ein ungeheures Vermögen dar, weil sich hier alle möglichen Kuriositäten und zahlreiche Wertgegenstände befinden, und er ist im alten europäischen Stil ausgestattet. In der Mitte des großen Saals steht eine Vitrine voller alter Emailarbeiten mit Edelsteininkrustationen sowie einiger sehr alter Jadeschmuckstücke und anderer, nicht weniger bewundernswerter Juwelen. Allein der Inhalt dieser Vitrine wird auf einen Wert von anderthalb Millionen Francs geschätzt. Dieser prächtige Palast ist unbewohnt und ausschließlich den Gästen Seiner Hoheit, des Nizams, vorbehalten. Wir sollten hier untergebracht werden, doch weil er so weit von der Stadt entfernt liegt, zogen wir unsere jetzige Unterkunft vor. Den großartigsten Eindruck machte die Treppe auf uns, sie ist vollständig aus Marmor und von makellosem Weiß. Von ganz unten bis oben hat man eine Porträtsammlung aufgehängt, die alle Vizekönige Indiens abbildet, von Lord Warren Hastings im Jahre 1772 bis Lord Hardinge, dem heutigen Vizekönig. Ihre Hoheiten, der Prinz und die Prinzessin von Wales, die heute König und Königin sind, wurden während ihres Aufenthalts in Hyderabad in diesem Palast untergebracht.

An demselben Abend veranstaltete der Nizam[2] zu unseren Ehren ein großes Galadiner, an dem alle hohen englischen Beamten und die Hofadligen teilnahmen. Sein Palast liegt in der Stadtmitte und heißt King's Palace. Als wir eintrafen, erwartete uns der Nizam oben an der Treppe, zusammen mit seinen Offizieren, die protokollgemäß an seiner Seite standen. Überaus höflich trat er einige Schritte vor, um uns zu empfangen. Dabei sagte er ein paar Sätze zur Begrüßung, und die Kapelle spielte die Staatshymne.

Nachdem uns der Privatsekretär Seiner Hoheit dem Residenten und seiner Gattin, Mr. und Mrs. Fraser, und allen übrigen Gästen vorgestellt hatte, näherte er sich mir mit höchst geheimnisvoller Miene und bat mich, so liebenswürdig zu sein, ihm einen Moment zu folgen. Wie groß war mein Erstaunen, als er mir ein herrliches Schmucketui aus blauem Samt zeigte, das er mir im Namen des Nizams als Geschenk überreichte! Er bat mich, es anzunehmen und seiner guten Absichten sicher zu sein. Ich empfand unbeschreibliche Freude, als ich das Etui öffnete und darin eine prächtige alte Halskette aus Perlen, Smaragden und ungeschliffenen Diamanten entdeckte, die ich mir sofort umlegte.

Bei meiner Rückkehr in den Saal empfing mich der Nizam mit einem zufriedenen Lächeln.[3] Dann gingen wir in den Speisesaal hinüber, weil man soeben angekündigt hatte, daß das Diner serviert sei.

2 Gemeint ist Mir Osman Ali Khan, der letzte Nizam von Hyderabad. Er bestieg den Thron im Jahre 1911 und war unbestreitbar der reichste Mann der Welt. In seinem Palast gab es elftausend Diener, und achtunddreißig von ihnen waren allein damit beschäftigt, die Kristallüster zu reinigen. Der Titel »Nizam« ist eine von den Moguln eingeführte Bezeichnung und bedeutet »Herrscher«. Als Indien im Jahre 1947 die Unabhängigkeit erreichte, weigerte sich der Nizam kategorisch, auf seine Herrscherrechte zu verzichten, und auf diesem Standpunkt beharrte er zwei Jahre, bis ihn indische Truppen zur Kapitulation zwangen.

3 Die Geschenke, die der Nizam Anita machte, führten zu boshaften Kommentaren, denn es war durchaus nicht üblich, daß ein mohammedanischer Monarch die Gattin eines anderen Monarchen in der Öffentlichkeit und in Gegenwart ihres Gemahls beschenkte.

Das Essen verlief in einer sehr fröhlichen Stimmung, denn auch der Nizam war gut gelaunt. Ich fand großes Vergnügen daran, das Büschel aus Goldfäden zu bewundern, das er an seinem kleinen Turban in der gelben Nationalfarbe trug. Ein solcher Turban in der für Mohammedaner typischen Form unterscheidet sich sehr von jenen, die man im übrigen Indien trägt. Der ihn umgebende Ring besteht aus einem breiten schwarzen Überzug, er liegt sehr eng an und wird mit großen Goldknöpfen geschlossen; der Überzug ist mit einem Goldstreifen geschmückt, an dem sich eine Schnalle befindet, und diese trägt das Wappen von Hyderabad.

Die Adligen benutzten anstelle der Schnalle einen riesigen Edelstein, und der Nizam hatte die Angewohnheit, ihnen diesen Stein an dem Tag zu schenken, an dem sie in seine Dienste traten. Alle trugen gleichartige Turbane, jedoch in unterschiedlichen Farben, was im hellen Lichterglanz ein fröhliches Bild abgab. Nach den Trinksprüchen und Reden gingen wir auf die große Terrasse hinaus. Von dort aus konnten wir einen Garten betrachten, der von Lampen in verschiedenen Farbtönen erleuchtet wurde. Die Musik erklang in voller Lautstärke, und der Abend wurde zu einem Fest. Wir freuten uns, die fünf Kinder des Nizams zu sehen, die ihr Vater kommen ließ, damit wir sie kennenlernten; es sind zwei bezaubernde Jungen von sieben und acht Jahren und drei wunderschöne Mädchen: Alle machen einen höchst intelligenten Eindruck, sie sprechen mehrere einheimische Dialekte und drücken sich sehr gewandt im Englischen aus.

Nachdem wir das Innere des Palastes besichtigt hatten, das überaus luxuriös, allerdings in einem recht primitiven und gekünstelten Geschmack eingerichtet ist, verabschiedeten wir uns eine halbe Stunde vor Mitternacht vom Nizam. Wir hatten einen faszinierenden und äußerst angeregten Abend verbracht.

Am nächsten Tag beschlossen wir, die Stadt zu besuchen, die über vierhundertfünfzigtausend Einwohner hat. Sie gilt als die viertgrößte Stadt Indiens nach Kalkutta, Bombay und Madras.

Hyderabad ist der bedeutendste indische Staat wegen seines riesigen Territoriums von vierzehntausend Quadratkilometern und seiner Bevölkerung von ungefähr dreizehn Millionen Einwohnern. Obwohl es ein mohammedanischer Staat ist, unterteilt er sich in Kasten; 80% seiner Einwohner sind Hindus und 20% Mohammedaner. Die Hauptstadt selbst ist hübsch und malerisch. Mitten im Zentrum wird sie von einem herrlichen künstlichen See verschönt, der Hassan Sagar heißt. Er ist einem Damm und einer bezaubernden, mit Bäumen gesäumten Promenade umgeben. Die Stadt hat sehenswerte Monumente, wie etwa das Museum und das neue Rathaus, dessen Bau vor acht Jahren begonnen hat und das nach seiner Fertigstellung gewiß ein Meisterwerk des sarazenischen Stils wird, in dem die Eingeborenen wahre Künstler sind. Sie widmen sich begeistert diesem Vorhaben, denn eine solche Handarbeit ist zeitaufwendig und verlangt große Gewissenhaftigkeit. Nicht weit entfernt befinden sich vier wahrhaft prachtvolle alte Paläste. Seine Hoheit, der Maharadscha von Kapurthala, hatte einen von ihnen bei seiner vorherigen Reise bezogen und erzählte, er sei komfortabel und luxuriös eingerichtet, und sein damaliger Aufenthalt in Hyderabad wäre sehr angenehm verlaufen. Der Garten sieht recht hübsch aus, was einem Teich zu verdanken ist, in dem sich die überaus gefälligen Formen der vier Paläste spiegeln.

Im Zentrum der Eingeborenenstadt erheben sich vier Minarette, die Charminar heißen. Sie tragen eine gewaltige Uhr, und an ihrer Basis befindet sich ein hübscher Springbrunnen. Dieses Monument wurde vor mehreren Jahrhunderten errichtet; es ist der Lieblingsort der Einwohner, die ihn zu jeder Tageszeit aufsuchen, um Trinkwasser zu holen. Von hier aus gehen vier breite und sehr saubere Straßen ab. Sie sind an beiden Seiten mit allerlei Läden vollgestopft, die ihre Waren vor den Türen ausstellen. In der Stadt wird ein sehr lebhafter Handel getrieben, und die Leute scheinen glücklich zu sein. In diesem Gebiet herrscht ein reger Verkehr: Man schätzt, daß es ungefähr sechshundert Autos gibt, von denen etwa hundert das Privateigentum Seiner Hoheit, des Nizams, sind; er besitzt die besten und modernsten Marken der Welt. Vor allem nachmittags sieht man auch einige wunderschöne Pferdekutschen umherfahren, die wichtigen Persönlichkeiten gehören. Die Frauen gehen nicht auf die Straße, denn die mohammedanische Religion zwingt sie, den *Purdah*[4] streng zu beachten. Das gleiche gilt für die Hindu-Frauen, obwohl die Hindus weniger rigoros sind, weil es in ihrer Religion den *Purdah* nicht gab. Sie nahmen diesen Brauch erst nach der Mogul-Invasion an, denn die Eindringlinge mißhandelten und vergewaltigten die Frauen. Deshalb sahen sich die Hindus gezwungen, die mohammedanische Sitte des *Purdah* zu akzeptieren, um ihre Frauen zu schützen, und das ist noch heute in ihren Gewohnheiten fest verankert. Da die Kasten und Sekten so stark miteinander vermischt sind, werden sie noch lange brauchen, bevor sie all diese Vorurteile aufgeben können. Dabei spreche ich nicht von den Frauen aus dem Volk, die ebenso wie die Männer arbeiten müssen; für den Mann ist es sogar vorteilhaft, wenn er mehrere Frauen heiraten kann und alle am Abend ihren kärglichen Tageslohn heimbringen. Die Angehörigen der Mittelklasse hingegen leben anders; aus Selbstachtung gestattet der Mann nicht, daß seine Frauen ausgehen, und er gibt sich alle erdenkliche Mühe, um genug zu verdienen und für die Bedürfnisse der Familie aufzukommen. Diese ist naturgemäß immer sehr groß, denn er muß für den Unterhalt von allen sorgen, von den Eltern bis zu den Schwestern, Brüdern, Tanten und Witwen.

Die einzigen, die eine fortschrittlichere und unabhängigere Haltung haben, sind die Parsen: Seitdem sie sich vor bereits mehreren Jahrhunderten in Bombay niedergelassen haben,

---

4 Dieser Begriff bedeutet eigentlich »Vorhang« und bezeichnet die Verpflichtung der mohammedanischen Frauen, sich mit einem Schleier zu bedecken und sich so den Blicken der Männer zu entziehen, die nicht zu ihrer Familie gehören.

sind sie ihren eigenen Sitten treu geblieben, und zusätzlich haben sie hinduistische Vorstellungen übernommen. So führen sie ein sehr freies Leben, und ihr ganzes Streben gilt dem Handel. Viele von ihnen besitzen große Vermögen, und obwohl es einige gibt, die wenig Geld haben, finden sie immer eine Möglichkeit, sich gegenseitig zu helfen und gute Geschäfte zu machen.

Wir setzten unsere Besichtigung fort, indem wir einen Ausflug nach Golconda unternahmen, das sechzehn Kilometer von der Hauptstadt entfernt ist. Die Straßen sind ausgezeichnet, und es gibt feste Brücken über die drei Flüsse, die wir überqueren mußten. Obwohl sie zuverlässig sind, werden sie jedes Jahr von den gewaltigen Überschwemmungen zerstört. Das Volk leidet schlimm unter diesen Hochwassern, die Ernten versinken zum großen Teil in den Fluten, und das führt zu Hunger und Krankheiten: ein ungeheures Unglück für die Leute und den Staat, der sie unterstützen muß.

Von der Festung Golconda[5] aus kann man die ganze Stadt überblicken; sie sieht aus, als wäre sie eine in Ruinen liegende Kleinstadt, von der man einzelne Teile aufgegeben hat, um etwas weiter entfernt neue Gebäude zu errichten. Trotz alledem macht das Ganze einen großartigen Eindruck; die Moscheen, Tempel und anderen herrlichen Monumente heben sich majestätisch von der übrigen Stadt ab. Es gibt auch gewaltige Blöcke aus Naturstein, die manchmal einen riesigen Umfang

---

5 Eine legendenumwobene und labyrinthische Festung. Sie wurde im 13. Jahrhundert auf einem Berggipfel errichtet und bereits von Marco Polo erwähnt. Das Wasser gelangte in die Festung durch ein ausgeklügeltes System, das aus Mühlen und mehrschichtigen Tonröhren bestand. Die Festung besaß eine unglaubliche Akustik, die es erlaubte, daß man am höchsten Punkt der Stadt hörte, wenn jemand ans Tor klopfte. Das Fort war uneinnehmbar und mit dreizehn Kilometer langen, aus drei Stockwerken bestehenden Mauern umgeben, es hatte acht mit Eisenstacheln besetzte Tore und einen tiefen Graben.

haben, und man fürchtet um ihr Gleichgewicht, wenn man sie betrachtet. Diesen Stein benutzt man für Bauten, und er ist ein Reichtum des Landes, zusammen mit Marmor und Feuerstein, die in der gesamten Region reichlich vorhanden sind.

Golconda war die Hauptstadt des alten Königreichs Qutub Shahi, des bekanntesten indischen Großreichs. Der Dekkan zerfiel in einzelne Teile, bevor die beiden großen Mogulkaiser Shah Jahan und Aurangzeb alle Königreiche Hindustans unterwarfen.

Die Festung Golconda war der Schauplatz zahlreicher blutiger Konflikte. In ihr befinden sich mehrere Paläste, und dort stehen immer noch die alten Kanonen, die von den Heeren Qutub Shahis benutzt wurden. In der Ebene, einen Kilometer von der Festung entfernt, liegen die Gräber aller Könige der Dynastie von Qutub Shahi, die einhundertsiebzig Jahre lang herrschten. Einige sind sehr gut erhalten und andere vollständig zerstört.[1]

Wenige Kilometer von diesem Ort lag früher die Mine, in der man die beiden berühmtesten und einzigartigsten Diamanten der Welt entdeckt hat. Der erste heißt Koh-i-Noor, das bedeutet »Berg des Lichts«, und der hinduistischen Tradition zufolge glaubt man, daß er den Untergang seines Besitzers bewirkt. Trotzdem gehört er zum Schatz der englischen Königskrone, seitdem er im Jahre 1845 der Königin Viktoria überlassen wurde. Bis damals war er Eigentum des letzten Königs von Lahore, des Maharadschas Ranjit Singh. Der zweite Diamant heißt Darya-i-Noor, das bedeutet »Fluß des Lichts«, und er ist

---

[1] Es handelt sich nicht um eigentliche Gräber, sondern um Grabdenkmäler, die Kenotaphe enthalten, denn die Qutub Shahi verbrannten ihre Toten und bewahrten die Asche in diesen Behältnissen auf.

heute in die Krone des Schahs von Persien eingearbeitet. Der persische König Nadir Shah nahm ihn im Jahre 1737 in sein Land mit, nachdem er mehrere Jahre in Indien als Kaiser von Delhi geherrscht hatte. Die beiden prachtvollen Diamanten sind ungefähr fünftausend Jahre alt, und die Mine, aus der sie stammen, ist schon seit über tausend Jahren stillgelegt.

Nadir Shah, der Besitzer des zweiten Diamanten, war einer der größten Tyrannen Indiens und verbreitete überall Schrekken; einen Tag, bevor er endgültig nach Persien abzog, befahl er, daß vom Morgen bis zum Sonnenuntergang unaufhörlich Männer, Frauen und Kinder geköpft werden sollten, und er gab persönlich das Zeichen, mit dem Massaker aufzuhören, indem er lediglich das Wort »Frieden« aussprach. Glücklich über seine Missetat, verließ er Indien; sein Ehrgeiz war so groß, mit allen Mitteln etwas Abscheuliches zu vollbringen, so daß die Menschen ihn nie vergessen würden und er sich in der Geschichte der Moguln einen unauslöschlichen und fürchterlichen Ruf erwarb.

Er ließ sein Volk im Elend zurück, und als er nach Persien heimkehrte, nahm er außer dem Diamanten auch alle übrigen Schätze des Landes mit, darunter den berühmten Thron Takhat Tans oder »Pfauenthron«, den schönsten der Welt. Er ist mit sehenswerten Steinen geschmückt, die dem Kaiser von seinen Untertanen geschenkt wurden, und heute wissen wir, daß es Edelsteine sind.[2] Der Kaiser Shah Jahan von Delhi hatte ihn anfertigen lassen, und in einer Zeit, in der man den wahren Preis der Juwelen nicht abschätzen konnte, gab das Volk einhundertfünfzig Millionen Francs für diesen Thron aus.

Den Wert der zwei Diamanten kann man heutzutage überhaupt nicht bestimmen, denn Steine von solch außerordentlicher Größe haben einen unschätzbaren Preis.

2 Es ist der bekannte Thron, den der letzte persische Schah Reza Pahlawi am Tag seiner Krönung benutzt hatte.

Nach dieser anstrengenden Exkursion kehrten wir in ziemlicher Eile zurück, und wir trafen gerade rechtzeitig ein, um uns auf den Abend vorzubereiten, den wir bei Seiner Hoheit, dem Nizam, verbringen sollten. Er lud uns zu einem ganz intimen und höchst angenehmen Abendessen. Wieder überreichte er uns großartige Geschenke, die wir annehmen mußten, weil das ein indischer Brauch ist, doch wir fanden, daß die Großzügigkeit Seiner Hoheit tatsächlich weit über die aller anderen hinausging. Nach dem Essen nahm mich der Nizam beiseite und fragte mich, ob es mir gefallen würde, seiner Gattin, der Begum Sahiba, vorgestellt zu werden. Dieser Vorschlag freute mich sehr, weil ich die religiösen Vorstellungen der Mohammedaner kannte und es selbst nie gewagt hätte, darum zu bitten, wußte ich doch, daß eine Dame, die einer anderen Religionsgemeinschaft angehörte, niemals die Privatgemächer des Harems betreten hat, und so würde ich als erste dieses Vorrecht genießen.

Die Begum Sahiba empfing mich lächelnd und antwortete sehr liebenswürdig auf die wenigen Worte, die ich auf hindi zu ihr sagte. Sie war vor allem von der Tatsache begeistert, mich in einem indischen Kleid zu sehen, das ich abends bei offiziellen Anlässen manchmal trage. Mit Wohlgefallen hörten wir dem Gesang einiger Künstler zu, die seit ihrer Kindheit mit dem Hof verbunden sind und deren Amt als Sänger traditionellerweise erblich ist.[3] Es entzückt den Nizam, jeden Abend derartige Musik zu hören. Ein Sänger ahmte die Stimme und die Bewegungen einer Tänzerin ganz und gar vollendet nach, und deshalb konnten wir gar nicht glauben, daß es tatsächlich ein Mann war, der mit einer so hellen Stimme und solch weibischen Gesten sang.

Der Nizam und auch wir anderen amüsierten uns alle sehr über ein kleines Abenteuer, dessen Held ein Mann aus unse-

---

3 Eunuchen, die den Harem bewachen und als Transvestiten auftreten, im allgemeinen, um die Frauen zu unterhalten.

rem Gefolge war. Er war Sikh und hatte einen schönen weißen Bart. Nachdem er ein paar Gläser Champagner getrunken hatte, schwärmte er auf einmal für den Transvestiten und betete ihn inbrünstig an, ohne zu bemerken, daß es sich in Wirklichkeit um einen Mann handelte. Den Tänzer amüsierte das außerordentlich, er ließ weiter seine Reize wirken und beglückte den anderen mit seinem liebenswürdigsten Lächeln. Das tat er so meisterhaft, daß sich der arme Alte schließlich ernsthaft verliebte. Er war sehr enttäuscht und beleidigt, als er seinen Irrtum erkannte, während wir uns halb totlachten. Als wir uns vom Nizam verabschiedeten, hielt die allgemeine Heiterkeit immer noch an.

Am Morgen des nächsten Tages besuchten wir die Ställe, in denen wir herrliche arabische Pferde bewunderten. Sie waren unter sehr guten hygienischen Bedingungen untergebracht, und das Geschirr und die Kutschen aller Art waren in bester Ordnung.

Wo wir durchkamen, wimmelte es von Menschen: Manche machten Musik mit ohrenbetäubenden Instrumenten, wozu sie laut sangen und jubelten, was höchst vergnüglich wirkte. Alle Häuser waren mit Blumen oder bunten und sehr pittoresken Stoffstreifen in grellen Farben geschmückt.

Die Hausdächer waren eine Zufluchtsstätte der Frauen und Kinder. Von dort aus lächelten sie uns fröhlich zu und begrüßten uns freundlich an diesem Tag, der anscheinend ein Festtag für die Einwohner war.

Am Mittag aßen wir im Haus des Premierministers, Seiner Exzellenz Salar Jung, der ein großes offizielles Bankett zu Ehren Seiner Hoheit ausrichtete. Anwesend waren der Resident, Mister Fraser, seine Frau und ihre zwei Töchter, außerdem alle hohen Beamten von Hyderabad und Secunderabad. Es war ein großartiger Empfang in einem prächtigen, sehr geschmackvoll eingerichteten Speisesaal. Die Wände waren mit herrlichen historischen Gemälden bedeckt, die bedeutende Schlachten aus früheren Zeiten darstellten. Diese alten und genial ausgeführten Bilder haben einen hohen Wert und erregten die Bewunderung aller Gäste.

Das Staatsorchester spielte voller Begeisterung ein Programm, das lebhaften Beifall erntete. Mehrere Photographen verewigten nach dem Essen die einzelnen Gruppen in den Höfen und unter den Arkaden, die italienisch dekoriert waren und eine seltsame Mischung darstellten, jedoch luxuriös wirkten.

Als wir uns zurückzogen, waren wir alle über den liebenswürdigen Empfang entzückt, den uns Seine Exzellenz Salar Jung bereitet hatte.

Ungefähr um acht Uhr fuhren wir nach Secunderabad, um das Abendessen beim Residenten einzunehmen. Ein heftiger Sturm tobte, so daß wir uns ein wenig verspäteten. Das Essen verlief in einer angenehmen und heiteren Stimmung, bis es soweit war, die Trinksprüche auszubringen. Der Resident erhob sich mit ernster Miene und teilte uns die letzte und bedrückende Neuigkeit mit, die er soeben aus Europa erhalten hatte: England habe, zusammen mit seinen Alliierten Frankreich und Rußland, Deutschland den Krieg erklärt. Da man sich also schon gegen die Mittelmächte zusammengeschlossen hatte, würde es zweifellos bald zu einem europäischen Konflikt kommen.

Wir waren bereits seit einigen Tagen besorgt, seit es zur Krise zwischen Österreich und Serbien gekommen war, nachdem man das habsburgische Kronprinzenpaar, den Erzherzog Franz Ferdinand und seine Gattin, die Erzherzogin, in Sarajevo ermordet hatte. Tatsächlich ahnten wir, daß sich nun unausweichlich schreckliche Folgen einstellen würden.

Der Resident hielt eine zu Herzen gehende Rede. Er wandte sich vor allem an den Nizam, den Maharadscha von Kapurthala und die anwesenden Offiziere, und besonders nachdrücklich erinnerte er die letztgenannten an die Pflicht, die sie erfüllen müßten, wenn das Vaterland ihre Hilfe verlangte. Danach stimmten wir alle patriotische englische Lieder und die Nationalhymne an, wir tranken auf das Wohl des Königs und auf die Ehre aller Alliierten.

Wir verabschiedeten uns tief bewegt von unseren Gastgebern und wußten, daß sich in diesem kritischen Augenblick Europa auf einen Leidensweg begab. Es war ein denkwürdiger Tag, und deshalb werden wir stets an jenen Abend zurückdenken, der mit der schrecklichen Nachricht über derart ernste Ereignisse endete.

Gegen elf Uhr kamen wir nach Hyderabad. Am nächsten Tag mußten wir sehr zeitig aufstehen, weil wir an einem Jagdausflug teilnehmen wollten, einer Spezialität von Hyderabad, die der Nizam für uns organisiert hatte.

Diese merkwürdige Jagd sollte zwischen einem Geparden und mehreren Antilopen auf offenem Feld stattfinden. Wir fuhren im Auto bis zu einer bestimmten Stelle in der Ebene. Von dort aus setzten wir den Weg in Rikschas fort, die von berittenen und mit Lanzen bewaffneten Offizieren und Soldaten eskortiert wurden. Vor uns fuhr ein von zwei Ochsen gezogener Karren. Auf ihm wurde der Gepard transportiert. Man hatte ihm die Augen verbunden, er war gefesselt und wurde von zwei Männern bewacht. Ein paar Meilen weiter kamen wir an eine geeignete Stelle, wir stiegen aus, und man brachte uns zu einem hochgelegenen Platz, von dem aus wir alles beobachten konnten, was vor sich ging.

Etwas mehr als hundert Meter entfernt, in einer sehr weiten Ebene, trieben die Männer den Geparden von dem Karren herunter und in eine Richtung, in der, wie wir beobachten konnten, ein paar Antilopen in aller Ruhe ästen.

Nach einigen Minuten kamen mehrere Antilopen herangesprungen, sie näherten sich mißtrauisch und ahnten, daß sich etwas Außergewöhnliches ereignete. Gerade in dem Augenblick, als sie unschlüssig verharrten, ließen die Männer den Jagdleoparden los, der sich rasch umsah. Als er die Antilopen entdeckte, rannte er auf sie zu. Nun begann ein wahnwitziger Wettlauf querfeldein, doch der Jagdleopard konnte keine einzige Antilope einholen, vielleicht deshalb, weil der Abstand zu groß war. Er war von der Anstrengung erschöpft und blieb stehen. In diesem Moment packten ihn die Wächter und verbanden ihm wieder die Augen. Sie brachten ihn zu einer weiter entfernten Stelle, wo der Wettkampf aufs neue beginnen sollte. Einen Kilometer später wurde das Manöver zum zweitenmal durchgeführt. Die Antilopen erholten sich dort gerade von dem entsetzlichen Schrecken, den sie erlitten hatten, diesmal aber verlief die Jagd erfolgreicher. Der Gepard lieferte ihnen einen erbitterten Kampf, er war schon vollständig erschöpft und bekam kaum mehr Luft. Er nahm seine letzten Kräfte zusammen, als er sah, daß die Beute ihm entrinnen wollte; plötzlich stürzte er sich flink auf die Gruppe und holte eine Antilope ein. Er erwischte sie mit einem kräftigen Prankenhieb am Bein, so daß sie das Gleichgewicht verlor und sich im Gras wälzte.

Blitzschnell nutzte der Gepard diesen Augenblick der Schwäche, um die Antilope an der Kehle zu packen und endgültig zu lähmen. Dabei war er so schnell und listig, daß wir kaum Zeit hatten, seinen Bewegungen mit dem Blick zu folgen. Wir meinten, daß ihm nur der Hunger eine solche Gewandtheit geben konnte, denn für diese sportliche Leistung hatte man ihn zwei Tage lang fasten lassen, und das machte ihn wilder und grausamer.

Die Neugier nötigte uns, das Verhalten dieser zwei Tiere weiter aus der Nähe zu beobachten. Obwohl das, was vor sich ging, so blutrünstig war, zog es doch weiter das Interesse der Zuschauer auf sich.

Die arme Antilope lebte noch und zuckte in einem schrecklichen Todeskampf, denn der Jagdleopard hatte ihr furchtbare Schmerzen zugefügt: Er hielt sie an der Kehle gepackt, und das Blut sprudelte heraus. Dieser Anblick tat uns weh; wir wandten uns ab, als die Jäger das Tier mit einem Gnadenstoß töteten.

Danach fingen sie den Jagdleoparden wieder ein und verbanden ihm die Augen, denn dieses hungrige und erschöpfte Raubtier wäre imstande gewesen, die Antilope zu zerfleischen und in Stücke zu reißen.

Der Gepard ist ein Tier, das große Ähnlichkeit mit dem Leoparden hat, jedoch ist sein Fell heller. Er läßt sich zähmen, und man könnte ihn sogar für eine ungeheure Katze halten, nur seine Größe verrät ihn. Man muß ihn acht bis neun Jahre mit großer Geduld dressieren, um einen solchen Erfolg zu erreichen, wie wir ihn an jenem Tag erlebten.

Nach diesem neuen Abenteuer fuhren wir müde nach Hause zurück und freuten uns sehr, als wir ein frugales, aber schmackhaftes Mittagessen vorfanden, denn das Essen in Hyderabad ist ein Genuß. Die einheimischen Gerichte sind sehr lecker, und man kocht sie mit großem Aufwand. Den Reis serviert man stets in feiner Silber- und Goldfolie, die man gewöhnlich mitißt, und man genießt diese Delikatesse, ohne sich die geringsten Sorgen um den edlen Stoff zu machen.

In jener Nacht nahmen wir zum letzten Mal das Abendessen im Haus des Nizams ein, weil unsere Abreise für den nächsten Tag vorgesehen war. Es war ein zutiefst rührendes Abschiedsbankett, und wir wußten gar nicht, wie wir unserem Gastgeber für all seine Liebenswürdigkeit und Großzügigkeit danken könnten. Als wir uns gerade setzen wollten, übergab er mir noch ein weiteres schönes Geschenk, und ich wagte fast nicht, es anzunehmen. Außerdem wollte er, daß wir seine musikalischen Fähigkeiten kennenlernten, und er gab uns ein recht gutes Tamtam-Konzert. Er schloß sich seinen Musikern an, und gemeinsam trugen sie einige von ihren hübschesten Melodien vor. Einer der Künstler konnte bewundernswert gut Sitar spielen. Dieses Instrument erzeugt einen Ton, der die menschliche Stimme genau wiedergibt. Es ähnelt der Gitarre und ist so wohlklingend, daß es uns alle faszinierte. Wir verbrachten einen zwanglosen und höchst angenehmen Abend.

Der Nizam bat uns sehr nachdrücklich, noch ein paar Tage in Hyderabad zu bleiben, doch unsere Reiseroute war genau festgelegt, und wir mußten seine Einladung ablehnen. Wenn wir angenommen hätten, würde das ja bedeuten, daß wir seine großzügige Gastfreundschaft über Gebühr ausnutzten. Schließlich und nach langem Zureden erklärte sich Seine Hoheit einverstanden, bis zum Nachmittag des nächsten Tages zu bleiben, damit wir so ein letztes gemeinsames Mittagessen einnehmen und alle noch einmal im Palast zusammenkommen konnten.

Nach dem Ende dieses Essens, das in einer etwas traurigen Atmosphäre verlief, fand der Nizam noch eine Möglichkeit, mir ein prächtiges mohammedanisches Damenkleid zusammen mit orientalischen Teppichen und Kissen aus rotem Samt zukommen zu lassen, die mit sehr feinen und ganz prächtigen Goldstickereien verziert waren. Ich mußte erlauben, daß man mich photographierte, denn er hatte sogar Ayahs geschickt, die mir beim Anziehen des Kleides helfen sollten, und außerdem einen Photographen, um Bilder von mir zu machen, bevor ich abreiste. Welch ein Durcheinander mußte man bewältigen, um alles in ganz kurzer Zeit so zu arrangieren, daß es echt wirkte!... Und mir blieben nur ein paar Minuten, um den Bahnhof zu erreichen, wo Seine Hoheit, der Maharadscha, schon auf mich wartete![4]

4 Anscheinend war dies der Tropfen, der das Faß zum Überlaufen brachte. Der Maharadscha von Kapurthala konnte noch in Kauf nehmen, daß ein anderer Mann seine Frau in der Öffentlichkeit beschenkte, ja daß sie von ihm jeden Abend neue Geschenke erhielt, daß er sie zum Besuch des Harems einlud (wo der Nizam und sie drei Stunden ohne ihre Eskorte verbrachten), während sich der Maharadscha selbst und sein Gefolge geduldeten und dem Tanz der Eunuchen zusahen (weil Männer nicht in fremde Harems eintreten dürfen) – daß der Nizam aber einen Photographen schickte, um die Gattin des Maharadschas in der Tracht einer Mohammedanerin aufzunehmen, während er und seine Begleitung sie zur offiziellen Verabschiedung im Bahnhof erwarteten, das hielt er für unerträglich. Die Gäste des Nizams verließen die Stadt, und von jenem Augenblick an waren die diplomatischen Beziehungen zwischen dem Reich von Hyderabad und Kapurthala für immer abgebrochen.

Mit dem größten Bedauern verließen wir jene Stadt, in der wir so glückliche Stunden verlebt hatten. Selbst das Wetter schien nun traurig und düster: Der Himmel war bewölkt, und kurz danach fielen die ersten Tropfen, als wollten sie uns noch mehr spüren lassen, daß die Trennung von jenem unvergleichlichen Ort nahe bevorstand.

Der offizielle Abschied hatte im Bahnhof stattgefunden; dort war der ganze Boden mit Blumen bestreut. Nun konnten wir die herrlichen und duftenden Rosensträuße bewundern, die unseren Wagen schmückten und die uns die Abgeordneten des Nizams als Abschiedsgeschenk überreicht hatten.

Der Zug pfiff und brachte uns fort aus jener Stadt. Wir alle waren zutiefst bewegt, welch große Sympathie uns die Leute in Hyderabad bekundet hatten.

Nun führe ich wieder mein ruhiges Leben in Kapurthala und kann dank dieser Reiseerinnerungen den faszinierenden Zauber des geheimnisvollen und verführerischen Indiens freudig nachempfinden.

NACHBEMERKUNG

Für die Recherchen über das Leben Anita Delgados wurden folgende Dokumente benutzt: Anitas französisch geschriebene Tagebücher und ihre Memoiren, die sie in zwei Teilen verfaßt hat, den ersten in Paris auf französisch und den zweiten in Spanien in ihrer Muttersprache. Der Briefwechsel, den die Fürstin zwischen 1908 und 1918 mit ihrem ehemaligen Lehrer Narciso Díaz de Escobar in Málaga unterhalten hat, sowie die übrigen Dokumente, die zum Archiv der Schauspielschule Don Narcisos gehören. Dokumente über die Sikhreligion, das Pandschab, das Alltagsleben der Maharadschas und die Unabhängigkeit Indiens wurden mir von Fachbuchhandlungen in Delhi und Amritsar sowie vom privaten Familienfonds des Jagatjit-Palastes in Kapurthala vermittelt.

Das Buch *Impressions de mes voyages aux Indes* (»Meine Reiseeindrücke aus Indien«), das Anita Delgado im Jahre 1915 geschrieben und veröffentlicht hatte, war mir eine entscheidende Hilfe, um bestimmte Züge ihrer Persönlichkeit zu erhellen.

Die Photoauswahl, die dieses Buch ergänzt und bereichert, wurde mir von Frau Victoria Winans Delgado, der Nichte der Fürstin, die gegenwärtig den gesamten dokumentarischen Nachlaß ihrer Tante besitzt, zur Verfügung gestellt. Sie erlaubte mir, diese Dokumentation über die Person Anita Delgados zu verwenden.

DANKSAGUNG

Danken möchte ich Frau Victoria Winans Delgado für ihre langjährige Geduld und ihr Vertrauen.

Seiner Königlichen Hoheit, dem Maharadscha Sukhjit Singh von Kapurthala, und seiner Schwester, der Fürstin Asha von Kapurthala, für ihre Briefe und ihre Unterstützung bei meinem Aufenthalt im Pandschab.

Herrn Carlos Fernández, dem spanischen Botschafter in Indien, der mir Ratschläge gab, wie ich trotz der seit 1984 im Pandschab herrschenden Lage sicher nach Kapurthala kommen konnte.

Dem Direktor, dem Studienleiter, den Lehrern und vor allem dem Sekretär der Sainik School in Kapurthala, Herrn J. S. Nayal, der mir jeden Winkel des Jagatjit-Palastes zeigte (in dem heute die Schule untergebracht ist) und der geduldig und liebenswürdig auf die Hunderte von Fragen antwortete, die ich ihm über jede Einzelheit stellte.

Der Schriftstellerin María Beira Millán, die mir zum erstenmal von der Maharani erzählte.

Meiner ganzen Familie und meinen Freunden, die diese Idee und den langsamen Prozeß der Niederschrift von Anfang an unterstützt und ertragen haben.

Danken möchte ich auch den zwei Personen, die das Manuskript gelesen und kontrolliert haben, für ihre wertvollen Kommentare.

STAMMTAFEL

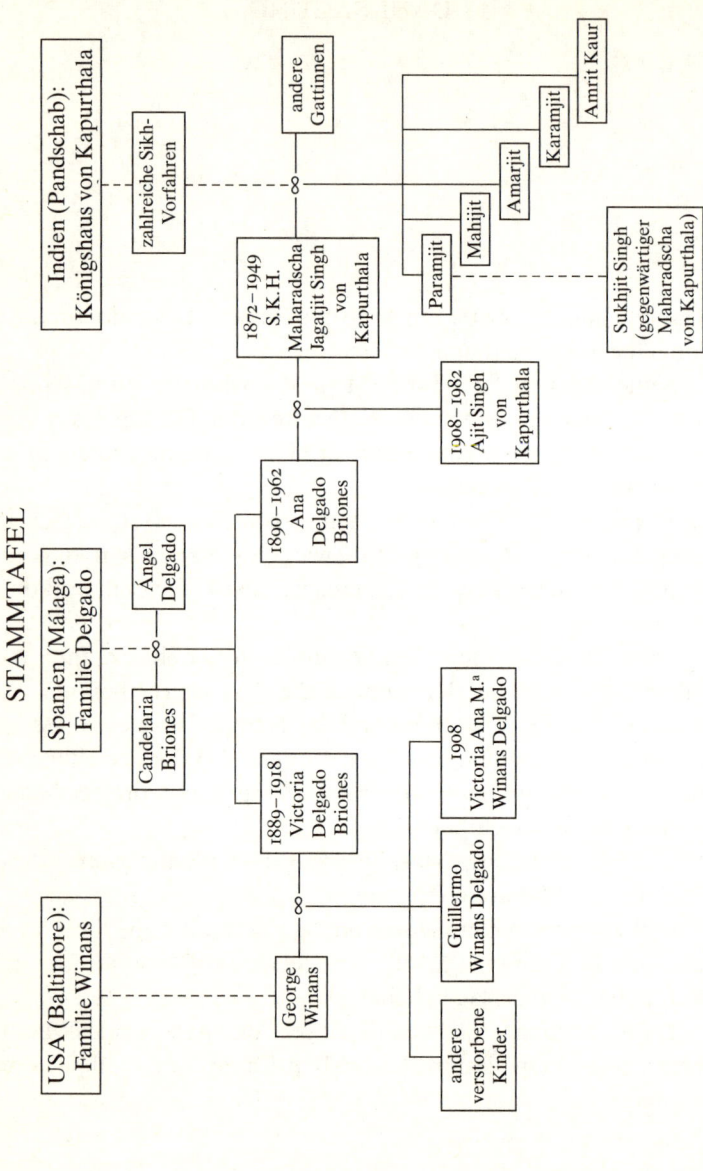

INHALT

MEINE REISEEINDRÜCKE AUS INDIEN
Fürstin Prem Kaur von Kapurthala